"十四五"普通高等教育本科部委级规划教材

U0737919

数智化
电子商务物流

左志平　黎继子◎主编

中国纺织出版社有限公司

内 容 提 要

本书从电子商务物流基础理论入手，阐述了电子商务与数智化物流之间的关系，系统地介绍了数智技术（云计算、大数据、物联网、人工智能、区块链、数字孪生、AR/VR）与智能设备（无人机、无人车、无人仓、智能机器人）在电子商务物流中的最新应用，并从数智化电子商务物流运营、数智化电子商务物流管理、数智化电子商务物流应用三个方向，全面、系统地介绍了数智技术在电子商务物流中的应用，使读者从基础理论、技术与设备、运营管理、产业应用等不同角度全面了解数智化电子商务物流的主要内容。

本书配有免费的电子课件和课后习题参考答案，读者可扫描封面勒口的二维码获取。

图书在版编目（CIP）数据

数智化电子商务物流 / 左志平，黎继子主编.
北京：中国纺织出版社有限公司，2025. 9. --（"十四五"普通高等教育本科部委级规划教材）. -- ISBN 978
-7-5229-2436-6

Ⅰ. F713. 365. 1
中国国家版本馆CIP数据核字第20259BP106号

责任编辑：刘 丹 责任校对：寇晨晨 责任印制：储志伟

中国纺织出版社有限公司出版发行
地址：北京市朝阳区百子湾东里 A407 号楼 邮政编码：100124
销售电话：010—67004422 传真：010—87155801
http://www.c-textilep.com
中国纺织出版社天猫旗舰店
官方微博 http://weibo.com/2119887771
三河市宏盛印务有限公司印刷 各地新华书店经销
2025 年 9 月第 1 版第 1 次印刷
开本：787×1092 1/16 印张：18
字数：308 千字 定价：59.80 元

随着信息技术的迅猛发展，数字经济已成为全球经济增长的新引擎，深刻改变着各行各业的面貌。在这一背景下，数智化（即数字化与智能化的深度融合）正成为推动各行各业转型升级的动力。现代物流与电子商务作为数字技术应用最为广泛且深入的领域之一，也迎来前所未有的机遇与挑战。数智化技术的深度应用，不仅极大地提升了物流效率，优化了客户体验，还为电子商务企业开辟了新的增长空间。

目前，以京东、菜鸟、亚马逊等为代表的电子商务企业，通过数智化转型取得了显著成效。京东利用人工智能优化仓储和配送系统，实现高效的订单处理和精准的库存管理；菜鸟通过智能物流网络和无人仓储技术，提升物流速度和服务质量；亚马逊则借助先进的机器人技术和智能供应链管理系统，增强物流运营的自动化和智能化水平。这些成功案例展示了数智化技术在电子商务物流领域的巨大潜力，为整个行业树立了标杆，引领着行业数智化转型的潮流。

在此背景下，电子商务物流行业对高素质人才的需求日益迫切。传统的电子商务和物流管理人才已难以满足现代物流的复杂性和多样化需求，行业急需具备数智化技术应用能力的复合型人才。这些人才需具备扎实的物流管理理论基础，熟悉物流运作的各个环节，同时掌握数据分析、系统集成、智能决策等前沿技术，能够灵活运用数智化工具和方法，推动企业的数字化转型和创新发展。

当前，我国许多高等院校，尤其是地方应用型高校，在人才培养方面尚存在与行业发展脱节的问题，课程设置、教学内容和实践条件亟须更新升级，以适应数智化电子商务物流的发展需求。因此，编写一本系统、全面、实用的数智化电子商务物流教材，对于培养适应行业需求的高素质人才具有重要意义。本教材旨在系统介绍数智化电子商务物流的基本概念、关键技术、运作模式及应用实践，帮助学生全面掌握现代物流管理的新理论、新方法和新技术，提升其在实际工作中的应用能力和创新能力。

本教材由物流管理、电子商务、供应链管理等领域的专家学者共同编写，充分结合国内外最新的行业动态和技术发展，精选了代表性企业案例，深入分析数智化电子商务物流的实际应用和成功经验。全书共九章，涵盖数智化物流概述、基本概念、支撑技术、订单、运输、仓储、配送、供应链管理以及物流安全等核心内容，结构清晰、内容丰富。每章均配有导入案例、理论讲解、热点讨论及课后练习，非常适合应用型高校相关专业教学，有助于读者深入理解并灵活应用知识。

本教材具有以下几个显著特点。

1. 内容全面，应用广泛。教材内容从数智化物流的基本概念到具体应用，涵盖技术支撑、管理实践、核心环节等方面，教材内容全面且深入，满足学生对数智化电子商务物流全面认知的需求。

2. 案例丰富，紧贴实际。每章均精选了具有代表性的企业案例，通过深入分析这些企业在数智化转型中的成功经验与挑战，帮助读者将理论与实际应用相结合，提升其解决实际问题的能力。

3. 理论与实践深度融合。教材不仅系统介绍了数智化电子商务物流的理论知识，还通过案例分析、热点讨论等方式，强化理论与实践的结合，培养学生的实际操作能力和问题解决能力，满足应用型本科教育的需求。

4. 结构清晰，逻辑严谨。教材结构合理、层次分明，有助于学生循序渐进地掌握数智化电子商务物流的知识体系。每章都附有学习目标、本章小结，以方便读者"提纲挈领"地了解并掌握各章节的内容。

本教材由左志平、黎继子主编。武汉科技大学管理学院硕士研究生刘靖宇、蔡杰、李紫琪、钟晓丽、卢晨晓、陈墨涵等同学全面参与了资料收集、案例编写等工作，为本教材编写提供了大量的一手素材。

在编写过程中，本教材也参考和引用了众多专家学者的研究成果与资料，在此对这些专家和学者们表示衷心的感谢。如果由于编者的疏忽遗漏了引用资料的出处，在此向专家学者们表示万分歉意。

最后，还要感谢中国纺织出版社的领导和编辑的鼎力帮助，有了他们的支持本教材才能得以顺利出版。

数智化电子商务物流的理论研究与实践应用是一个新领域，由于编者水平有限，教材中难免存在不足之处，敬请广大读者不吝赐教，以便在今后的修订中不断改进和完善。对您的批评意见，编者表示最真挚的谢意！

编者

2025 年 2 月

第3章　数智化电子商务物流的支撑技术

第4章　数智化电子商务物流订单

第5章　数智化电子商务运输

第6章 数智化电子商务仓储

第7章　数智化电子商务配送

第8章　电子商务环境下的数智化供应链

第9章　数智化背景下的电子商务物流安全

第1章
数智化物流概述

【学习目标】

了解我国物流业发展的四个阶段及其特点；了解数智化物流产生的背景和具体内容；掌握数智化物流的内涵、特征、功能及其运作机理。

【能力目标】

能够运用数智化物流的相关理论知识，分析和解决实际物流问题。

【思政要求】

增强对国家物流政策和发展战略的理解，培养学生的爱国情怀和社会责任感。

【导入案例】

"数智化+物流"：点燃物流与供应链高质量发展的新引擎

目前，我国已经进入了"数字经济"的时代。在党的二十大报告中，提出了要加快发展数字经济，推动其与实体经济的深度结合，形成一批有国际竞争力的数字产业集群。近几年，我国数字产业得到了快速的发展，到2023年，数字经济总量达到53.9万亿元，比上一年增加3.7万亿元，占国内生产总值的比例已经与第二产业相当，达到40%。这一数据的快速增长，既显示出数字经济已对各行各业产生了巨大的促进作用，也显示出其在促进我国经济发展中所起到的巨大作用。

随着数字经济浪潮的到来，"数智化＋物流"的深度结合持续深化，基于数字化应用的智慧物流新模式和新业态应运而生体现出巨大的市场前景，呈现下列特点。

（1）市场规模呈现持续增长态势。《"十四五"数字经济发展规划》明确指出，要加快智慧物流的发展，并将其列入"七大重点行业之一"。据统计，到2023年，智慧物流市场的规模将接近7000亿元，同比增长8%左右，并有望在2025年超过万亿元。在未来，智慧物流将会伴随着科技的进步、应用范围的扩大而得到更大的发展。

（2）数字化升级引领产业变革。在数字化转型的过程中，建立起一个在智慧物流领域中处于领导地位的数字物流平台，它能够为从源头端到消费端提供一套完整的、智能化的解决方案，把整个产业链的信息流、物流和资金流连接起来，让整个物流环节的数据变得透明起来，从而为供应链的科学决策提供强有力的支持。随着智慧物流的不断扩展，智慧物流将帮助产业链供应链有效地分配资源，提升生产和销售的效率，推动产业革命。

（3）智慧供应链走向新阶段。供应链一直是企业经营活动的核心，对生产、销售等各个环节的高效运转很重要。随着企业需求和技术革新的不断推进，智慧供应链已逐渐成为未来的发展趋势。近几年来，在制造业链主和核心企业的带动下，智慧供应链的各个部分的智能水平不断提高，技术领先、方便高效、安全有序的现代化的智慧供应链服务系统正在逐步建立起来。

（4）技术深挖行业潜能。智慧物流和智慧供应链是人工智能、大数据、数字孪生、机器人和云计算等数字化前沿技术的重要发展方向。积极探索新技术在物流行业的深度应用，助力全社会物流降本增效，并取得了积极成果。

总体来看，在福利和市场的双轮驱动下，我国智慧物流发展形势积极向好，数智化技术已经成为物流行业提质增效的新变量，也是创新增长的"新蓝海"。未来，智慧物流的发展将呈现以下趋势。

（1）专业物流服务全面升级。在物流细分产业中，自动化、数字物流技术和智能设备的运用持续扩大，从快递、电商等消费品物流逐步扩大到大宗商品、工业品、农产品、酒类、冷链物流等多个方面，同时，还出现了越来越多的行业数字物流平台和供应链平台，使物流专业领域的数智化服务能力得到了全面的提高。

（2）智慧物流生态系统持续优化。在智慧物流平台的帮助下，实现仓、运、配等信息的透明，实现作业管理的自动化、精细化，让整个供应链的上下游数据能够相互连接，提升信息的对接效率，让整个物流流程变得更加安全、智能、透明和可控。用"数据"来推动决策和实施，不断地为整个物流生态圈提供动力。

（3）绿色低碳物流高速发展。近年来，绿色、低碳这一智慧物流特征越来越受到市场的重视。在"双碳"的大背景下，产业亟须优化能源消费结构，强化绿色节能设施设备、技术流程的研发与应用，提升运营组织的效能与集约化发展，加速节能减排与低碳转型的速度，推动物流运输结构的调整，促进其健康、可持续发展。数智化将成为行业绿色可持续发展的重要底盘和有力支撑。

（4）双轮驱动点燃智慧物流发展新引擎。技术迭代加速，场景深入拓展，双轮驱动点燃智慧物流发展新引擎。中国已然是数字科技创新的高地，中国在计算能力、应用需求、数据积累、市场潜力、政策扶持等方面一直走在世界前列，例如腾讯云，其在世界范围内拥有超过百万台服务器，覆盖世界 21 个区域，在世界范围内有 3200 多个加速节点，为物流业提供强有力的算力支持，使物流企业能够在世界范围内以最经济快捷的方式部署业务。

在物流和供应链方面，有着非常丰富的应用场景。技术驱动与场景驱动是相互促进的，这有助于实现技术的持续迭代创新，然后再产生新的场景。在今后，这种双向驱动的螺旋上升格局，将为智慧物流创新注入动力，推动产业高质量发展。

（资料来源：中国物流与采购联合会副会长兼秘书长崔忠付 2024 年 9 月 6 日在 2024 腾讯全球数字生态大会的演讲）

思考： 物流数智化转型的现实背景是怎样的？"数智化＋物流"如何赋能物流与供应链高质量发展？

1.1 物流业发展与数智化物流的产生

1.1.1 我国物流业发展历程

自中华人民共和国成立以来，我国物流业经历了半个多世纪的发展，现已形成一定的规模。特别是 2000 年以后，随着制造业和电子商务的迅速崛起，以及信息技术的广泛普及，物流业更是进入了高速发展的快车道。总体而言，我国物流产业的发展历程大致可以划分为以下四个阶段。

第一阶段：储运阶段（1949—1978 年）。 在传统的计划经济体制下，国家对生产资料和重要的生活资料实行计划生产、计划分配和计划供应。与这种"统购统销"的流通体制相适应，国家各相关部门自成体系，按中央统一下达的计划，对本系统的物品进行统一的储存和运输。这一时期，国有储运企业（包括仓储、运输企业）占据了物流的主导地位，仓储设施主要集中在商业、粮食、物资、代销和外贸五个流通系统。这一阶段物流活动主要表现为传统的储存、运输及简单的包装与流通加工，还未形成现代意义上的物流。

第二阶段：物流业初期发展阶段（1979—1999 年）。 改革开放后，我国经济持续健康发展，迫切需要提升物流业的服务水平和保障能力。为借鉴发达国家的物流发展经验，商业、物资等行业主管部门纷纷出台相关政策措施，推动传统储运企业深化改革，向现代物流业转变。在这一阶段，储运企业开始调整经营方向，加强储运主业，完善物流功能，并逐步向现代物流（配送）中心发展。这一期间，广东、云南、北京、湖北、上海等地的商业储运公司已不同程度地开展了商品代理与配送业务，显示了储运企业开展社会化商品配送的优势与潜力。

第三阶段：现代物流业快速发展阶段（2000—2015 年）。 进入 21 世纪，物流业受到了党和政府的高度重视，我国现代物流业步入了快速发展的轨道。2000 年，我国"十五"物流发展总目标正式确立；2001 年，原国家经贸委等六部委印发《关于加快我国现代物流发展的若干意见》；2004 年，国家发改委等九部委出台《关于促进我国现代物流业发展的意见》；2011 年，国务院办公厅印发《关于促进物流业健康发展政策措施的意见》，提出切实减轻物流企业税收负担等具体措施；2012 年，商务部发布《关于促进仓储业转型升级的指导意见》，引导仓储企业由传统仓储中心向多功能、一体化的综合物流服务商转变。在党和政府的大力支持下，我国物流产业规模不断扩大，产业结构不断优化，民营物流企业与外资、中外合资物流企业快速发展并形成一定规模，涌现出一批现代化的物流中心、配送中心，区域性物流网络逐步形成。

第四阶段：物流业转型升级与高质量发展阶段（2016 年至今）。经过多年的快速发展，我国物流产业在基础设施和经营方式上都有了显著提升，为物流业的全面转型和高质量发展奠定了良好基础。2017 年，党的十九大首次提出将高质量发展作为全面建设社会主义现代化国家的首要任务，为我国物流业全面转型与高质量发展提供了根本遵循。2019 年 2 月，国家发改委等部门联合印发《关于推动物流高质量发展促进形成强大国内市场的意见》，提出构建高质量物流基础设施网络体系等措施，以巩固物流降本增效成果，增强物流企业活力，提升行业效率效益水平，畅通物流全链条运行。2022 年 12 月，国务院办公厅正式印发《"十四五"现代物流发展规划》（以下简称《规划》）。这是我国现代物流领域第一份国家级五年规划。《规划》明确提出，到 2025 年，基本建成供需适配、内外联通、安全高效、智慧绿色的现代物流体系，将重点聚焦加快物流枢纽资源整合建设、构建国际国内物流大通道、完善现代物流服务体系、延伸物流服务价值链条、强化现代物流对社会民生的服务保障、提升现代物流安全应急能力共六大方面现代物流发展方向。

现阶段，随着互联网、物联网、云计算、大数据、人工智能、区块链等信息技术的高速发展，基础设施开始软硬结合、虚实一体，向智能化、网络化方向发展，进一步推动了互联网与物流业的深度融合。物流产业再次面临着转型升级的压力和机遇，数智化物流应运而生。

1.1.2 物流产业转型升级的驱动力

物流产业的转型升级是在多种驱动力的共同作用下实现的，主要驱动力包括：

（1）政策支持与顶层设计。近些年来，国家对物流业发展高度重视，出台了一系列政策措施推动物流业转型发展。从国家"十一五"规划的加强物流基础设施整合，到"十三五"规划重点建设物流枢纽、综合物流网络，再到"十四五"规划重点推进物流信息化发展，政策规划愈发具备前瞻性，如图 1-1 所示。

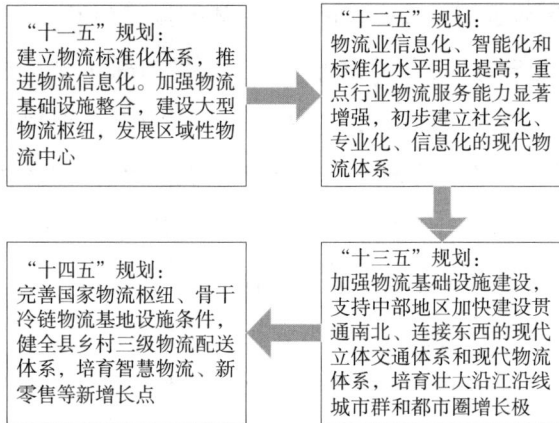

图1-1 我国国民经济规划关于物流政策的演变

与此同时，不同省级行政区的"十四五"物流规划也明确了智慧物流行业的重点发展目标，如表 1-1 所示，为物流产业转型升级提供保障和指导。

表1-1 "十四五"期间部分省级行政区物流行业智慧物流发展目标

省级行政区	智慧物流发展目标
天津	着力打造兼具口岸、商贸、多式联运功能的绿色智慧综合服务型物流园区；加快智能装备、新能源设施、绿色物流设备应用，提升天津航空物流绿色低碳智慧发展水平
辽宁	推广自动立体货架、智能分拣、物流机器人、温度监控等设备应用，打造自动化无人冷链仓。推动冷库"上云用数赋智"，加强冷链智慧仓储管理、运输调度管理等信息系统开发应用
山东	先进技术与装备标准化、信息化、智能化应用更加深入，智慧物流、供应链金融、跨境电商、"共享经济"等新模式新业态得到广泛应用
江苏	政府创新监管取得突破，跨部门、跨区域、跨层级政务信息开放共享机制基本建成，智慧物流公共信息平台在公共物流信息发布、统计直报、信用体系、行业监测等方面发挥新成效
上海	到2025年，信息化引领取得新突破，行业治理能力全面提高，道路运输在综合运输体系中的作用与优势得到充分发挥，初步建成"人本化、智慧化、一体化、清洁化、强监管、重服务"的高品质道路运输体系
浙江	物联网、大数据、人工智能等现代信息技术与物流业发展深度融合，无人车、无人机、无人仓、智能充换电站等智能化设施设备在物流领域加速推广应用；实现省级示范园区智慧化改造升级全覆盖
广东	鼓励企业加快传统冷库等设施智慧化国产化改造升级，打造自主可控的自动化无人冷链仓，加快运输装备更新换代，加强车载智能温控、监控技术装备应用。推动冷库"上云用数赋智"
海南	到2025年，按照海南自由贸易港建设要求，高标准建成一批规模大、数字化、智能化的冷链物流设施
山西	推进运输、仓储、配送等物流环节的智能化建设；完善新一代物流信息基础设施建设，实现物流园区、配送中心、货运站等物流节点的设施数字化，形成可感、可视、可控的智慧物流体系
安徽	以数字化、网络化、智能化为牵引，加快物流技术创新、业态创新和模式创新，积极布局智慧物流新基建，推动物流服务质量变革、效率变革与动力变革
湖南	到2025年，基本建成布局合理、智能绿色、创新融合、区域协同、集聚高效的高质量现代物流服务新体系，物流业支撑经济高质量发展的能力显著提升

续表

省级行政区	智慧物流发展目标
内蒙古	到2025年，基本建成布局科学、技术先进、智慧高效、绿色环保、安全有序的物流服务体系
四川	以数字技术为引领，加大关键核心 技术攻关力度，提供供应链一体化解决方案；全面提升物流行业创新水平，加快物流业集约化、智能化、标准化发展
云南	推动物流数字化、智能化改造和跨界融合，促进物流技术、管理和运营模式创新；深入推进供应链创新与应用，加快发展数字化、智能化、全球化的现代供应链

（2）技术创新与数字化转型。信息技术的快速发展为物流产业的数字化转型提供了机遇和挑战。物联网、大数据、云计算、人工智能等新兴技术的应用为物流企业提供了更高效、更智能的解决方案。通过物流信息系统的建设和数据分析，物流企业可以实现智能化的调度和路径优化，降低运输成本，提高服务质量，满足消费者个性化需求。数字化转型不仅提高了物流业务的透明度和可视化程度，还促进了物流企业的业务创新和服务升级。例如，通过引入智能仓储设备和机器人，物流企业可以提高仓储效率和准确性；通过开发智能客服系统，物流企业可以提供 24 小时在线咨询服务，提升客户满意度。

（3）消费升级与电商发展。进入 21 世纪以后，随着消费者需求的不断升级和电子商务的迅猛发展，物流产业面临着更高效、更快速、更个性化的物流服务需求。消费者对于物流服务的要求越来越高，包括快速配送、灵活的送货时间、可追溯的物流信息等。为了满足这些需求，物流企业需要加快物流网络建设，提升配送能力和效率，同时加强与电商平台的合作，实现物流与电商的深度融合。

电商的发展为物流企业带来了更多的业务机会和挑战。物流企业需要适应电商的特点和需求，提供定制化的物流解决方案。例如，通过与电商平台的数据共享和分析，物流企业可以优化物流网络和配送路线，提高运输效率和准确性。同时，物流企业还可以利用电商平台的数据资源，开展精准营销和客户服务，提升市场竞争力。

（4）绿色可持续发展。全球人口、资源与环境问题的日益突出，绿色可持续发展已经成为物流产业转型升级的重要驱动力。物流业是能源消耗和碳排放的重要行业之一，因此减少能源消耗和环境污染已经成为物流企业的重要任务。通过推广绿色物流技术和设备，如电动车辆、智能能源管理系统等，物流企业可以降低能源消耗和碳排放，提高资源利用效率，实现可持续发展。

绿色物流不仅可以减少环境污染，还可以降低物流成本。例如，使用电动车辆代替传统燃油车辆可以降低能源消耗和运营成本。此外，物流企业还可以通过优化运输路线和货物配载，减少空载率和里程，提高运输效率和资源利用率。通过绿色可持续发展，物流企业可以提升企业形象，满足客户对环保的需求，获得竞争优势。

（5）全球化与供应链优化。全球化的发展趋势使得物流产业面临着更加复杂的供应链管理挑战。物流企业需要通过优化供应链，提高物流效率和灵活性，降低成本，以适应全球化竞争的压力。供应链的优化包括供应链网络的重新设计、物流流程的优化、合作伙伴关系的建立等。全球化也为物流业带来了空间重塑的新动能。特别是"一带一路"倡议的提出，使得全球化进入新一轮发展阶段。物流企业需要加强国际物流能力的建设，提供跨境物流服务，满足全球化贸易的需求。通过优化供应链，物流企业可以提高物流效率和灵活性，降低成本，增强市场竞争力。

1.1.3　数智化明确了物流产业转型升级的方向

数智化的本质是通过数字化手段实现智能化。物流产业是数智化技术应用最广泛的领域之一。因此，数智化转型成了推动物流产业转型升级的重要方向。

1.1.3.1　数智化对物流产业转型升级的促进作用

数智化技术的迅猛发展正在深刻改变物流产业的运作模式和管理方式，推动其向更高效、更智能和更可持续的方向发展。数智化不仅提升了物流效率和降低了成本，还促进了物流产业模式的创新与可持续发展。

（1）提升物流效率与降低成本。传统物流模式中，运输和仓储成本占据了物流总成本的较大比例，由于缺乏高效的调度和管理系统，物流企业常常面临资源浪费、运输路线不优化、库存管理不精确等问题，导致整体运营效率低下。此外，人工操作的环节多，容易出现人为错误，进一步增加了运营成本。

数智化通过集成应用大数据、云计算、物联网、人工智能等先进技术，显著提升了物流效率并降低了成本。这些技术不仅优化了物流路线和运输方式，还通过智能设备如自动分拣机器人、无人配送车等的应用，进一步提高了物流作业的自动化和智能化水平。例如，智能运输平台可以对订单量、距离、货物类型等数据进行深度分析，规划出最优路线，智能分配合适的配送车辆和司机，从而提高资源利用率和配送效率。智能仓储系统可以根据订单信息自动将货物分类并放置到指定位置，大幅提升分拣效率和准确性。同时，这些技术推动了供应链各环节的数据整合和共享，提高了透明度和可预测性，帮助企业更好地协调和管理物流活动。

（2）数智化推动物流产业模式创新。数智化不仅提升了物流效率，还推动了物流产业模式的创新。一方面，数智化促进物流企业从单一物流服务向综合物流服务转型。通过集成仓储、运输、配送、供应链管理等多项服务，物流企业能够提供一体化的解决方案，提升核心竞争力。例如，仓储企业由单仓向多仓网络转型，提供跨区域的仓储与配送服务，满足不同客户的需求；传统运输企业由单一运输模式向多式联运服务转型等。另一方面，数智化催生了新的物流业态和模式，如智慧物流产业化与产业物流智慧化等。这些新业态依靠互联网、大数据和云计算等信息技术的发展，推动了无人机和无人配送车等智能装备的应用，助力新零售和O2O等商业模式的发展。此外，数智化还推动了物流、信息流、资金流的深度融合，形成了全新的物流生态系统。通过区块链技术实现供应链各环节的数据透明和不可篡改，提升供应链的信任度和协同效率。

（3）数智化促进物流产业可持续发展。在全球环保意识日益增强的背景下，物流行业作为高能耗和高碳排放的行业，面临着越来越大的环境压力。传统物流模式在能源消耗和环境污染方面的问题日益突出，迫使物流企业必须寻求绿色转型，以实现可持续发展。

在节能减排方面，数智化技术通过优化运输路线和提高运输效率，减少了物流过程中的能源消耗和碳排放。智能运输平台能够根据实时交通状况规划最环保的运输路线，减少燃油消耗和尾气排放。同时，推广使用电动车辆和新能源运输工具也进一步降低物流行业的碳足迹。在资源循环利用方面，数智化转型推动物流企业采用绿色包装材料和优化包装设计，提高包装材料的回收利用率，减少资源浪费和环境污染。例如，智能包装系统可以根据货物特性和运输需求，自动调整包装规格和材料。在能源管理方面，应用智能能源管理系统，物流企业能够实时监控和优化能源使用，提高能源利用效率，降低能源成本。在资源共享方面，数智化促进了区域物流联盟的形成，推进区域物流一体化，实现资源共享，提升整体效率与可持续性。例如，多个物流企业可以共享仓储设施和运输资源，减少重复建设和资源浪费，提升区域物流的协同效应。

1.1.3.2　数智化背景下物流产业转型升级的具体方向

在数智化技术推动下，物流产业转型升级呈现多元化发展趋势，主要体现在以下几个方面。

（1）智能化仓储和物流管理。智能化仓储和物流管理是物流数智化转型的核心。通过引入先进的信息技术和智能设备，实现仓储作业的自动化和智能化，提升仓储管理的效率。例如，利用人工智能和机器视觉技术的自动分拣系统，能够根据订单信息自动将货物分类并放置到指定位置，大幅提升分拣速度和准确性；智能存储系统通过自动化设备和智能算法，实时调整货物的存储位置，优化存储布局，提升仓储空间的利用率；物联网技术的使用，仓库内物品能够实现实时监控和追踪，确保库存数据的准确性和及时性，提升仓储管理的透明度和效率；智能配送系统则结合物流需求和运输资源，自动调度配送车辆，优化配送路线，提升配送效率，降低配送成本。

（2）数智化运输和配送。数智化运输和配送通过数字化技术的应用，优化运输流程，提高配送效率和准确性，降低运输成本，满足消费者对快速、精准配送的需求。如物联网技术的应用使得车辆的位置、速度和油耗等信息能够实时监控，从而进行智能调度和路径优化，提升运输效率，减少燃油消耗；通过大数据分析和人工智能算法，可以预测交通状况和路况变化，制定更为精准的配送计划，避免交通拥堵和运输延误，提高货物配送的准确性及时性。

智能调度系统能够根据实时订单量和运输资源，动态调整运输计划，优化车辆分配，提升物流资源的利用率；无人配送车和无人机的应用，实现了低成本、高效率的最后一公里配送，满足了消费者对快速配送的需求。

（3）数智化客户服务。数智化转型极大地提升了物流企业的客户服务能力。通过智能客服系统和大数据分析，客户服务实现了个性化和高效化。例如，人工智能技术的应用使得智能客服系统提供 24 小时在线咨询服务，自动解答常见问题，提升响应速度和客户满意度；通过大数据分析，物流企业能够了解客户需求与偏好，提供定制化的物流服务。利用物联网技术，客户可以实时追踪货物的位置和状态，获取即时的物流信息通知，增强物流服务的透明度和可控性，提升客户的信任感和满意度；智能分析客户反馈数据，帮助企业及时了解服务中的不足，进行优化与改进，提升整体服务质量和客户满意度。

（4）数智化供应链管理。通过整合大数据、人工智能和物联网技术，实现供应链各环节的智能化和优化管理，能够提升供应链的整体效率和响应能力。例如，构建统一的信息平台，实现供应链各环节的数据共享与实时监控，提升可视化水平，帮助企业及时掌握动态，快速反应；利用大数据分析和人工智能算法，预测市场需求和供应链风险，优化库存和生产计划，减少库存成本，提升供应链的灵活性和稳定性；通过数智化技术，实现供应链各环节的协同作业，优化供应链流程，提升供应链的整体协同效率，增强供应链的竞争力和市场响应能力；利用区块链技术，确保供应链各环节数据的安全性和不可篡改性，提升供应链的信任度和透明度，促进跨组织间的信息共享和协作。

1.2　数智化物流的内涵、特征与功能

1.2.1　数智化物流的内涵

数智化物流（Digital and Intelligent Logistics）是数字化与智能化深度融合的产物，代表着物流行业转型升级的重要方向。它不仅涵盖物流信息的数字化处理，还包括物流过程的智能化管理，旨在通过新一代信息技术的应用，提升物流系统的效率、灵活性和响应能力，以满足电子商务物流和供应链管理的高效需求。

1.2.1.1　数智化提出的背景

数智化的概念源于"数字智慧化"（Digital Wisdom）和"智慧数字化"（Wisdom Digitization）的结合，由北京大学"知本财团"课题组于2015年提出。随着信息技术的飞速发展，特别是物联网、大数据、云计算、人工智能等技术的广泛应用，企业开始探索如何利用这些技术提升运营效率、优化决策流程，并推动业务模式的创新。数智化正是在这一背景下应运而生，它标志着企业从传统的信息化阶段向更高层次的智能化阶段迈进。

数智化提出的背景主要源于以下几个方面。

（1）技术发展的推动。随着AI、5G、区块链、物联网等跨域技术的不断发展与融合，各行各业正在经历一场深刻的数字化变革。这些技术为数智化的提出和实施提供了强大的技术支持和动力。在云原生时代，各行业的云原生发展程度虽然各有不同，但技术的不断进步使得企业能够更敏捷地应对业务变化，加速业务应用迭代，从而提升业务运营的效率。

（2）数字经济的需要。"十四五"规划明确提出，到2025年，中国数字经济核心产业增加值占GDP比重将达到10%。这表明数字经济正成为我国未来经济的重要引擎。伴随数字经济逐步进入全面扩展阶段，行业数字化也将向加速转型期跃迁。数智化作为数字化和智能化的合称，能够帮助企业优化现有业务价值链和管理价值链，实

现增收节支、提效避险的目标，从而推动数字经济的发展。

（3）企业转型升级的需要。在激烈的市场竞争中，企业需要不断寻求转型升级的路径。信息化是企业转型的初级阶段，主要立足于以 IT 化手段提升内部管理效率；数字化则是企业转型的进化阶段，通过大数据与云计算技术对企业运营进行全面优化。而数智化是高级阶段，利用人工智能技术对数据作为生产要素进行智能化应用。数智化实施帮助企业实现从业务运营到产品／服务的创新，提升用户体验，构建新的竞争优势。

（4）融合发展的趋势。数智化不仅是技术和数据的融合，更是场景、生态、产业等多方面的融合。这种融合推动了创新，创新又推动了转型和发展。在数智化时代，企业需要广泛利用数智化技术，驱动数字政府、数字经济与数字社会的大融合大发展，从而有效回应数智时代形成的新议题、新阶层和新社群。

1.2.1.2 智能化、智慧化与数智化的关系

从本质上讲，智能化、智慧化与数智化是信息技术发展的三个重要阶段，它们紧密相连又各具特色，共同推动着物流行业的数智化转型。

（1）智能化。智能化是指在计算机网络、大数据、物联网和人工智能等技术的支持下，系统能够感知状态、实时分析并做出科学决策，进而精准执行。与数字化相比，智能化的核心在于决策的执行主体由人转变为机器系统。智能化系统虽由程序控制，但其感知依靠物联网技术，分析依靠大数据技术，决策依靠软件算法，执行则依靠命令传输和设备自动化，共同构成了智能化的基石。

（2）智慧化。智慧化是在智能化基础上，系统具备自我学习、提升、进化和迭代升级能力。智慧化不仅要求系统具备"智"的能力，即了解现象，还具备"慧"的能力，即洞悉因果关系，能够不断学习和进化。智慧化系统的本质在于其自我学习与提升的能力，这使系统能够不断适应新环境、新挑战，实现更高层次的运作。

（3）数智化。数智化是数字化与智能化的深度融合，涵盖了数字智慧化和智慧数字化两个层面。数字智慧化是在大数据中加入人的智慧，提高数据的效用；智慧数字化则是运用数字技术管理人的智慧，实现从人工到智能的提升。数智化的核心在于人机深度对话和互相学习，形成人机一体的新生态。随着数字技术的发展，数智化的内涵不断丰富，逐渐涵盖从数字技术应用到智能决策支持，再到人机协同的全面生态体系。数智化的本质是通过数字化实现智能化，并借助数字化模拟人类智能，推动系统智慧生成，实现更高层次的运作效率和服务质量。

信息化、数字化、智能化、智慧化与数智化等不同概念的比较如表1-2所示。

表1-2　相关概念比较

概念	目标	技术手段	应用场景
信息化	提高社会运行的效率和质量，实现信息的快速传递和共享	信息技术设备、通信网络、数据库等	企业管理系统、电子商务、在线教育等
数字化	构建数字空间，将物理世界的信息转换成数字格式，便于存储、处理和分析	数字化设备、数字化技术、数据库管理系统等	数字化生产线、数字地图、数字化医疗记录等
智能化	使系统具备状态感知、实时分析、科学决策和精准执行的能力	物联网、大数据、人工智能等	智能物流系统、智能家居、自动驾驶汽车等
智慧化	系统不仅具备智能能力，还能自我学习、提升和迭代升级，实现真正的智慧	人工智能、深度学习、自我学习算法等	智慧物流、智慧医疗、智慧金融等
数智化	实现数字智慧化与智慧数字化的合成，形成人机一体的新生态	大数据、云计算、人工智能、物联网等	数智化企业管理、数智化物流、数智化金融等

1.2.1.3　数智化物流的定义

结合国内外相关研究成果，我们认为数智化物流是在传统物流基础上，结合物联网、大数据、云计算、人工智能等新一代信息技术，通过数据的采集、分析与应用，实现物流过程的全面数字化和智能化管理。其核心在于通过智能化手段提升物流系统的自动化、协同化和可视化水平，从而提高物流效率、降低运营成本，并增强客户服务能力。

数智化物流的发展可以分为以下几个阶段。

（1）信息化阶段。实现物流信息的数字化和网络化，提高信息的实时性和共享性。通过 ERP、CRM 等系统实现订单处理、库存管理、运输调度等业务的自动化。

（2）物联网阶段。利用物联网技术实现物流设备的互联互通，提高物流过程的自动化和智能化水平。例如，通过 RFID、传感器等技术实现对货物的实时追踪、温度控制、湿度控制等。

（3）数字化阶段。通过大数据技术实现物流数据的采集、处理和分析，挖掘数据价值，提高物流效率和客户满意度。例如，通过数据挖掘和分析，实现对物流过程的优化和预测。

（4）智能化阶段。应用人工智能技术实现物流过程的智能预测、智能优化和智能监控，提高物流服务质量和效率。例如，通过机器学习和深度学习等技术实现对订单处理、库存管理、运输调度的智能优化。

（5）数智化阶段。实现信息化、物联网、数字化和智能化的深度融合，打造高度智能化、自动化和可视化的物流体系，支持复杂的供应链管理和个性化服务。

数智化物流的发展路径可以概括为：数字化—网络化—智能化—数智化，如图1-2所示。这一过程体现了物流系统从基本的信息化管理到设备互联的网络化，再到智能化的预测与优化，最终实现数字与智能的深度融合，形成高度灵活、高效且具有自主决策能力的物流体系。

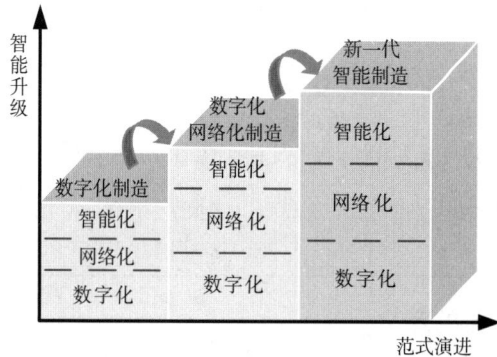

图1-2　数智化物流的发展演进

从以上发展路径不难看出，数智化物流是一种基于新一代信息技术的先进物流模式，旨在实现物流信息的全面数字化和物流过程的智能化管理。数智化物流不仅是智慧物流的升级版，更是物流管理理念和模式的转型升级，代表了物流业未来的发展方向。

1.2.2　数智化物流的特征

数智化物流具有以下六大特征。

1.2.2.1　信息化基础

信息化是数智化物流的基石。在数智化物流中，所有物流活动，包括订单处理、库存管理、运输调度、物流跟踪等，都被数字化和网络化。通过ERP（企业资源计划）、WMS（仓储管理系统）、TMS（运输管理系统）等信息系统，实现物流信息的实时采集、处理和共享，提高信息的准确性和时效性。这种信息化手段提高了物流运作的效率和准确性，使企业能够更好地满足客户需求，提升客户满意度。

1.2.2.2　智能化核心

智能化是数智化物流的核心特征。通过应用大数据分析、人工智能、物联网、等技术，实现物流过程的智能预测、优化和监控。

（1）智能预测：利用机器学习和深度学习技术，对历史订单和市场数据进行分析，预测未来的订单量和需求趋势，优化库存和运输计划。这种预测功能可以帮助企业更好地规划物流运作，降低库存成本和运输成本。

（2）智能优化：通过优化算法和大数据分析，优化物流路径、仓储布局和资源配置，提高物流效率，降低运营成本。

（3）智能监控：通过物联网设备和传感器，实现对物流设备和货物的实时监控，确保物流过程的透明度和安全性。例如，通过安装传感器在运输车辆上，可以实时监测车辆的位置和货物状态，实现对运输过程的全程监控。这种智能监控功能不仅可以提高物流运作的透明度，还可以及时发现问题和解决问题。

1.2.2.3　个性化服务

在传统的物流服务中，客户的需求和行为往往被忽视，导致提供的服务缺乏针对性和个性化。数智化物流能够根据客户的需求和行为数据，提供个性化的物流解决方案和服务体验。例如，基于客户的购买习惯和历史订单数据，提供定制化的配送时间和方式，提升客户满意度和忠诚度，增加企业竞争力。

1.2.2.4　高效化运营

通过数字化和智能化等技术手段的应用，数智化物流可以大幅提高物流系统的效率、降低运营成本。例如，自动化设备的应用，可以实现货物的自动化分拣和打包，提高订单处理的速度和准确性；采用智能化的运输管理系统，可以合理规划运输路线和调度车辆，减少运输时间和成本。这些措施都可以使物流服务过程更加高效和精准，满足快速发展的电子商务需求。

1.2.2.5　可视化管理

可视化是数智化物流的重要特征之一。通过数据大屏、移动应用等可视化工具，管理者可以实时监控运输、仓储、装卸搬运等物流过程，做出及时决策。同时，客户也可以通过可视化工具查看订单状态和物流信息，提高物流透明度和客户信任度。

1.2.2.6　协同化运作

在传统的物流服务中，各个部门和环节之间的协同往往存在沟通不畅信息失真等问题。数智化物流中通过建立统一的数据平台和通信工具，实现各个部门和环节之间的协同运作。信息共享和流程协同提高整个物流系统的响应速度和灵活性，促进供应链的整体优化。

1.2.3 数智化物流的功能

数智化物流在提升物流服务质量、提高物流效率和满足客户的个性化需求等方面具有显著功能。

1.2.3.1 提升物流服务质量

数智化物流通过智能化管理和实时监控，显著提升物流服务质量。主要表现为：

（1）实时监控。利用物联网技术，对运输车辆、仓库、货物等进行实时监控，及时发现和解决潜在的物流问题。例如，通过在运输车辆上安装传感器，可以实时监测车辆的运行状态和货物温度等信息，确保货物的安全运输。

（2）智能预测。通过大数据分析和人工智能技术，对历史订单数据进行分析，预测未来的订单量和需求趋势，提前做好库存规划和调度计划。这可以帮助企业更好地规划物流运作，降低库存成本和运输成本。

（3）及时响应。数智化物流可以及时响应客户的需求和反馈，发现问题后迅速采取措施进行解决。例如，当订单出现延迟时，系统可以自动调整运输计划，确保及时送达。

1.2.3.2 提高物流效率

数智化物流通过优化物流流程和自动化操作，大幅提升物流效率，主要表现在：

（1）优化网络布局。利用大数据分析和人工智能技术，对物流网络进行优化，合理规划运输路线和调度车辆。这可以帮助企业减少运输时间和成本，提高物流效率。

（2）协同运作。通过统一的数据平台，实现各部门和供应链伙伴的协同工作，提高整体运作效率。例如，销售部门可以实时将订单信息传递给仓储和配送部门，缩短订单处理时间。

（3）自动化操作。应用自动化设备和技术，如自动分拣系统、无人仓库、无人驾驶车辆等，实现货物的自动化分拣、包装和运输，提高操作效率和准确性，降低人力成本。

1.2.3.3 满足客户的个性化需求

数智化物流通过数据分析和智能化管理，提供个性化的物流服务，满足不同客户的需求。

（1）个性化服务。根据客户的购买习惯和历史订单数据等，提供定制化的配送时间和方式等个性化服务。例如，对于经常购买生鲜食品的客户可以提供定时配送服务确保食品的新鲜和安全送达。

（2）精准推荐。通过分析客户的购买行为和偏好，向客户推荐相关产品或服务，提升客户体验和企业销售额。

（3）客户反馈。数智化物流系统能够及时收集和分析客户的反馈意见，帮助企业精准把握客户需求，持续改进服务质量。

1.2.3.4　降低物流成本

通过优化物流流程和资源配置，数智化物流显著降低了物流运营成本。

（1）资源优化。通过智能化的库存管理和运输调度，优化资源配置，减少库存积压和运输成本。

（2）减少人工成本。自动化设备和智能化系统的应用，减少了对人工操作的依赖，降低了人力成本和错误率。

（3）能源管理。通过智能化的能源管理系统，优化运输车辆和仓储设备的能源使用，降低能源消耗和运营成本。

1.2.3.5　优化供应链管理

数智化物流在优化供应链管理方面发挥重要作用。

（1）供应链可视化。通过数据可视化工具，实现供应链各环节的透明化管理，提升供应链的可控性和响应速度。

（2）协同供应链伙伴。通过统一的数据平台，实现供应链各环节伙伴的协同工作，提高供应链整体效率和灵活性。

（3）风险管理。通过实时监控和智能预测，及时识别和应对供应链中的潜在风险，保障供应链的稳定运行。

1.2.3.6　促进企业竞争力提升

数智化物流通过提高物流效率、服务质量和客户满意度，增强企业的市场竞争力。

（1）快速响应市场需求。数智化物流系统能够快速响应市场变化和客户需求，提高企业的市场适应能力。

（2）提升品牌形象。高效、智能的物流服务提升了客户体验和满意度，有助于树立良好的品牌形象和口碑。

（3）创新业务模式。数智化物流为企业提供了创新业务模式的基础，如即时配送、定制化物流服务等，拓展了企业的市场空间和盈利渠道。

1.3 数智化物流运作机理与架构

数智化物流作为现代物流发展的主要趋势，其运作机理与架构的设计直接影响着物流系统的效率、灵活性和响应能力。

1.3.1 数智化物流的智能机理

数智化物流通过集成多种先进技术，实现物流过程的智能化管理。其智能机理主要包括智能获取、智能传递、智能处理和智能利用四个关键环节。这些环节相互协作，共同构成了数智化物流的核心决策和运行机制。

1.3.1.1 智能获取

智能获取是数智化物流的基础，涉及从物流活动中自动、实时地获取各种数据。主要技术包括条形码技术、传感器技术、射频识别技术、卫星定位技术、视频技术、图像识别技术、文字识别技术、语音识别技术、机器人视觉技术等。这些技术的综合应用，使物流系统能够主动获取全面、准确的数据，确保物流信息流与实物流的同步与协调。

1.3.1.2 智能传递

智能传递负责在物流系统内部及其外部进行高效、可靠的数据交换和信息传递。其核心技术包括通信基础网络（如有线和无线通信技术，确保数据传输的稳定性与高速性）、智慧物流信息网络［如基于服务导向架构（SOA）和 Web Service 技术］、智能网技术与智能化网络管理（如神经网络、遗传算法、蚁群算法等计算机智能技术）等。智能传递技术的应用，确保了物流系统各环节之间的信息无缝衔接，提升了供应链的整体协同能力和响应速度。

1.3.1.3 智能处理

智能处理是数智化物流系统的核心，决定了系统的决策能力和优化水平。通过对海量物流数据的收集、存储和处理，挖掘数据中的模式和趋势，支持精准决策。应用机器学习、深度学习等算法，实现对物流过程的智能预测与优化。利用优化算法，解决物流网络优化、路径规划和资源配置等问题。利用专家系统与智能决策支持系统（DSS），模拟专家的决策过程，提供高效、准确的决策支持。这些技术的融合，使得数智化物流系统能够自主进行数据分析、预测和优化，提升物流管理的科学性和前瞻性。

1.3.1.4　智能利用

智能利用是指在智能处理的基础上，将智能决策转化为实际行动，体现在人机协同和自动控制两个方面：一是人机协同。物流管理人员利用系统提供的决策支持信息，进行策略制定和执行监督，发挥人的智慧与系统的智能相结合的优势；二是物流自动控制。应用智能控制技术，实现物流设备和系统的自动化操作，如自动搬运机器人、自动分拣系统、智能仓储管理等。这些技术能够处理复杂、随机和模糊的控制问题，显著提升物流系统的自动化水平和响应速度。尽管目前智能控制技术在物流中的应用尚处于起步阶段，但随着技术的不断发展，其在物流系统中的作用将越来越重要，推动物流运作向更高效、更智能的方向发展。

1.3.2　数智化物流的技术结构

数智化物流系统包括感知层、网络层和应用层三个主要层次，如图1-3所示。感知层是数智化物流发展的软件基础，网络层包括数智化物流发展的硬件基础，应用层是数智化物流的应用领域和发展方向。

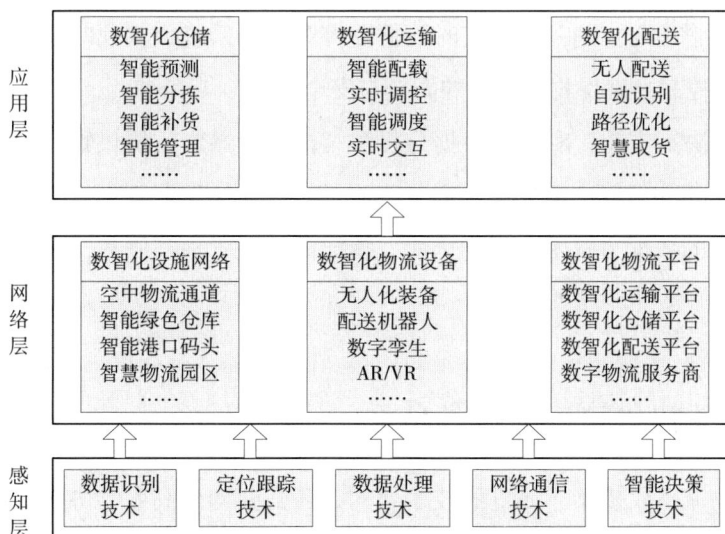

图1-3　数智化物流的技术结构

1.3.2.1 感知层

感知层是数智化物流系统的"神经末梢",是数智化物流系统实现对货物感知的基础,是数智化物流的起点。其主要作用在于识别物体、采集信息。感知层通过多种感知技术实现对物品的感知,常用的感知技术有:条形码自动识别技术、RFID 感知技术、GPS 移动感知技术、传感器感知技术、红外感知技术、语音感知技术、机器视觉感知技术、无线传感网技术等。感知层通过多种技术手段,实现对物流全过程的全面感知,为上层的数据传递和智能处理提供丰富、准确的基础数据。

1.3.2.2 网络层

网络层是数智化物流系统的信息传输枢纽,主要由各种私有网络、互联网、有线和无线通信网、传感网等组成,连接感知层与应用层,确保数据的高效、安全传递。具体功能包括寻址和路由选择、连接的建立、保持和终止等,并利用大数据、云计算、人工智能等技术分析处理感知信息,产生决策指令,再通过感知通信技术向执行系统下达指令。网络层的设计与优化,确保数智化物流系统中各层级数据的高效传输与共享,为智能处理和应用提供坚实的技术支持。

1.3.2.3 应用层

应用层是数智化物流系统的"神经中枢",直接面向用户和业务需求,提供多样化的智能物流服务。其主要功能包括:

(1)物流作业管理:实现自动化仓储、智能分拣、无人搬运等物流作业的智能化管理,提高作业效率和准确性。

(2)物流管理与控制:通过实时数据监控和预警系统,实现对物流全过程的可视化管理与动态控制,确保物流运作的高效与安全。

(3)物流决策支持:利用大数据分析和智能决策系统,提供物流网络优化、运输路径规划、库存管理等决策支持,提升物流系统的整体运营效率。应用层通过整合感知层和网络层的数据与技术,提供全面、智能的物流管理与服务,满足企业和客户的多样化需求。

1.3.3 数智化物流的业务体系

数智化物流不仅依赖于先进的技术架构,还需要构建高效、协同的业务体系,以实现物流流程的全面优化和智能化管理。数智化物流的业务体系主要包括业务流程、系统集成与协同运作三个方面。

1.3.3.1　业务流程

数智化物流的业务流程涵盖从订单生成到货物配送的全过程，通过智能化管理实现各环节的高效运作。一体化业务流程如图 1-4 所示。

（1）订单管理。通过 ERP、CRM 等系统实现订单的自动生成、处理与跟踪，确保订单信息的准确与实时更新。

（2）库存管理。利用智能库存管理系统，实时监控库存水平，优化库存布局与补货策略，减少库存成本与缺货风险。

（3）运输管理。通过智能运输管理系统，实现运输路线的优化、车辆调度的自动化，提升运输效率。

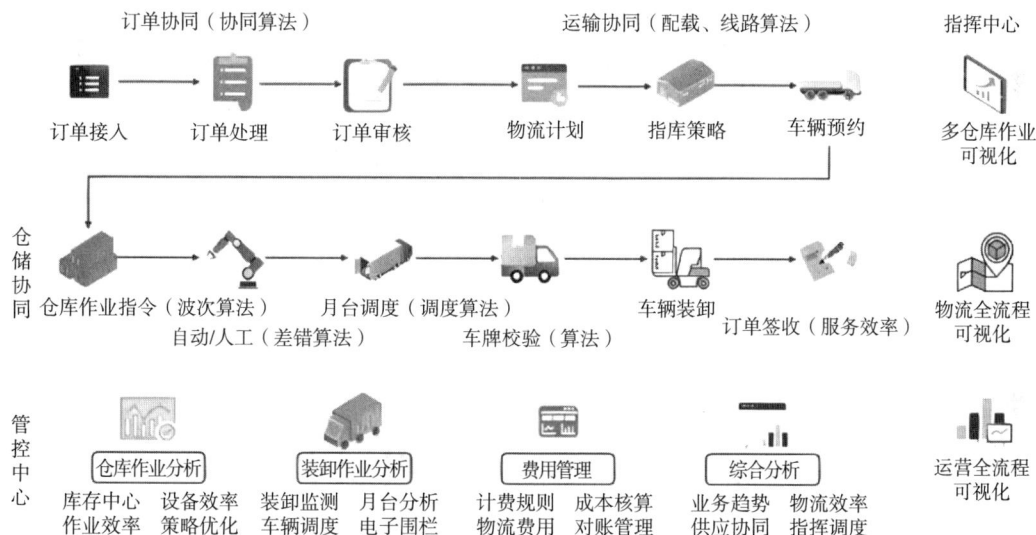

图1-4　数智化物流一体化业务流程

1.3.3.2　系统集成

系统集成是数智化物流业务体系的重要组成部分，通过整合不同功能模块和信息系统，实现数据和流程的无缝衔接。具体包括：

（1）平台集成。将 ERP、WMS、TMS 等不同业务系统集成到统一的平台，实现数据的集中管理和共享。

（2）技术集成。整合物联网、大数据、人工智能等技术，构建智能化的物流管理系统，提升系统的整体智能水平。

（3）应用集成。将各类物流应用（如仓储管理、运输管理、订单管理等）有机结合，实现业务流程的自动化与智能化。通过系统集成，数智化物流能够实现各业务环节的信息互通和流程协同，提升整体运营效率和响应速度。

1.3.3.3　协同运作

协同运作是数智化物流业务体系的核心，通过多方协同和信息共享，提升供应链的整体效能。主要包括：

（1）企业内部协同。通过统一的信息平台，实现销售、采购、仓储、运输等部门的协同作业，优化内部资源配置。

（2）供应链协同。与供应商、分销商、第三方物流等合作伙伴共享物流信息，实现供应链的整体优化和协同运作。

（3）客户协同。通过客户关系管理系统（CRM），实时获取客户需求和反馈，调整物流服务策略，提升客户满意度。协同运作的实现，依赖于先进的信息技术和高效的沟通机制，确保供应链各环节的高效协同和动态响应。

数智化物流运作机理与架构的设计是实现物流系统智能化、自动化和高效化的关键。通过智能获取、智能传递、智能处理和智能利用四个环节，结合感知层、网络层和应用层的技术结构，数智化物流系统能够全面提升物流管理的科学性和效率。同时，构建高效的业务体系，通过系统集成与协同运作，实现物流流程的全面优化和智能化管理。随着技术的不断进步和应用的深入，数智化物流将为物流行业带来更加广阔的发展空间和创新机遇。

1.4　数智化物流的组织实施

数智化物流的成功实施不仅依赖于先进的技术和管理理念，还需要科学的组织架构和系统化的实施策略。

1.4.1　数智化物流发展方向

数智化物流的发展方向主要体现在三个方面：深度融合、服务创新和产业升级。这些方向不仅反映了技术进步的趋势，也契合了市场需求的变化，推动物流行业向更加高效、智能和可持续的方向发展。

1.4.1.1　深度融合

随着新一代信息技术的不断发展，数智化物流将更加深入地融入物流业务中，实现物流业务的全面数字化和智能化。具体表现在以下几个方面。

（1）物流信息化。通过信息化手段，实现物流信息的全面采集、处理和共享，提高信息的准确性和时效性。例如，利用 ERP、CRM、WMS 等信息系统，实现订单处理、库存管理、运输调度等业务的自动化和智能化。

（2）物流智能化。应用人工智能、物联网等技术，实现物流过程的智能预测、智能优化和智能监控。例如，智能运输管理系统可以自动规划运输路线、调度车辆，提高运输效率；智能仓储系统能够根据库存数据自动调整存储策略，优化仓储布局。

（3）物流自动化。通过自动化设备和技术，实现货物分拣、打包、存储等操作的自动化。例如，自动分拣系统能够快速准确地完成货物的分拣和打包，减少人工操作，提高作业效率。

1.4.1.2　服务创新

数智化物流将通过数字化、智能化的方式，创新物流服务模式，提供更加高效、便捷、个性化的服务体验。主要表现在以下几个方面。

（1）个性化服务。通过收集和分析客户的需求和行为数据，为客户提供个性化的物流解决方案和服务体验。例如，根据客户的购买习惯和历史订单数据，为其提供定制化的配送时间和方式。

（2）智能化服务。通过人工智能等技术，为客户提供智能化的服务体验。例如，通过智能客服系统，可以快速响应客户的问题和需求；通过智能化的仓储管理系统，可以实时监测货物的存储状态和数量，确保货物的安全和准确配送。

（3）绿色化服务。通过优化物流网络和智能调度等方式，减少能源消耗和环境污染，实现绿色发展。例如，通过优化运输路线和调度车辆，可以降低能源消耗和碳排放；通过使用环保材料和包装技术，可以减少对环境的影响。

1.4.1.3　产业升级

数智化物流将通过推动产业升级，促进整个物流行业的持续发展。具体表现在以下几个方面。

（1）供应链协同。数智化物流通过促进与供应链上下游企业的紧密合作与协同，实现供应链的整体优化。例如，通过与供应商、制造商等关键合作伙伴实施信息共享和协同规划，能够提升供应链的响应速度及运营效率。

（2）行业标准化。通过推动行业标准的制定和实施，促进整个行业的标准化和规范化。例如，制定物流信息交换标准、物流操作规范等标准，可以促进不同企业之间的信息共享和业务协同。

（3）创新驱动。通过技术创新和管理创新等方式，推动整个行业的创新和发展。例如，应用人工智能、物联网等技术，可以开发出更加智能化、自动化的物流设备和系统；通过管理模式创新，可以优化物流流程和提高管理效率。

1.4.2 数智化物流发展面临的挑战

尽管数智化物流具有巨大的发展潜力，但是它也面临着以下挑战。

1.4.2.1 数据安全问题

数智化物流的核心是数据。在实现物流服务的过程中，需要收集、处理和利用大量的数据，这些数据包括客户信息、订单信息、库存信息、物流信息等。因此，数据安全问题成为数智化物流面临的一个重要挑战。物流企业需要采取有效的措施来保护数据的安全性和隐私性，如建立完善的数据安全管理制度、采用加密技术和访问权限控制等措施，以确保数据的可靠性、完整性和机密性。

1.4.2.2 技术应用问题

数智化物流需要应用大量的新技术，如物联网技术、云计算技术、人工智能技术等。这些技术的引入和应用需要相应的技术和资金支持，同时也带来了一些风险和挑战。例如，物联网技术的应用可以提高物流效率，但是如何确保物联网设备的可靠性和稳定性是一个重要的问题；人工智能技术的应用可以提高决策的准确性和效率，但是如何确保人工智能算法的正确性和公正性是一个重要的问题。因此，物流企业需要充分了解和掌握这些技术，并根据实际情况进行选择和应用。

1.4.2.3 人才短缺问题

数智化物流的发展需要大量的人才支持，包括技术人才、管理人才等。然而，当前市场上对数智化物流人才的需求已经超过了供给能力，因此人才短缺成了一个重要的挑战。为了解决这个问题，物流企业需要加强人才培养和引进，建立完善的人才管理制度和激励机制。例如，可以通过与高校合作，共同培养适应数智化物流需求的人才；同时也可以通过引进外部人才，提高企业整体素质和创新能力。

1.4.2.4 运营管理问题

数智化物流的发展不仅需要技术的支持，更需要运营管理的支持。在实现物流服务的过程中，需要优化运营流程、提高管理效率、降低成本等，同时还需要根据客户需求和市场变化不断进行优化和创新。因此，物流企业需要建立完善的运营管理体系，通过数字化、智能化等手段提高运营效率和服务质量。

1.4.3　促进中国数智化物流发展的对策建议

1.4.3.1　制定物流发展规划，建立健全相关政策法规

政府在推动数智化物流发展中扮演着关键角色。通过制定科学的发展规划和完善的政策法规，可以为数智化物流提供有力的支持和保障。如制定中长期物流产业发展规划，明确数智化物流的发展目标和路径，指导企业有序推进数智化转型。出台针对数智化物流的产业扶持政策，包括财政补贴、税收优惠、资金支持等，鼓励企业加大数智化物流的投入。还要进一步完善与数智化物流相关的法律法规，规范数据安全、隐私保护、技术应用等方面的行为，维护市场秩序。

1.4.3.2　加快物流信息化标准规范体系建设

标准化是数智化物流发展的基石，通过建立统一的标准，可以促进不同企业和系统之间的信息互通和业务协同，提升整体运营效率。为此，要加快研究和制定物流信息技术标准，包括数据格式、通信协议、安全标准等，确保各系统之间的兼容性和互操作性。进一步推广条形码、射频识别（RFID）等技术在仓储、配送、冷链等业务中的应用标准，促进技术的广泛应用和普及。另外，还要进一步促进数据层、应用层、交换层等物流信息化标准的衔接，构建完整的物流信息化标准体系，支持数智化物流的全面发展。

1.4.3.3　突破核心信息技术，建立物流信息化平台

技术创新是数智化物流的核心驱动力，突破关键技术瓶颈，建立高效的信息化平台，是实现数智化物流的重要保障。一方面，要集中力量攻关物流信息采集、快速反应、管理监控、双向通信等关键技术，提升数智化物流的技术水平。另一方面，要推动关键技术的自主研发，确保数智化物流系统拥有自主知识产权，增强技术安全性和可控性；加快构建基于物联网、云计算、人工智能等技术的智慧物流信息平台，解决传统物流平台存在的技术瓶颈，提升平台的实际应用价值。同时，建设一批数智化物流示范项目，通过示范带动效应，推广先进技术和成功经验，促进数智化物流的广泛应用。

1.4.3.4　加强人才培养与引进，缓解人才短缺

数智化物流的发展离不开高素质的人才支持。通过加强人才培养和引进，可以有

效缓解物流行业的人才短缺问题，提升整体素质和创新能力。要进一步加强高校和科研机构合作，设立物流信息化、智能化相关专业和课程，培养适应数智化物流需求的专业人才。同时，开展在职培训和技能提升项目，提高现有员工的技术水平和管理能力。同时，制定有吸引力的人才引进政策，吸引国内外优秀的技术和管理人才加入物流企业，增强企业的创新能力和竞争力。

1.4.3.5 推动供应链协同，提升整体效能

数智化物流的核心在于供应链的协同优化，通过信息共享和协同管理，实现供应链各环节的高效配合和整体优化。通过建立统一的信息平台，实现供应链上下游企业的信息共享，提升信息透明度和协同效率。例如，供应商可以实时获取订单信息，及时调整生产计划；物流企业可以实时了解库存和运输状态，优化配送方案；通过协同计划和协调管理，实现供应链各环节的同步运作，提升供应链的整体响应速度和灵活性。例如，通过协同预测和计划，减少供应链中的库存波动和配送延误；促进供应链各环节企业的互信和协作，共同应对市场变化和竞争压力。通过合作伙伴关系，推动供应链的整体优化和创新。

【本章小结】

本章首先回顾了我国物流业的发展历程，分析了推动物流产业转型升级的五大驱动因素以及这些因素如何共同促进物流业转型发展。然后，界定了数智化物流的内涵、特征与功能。数智化物流是数字化与智能化深度融合的产物，具备信息化基础、智能化核心、个性化服务、高效化运营、可视化管理及协同化运作等特征，并在提升服务质量、提高效率、满足个性化需求、降低成本及优化供应链管理等方面发挥重要功能。在此基础上，进一步介绍了数智化物流的运作机理与技术架构，强调智能获取、智能传递、智能处理和智能利用四个运作机理，以及感知层、网络层和应用层的技术结构特点。最后，展望数智化物流的发展方向、面临的挑战，提出了促进我国数智化物流发展的对策建议。

【课后习题】

一、单项选择题

1.我国物流业发展的第一个阶段是（　　　）。

A.物流业初期发展阶段　　　　　　B.现代物流业快速发展阶段

C.储运阶段　　　　　　　　　　　D.物流业转型升级与高质量发展阶段

2. 数智化物流的特征不包括（　　　）。

A. 信息化基础　　　B. 智能化核心　　　C. 高度依赖人工　　　D. 个性化服务

3.（　　　）不是推动物流产业转型升级的驱动力。

A. 政策支持与顶层设计　　　　　　　　B. 技术创新与数字化转型

C. 消费者需求下降　　　　　　　　　　D. 绿色可持续发展

4. 数智化物流的技术结构中，负责数据传输和信息共享的是（　　　）。

A. 感知层　　　　　B. 网络层　　　　　C. 应用层　　　　　D. 决策层

5. 在数智化物流的功能中，（　　　）主要通过优化运输路线和资源配置来实现。

A. 提升物流服务质量　　　　　　　　　B. 满足客户的个性化需求

C. 提高物流效率　　　　　　　　　　　D. 降低物流成本

二、判断题

1. 数智化物流就是物流信息的数字化处理。（　　　）

2. 绿色可持续发展是数智化物流的重要驱动力之一。（　　　）

3. 数智化物流不需要依赖先进的信息技术。（　　　）

4. 数智化物流的应用层主要负责物流作业管理和决策支持。（　　　）

5. 数据安全问题是数智化物流发展面临的主要挑战之一。（　　　）

三、简答题

1. 简述我国物流业发展不同阶段的特点。

2. 比较智能物流、智慧物流与数智化物流之间的区别。

3. 数智化物流的主要特征有哪些？结合实际案例进行说明。

4. 数智化物流在提升物流效率方面有哪些具体应用？

5. 我国数智化物流发展面临的主要挑战是什么？如何应对？

6. 选择一家物流企业，分析其在数智化转型中的成功经验和不足之处。

四、讨论题

2024年11月，中国政府发布了《有效降低全社会物流成本行动方案》，提出通过一系列措施，到2027年将社会物流总费用与国内生产总值的比率降低至13.5%左右，预计节约社会物流总费用超过1万亿元。该方案特别强调推动物流数智化发展，提升物流实体硬件与物流活动的数字化水平。结合方案内容探讨物流数智化降低全社会物流成本的路径、挑战与应对策略。

【案例讨论】
数智化物流引领行业新机遇——菜鸟网络的战略布局

在全球经济和电子商务迅速发展的背景下，物流行业面临着前所未有的机遇与挑战。随着消费者需求的多样化以及市场环境的复杂化，传统物流模式逐渐暴露出效率低下、服务质量不稳定等问题。为了满足新时代的需求，物流行业开始加速向数智化转型，借助大数据、人工智能、物联网等前沿技术，推动智能化、自动化的发展，提升行业整体效率与服务水平。

2021年，全球智慧物流峰会在中国举行，菜鸟网络（阿里巴巴集团旗下物流平台）展示了多项创新技术，包括智能眼镜、RFID智能小车、高密度智能存取机器人等。这些技术的应用有效提升了物流操作的精准度和效率，标志着数智化物流在物流行业中的广泛应用和深远影响。

从智能硬件的创新应用到产业链的数字化升级，菜鸟网络的数智化物流战略为整个行业提供了宝贵的经验和借鉴，也为中国物流企业在全球竞争中树立了标杆。

1. 数智化物流的技术创新与应用

（1）智能眼镜与快递发货。在电商直播等快速发货场景中，智能眼镜成为提升物流效率的关键工具。通过佩戴智能眼镜，工作人员可以实时接收到订单信息，进行精准拣货与快速分拣。智能眼镜的应用不仅大大提高了工作效率，还有效减少了人工操作中的错误率，提升了发货的准确性和时效性。

（2）RFID智能小车与自动搬运。RFID（射频识别）智能小车是菜鸟网络引领的物流自动化设备之一，能够实现货物的自动识别与搬运。其识别准确率高达99.8%，在大型仓储和配送中心中，智能小车能够高效完成货物的搬运与分类，有效减少了人工劳动强度，提升了作业效率。

（3）高密度智能存取机器人。这一技术的核心优势在于其高效的仓储空间管理与快速存取功能。通过高密度存取机器人，菜鸟能够实现对仓库空间的最大化利用，同时减少人力成本，并通过智能算法优化存储和取货路径，进一步提高仓库的运作效率。

（4）数智科技大脑与数据分析。"数智科技大脑"是菜鸟物流系统中的核心大数据平台，通过深度学习和机器学习算法，系统能够实时分析来自各个环节的数据，做出精准的资源调配与路径优化建议。这一技术的应用，使得物流操作更加智能化，能够快速响应不同的市场需求和突发事件。

2. 数智化物流的战略布局

（1）全球化发展与数字化供应链。菜鸟网络不仅在国内推动数智化物流，还积极开拓全球市场，致力于构建跨境智慧物流网络。通过加强全球物流基础设施建设，菜鸟在提升国内物流效率的同时，也让全球范围内的商家和消费者享受到了更高效的物流服务。

（2）产业带合作与供应链数字化。菜鸟网络通过与国内多个产业链的合作，推动生产端到消费端的无缝连接。通过在产地建立仓储中心，菜鸟不仅提升了仓储效率，还有效降低了物流成本，进一步优化了供应链。未来，随着产业链的不断升级和深化，供应链数字化将成为物流行业的重要发展趋势。

（3）乡村物流与"智惠"乡村战略。为了推进乡村振兴，菜鸟网络积极投资乡村物流基础设施建设，实施"智惠乡村"战略。在全国范围内，菜鸟已在100个农产品核心产区建立了上行物流中心，为农产品供应链提供了智能化解决方案，提升了农产品流通效率，推动农业农村产业带经济的数字化升级。

3. 数智化物流的市场前景

随着中国电商市场的持续扩展，物流行业正在迎来前所未有的发展机遇。根据国家邮政局数据，2024年中国快递业务量预计突破1425亿件，数智化物流的潜力巨大，市场前景广阔。

（1）物流智能化与自动化加速。根据华创证券的研究报告，目前中国物流行业的自动化水平仅为20%左右，而随着技术的不断进步，未来数智化物流将迎来爆发式增长。物流企业如菜鸟、京东物流、货拉拉等已经在自研技术和设备上进行了大量投资，推动行业整体的智能化水平。

（2）数字化供应链与跨境电商。随着全球化的进程不断推进，跨境电商成为数智化物流的重要应用场景。数字化供应链的建设，不仅能提高全球物流的效率，还能帮助企业更好地响应国际市场的需求，为全球消费者提供更快捷、更便利的购物体验。

（3）绿色物流与可持续发展。数智化物流的应用不仅能够提升运营效率，还推动了绿色物流的发展。通过数据分析与智能调度，数智化物流能够优化运输路线，减少能源消耗和碳排放，符合国家的绿色发展战略。

（资料来源：根据网络资源整合而成）

讨论：

1.结合案例分析数智化物流技术如何提升物流企业的运营效率。

2. 数智化物流对全球物流市场带来了哪些影响？菜鸟网络如何在全球化发展中占据优势？

3. 数智化物流如何促进乡村振兴？结合"智惠乡村"战略和菜鸟的实际行动进行讨论。

第2章
数智化电子商务物流的基本概念

【学习目标】

熟悉数智化电子商务物流的内涵、特征与功能；掌握电子商务与数智化物流的相互关系及其协同作用。

【能力目标】

能够根据不同业务需求选择合适的物流模式；掌握大数据、人工智能等数智化技术在电子商务物流中的应用。

【思政要求】

增强学生对电子商务物流数智化转型的重要性认识；引导学生关注绿色物流发展，树立环保意识和社会责任感。

【导入案例】

数字化技术推动"双11"快递加速跑

每年的"双11"电商大促不仅是消费者购物的盛宴，也是快递行业的年度大考。2024年的"双11"，随着电子商务的持续繁荣，我国快递业迎来了又一个高峰期。根据国家邮政局监测数据显示，2024年10月21日至11月11日，全国共处理快递包裹127.83亿件，日均处理量达到日常业务量的125%。面对如此庞大的快递量，快递企业需要依靠先进的数智化技术来提升运营效率、降低成本，并确保高效、准确的包裹配送。

1. 无人技术助力末端提效降本

近年来，无人车、无人机等自动化设备在快递运输配送中的应用日益广泛。这些无人技术经过初期的探索和技术突破，现已进入商业化应用阶段。例如，顺丰无人车的四段式应用模式包括封闭园区内"最后一公里"配送、楼宇的"最后100米"配送、网点到下级站点的"最后三公里"配送以及场地到网点的线路运输。顺丰无人车的运送效率是传统接驳模式的2~3倍，每辆无人车每天可以完成3~4趟，"双11"高峰期甚至达到7~8趟。这不仅大幅提升了运输效率，还降低了运营成本，减少了高峰期间的临时人力投入。

中通快递在四川成都新都网点部署了6辆常态化运行的无人车，主要用于分拣中心到驿站的运输中转。每天早晨，快递员将包裹装入无人车后，无人车按既定线路将包裹送至各个驿站。每辆无人车可装载近500个包裹，时速最高可达40公里，满载续航约140公里，完全满足日常快递派送需求。使用无人车后，单票运输成本从0.14元降至0.08元，每月可为网点节省成本超过1万元。

除了无人车，无人机也在快递配送中发挥重要作用。顺丰丰翼无人机在"双11"期间通过空中通道提升物流班次至分钟级，日均运输快递单量近千单，较平日提升50%。无人机的快速、高效、灵活特点使其在复杂地形和地面拥堵情况下，依然能够高效完成包裹配送任务。

2. 数字化技术贯通快递各环节

数智化技术不仅应用于快递末端配送，在揽收、中转分拣等环节也得到了充分利用。申通快递通过"申行者App"和"超级商家平台App"等数智化软件，优化揽收运力分配和时效控制。在中转分拣阶段，申通快递采用无人化、自动化分拣系统，实现了包裹分拣效率提升30%、能耗降低50%的目标。

中通快递福州转运中心的智能物流装备，使得包裹分拣准确率从90%提升至99.9%，分拣效能提高了4倍，服务时效至少加快3小时。通过大数据分析，智能优化运输策略，减少转运时间，降低转运成本，实现物流过程的高效运作。

在退货高峰期，顺丰速运通过提前布局，确保退货业务的高效运转。顺丰承诺"双11"期间退货业务时效不降低，提供1小时内上门取件、延长夜间揽收服务等措施，确保退货高峰期的顺利进行。其他快递企业如菜鸟、京东也通过集中式退货仓储网络和智能退换货系统，提升退货处理效率，优化消费者购物体验。

3. 政策支持与技术突破

无人车的应用受限于路权开放，但近年来，部分城市通过地方立法和政策支持，逐步放开无人车路权。杭州和上海浦东新区成为全国首批明确自动驾驶车辆上路流程的城市，为无人配送车的应用提供了政策保障。低空经济的重视和政府工作报告的支持，也推动了无人机技术的持续推广，进一步促进了数智化物流的发展。

（资料来源：《中国物流与采购》杂志2024年第22期）

思考： 电商企业在数智化转型中面临哪些挑战？如何应对以确保转型成功？

2.1 电子商务物流概述

2.1.1 电子商务物流的概念

电子商务物流的概念是随着电子商务实践的快速发展而提出并形成研究热点的。目前，虽然对电子商务物流还没有形成统一的定义，但可以从两个角度对其进行理解。从宏观角度来说，电子商务物流是电子商务和物流两个行业的结合，是为电子商务这一新兴行业提供相配套即为电子商务客户提供服务的物流。从微观角度看，电子商务物流是信息管理技术和物流作业环节的结合，是运用现代信息技术整合物流环节，实现高度信息化的物流。

2.1.1.1 电子商务物流定义

综合从宏观和微观角度对电子商务物流的理解，一般可以将电子商务物流理解为，在电子商务环境下的物流。具体来说，是指基于电子化、网络化后的信息流、商流、资金流下的物资或服务的配送活动，包括数字化商品（或服务）的网络传送和实体商品（或服务）的物理传送。它包括一系列机械化、自动化工具的应用，准确、及时的物流信息对物流过程的监控，使得电子商务中物流的流动速度加快，尽量与电子商务中的其他"三流"（信息流、商流、资金流）相匹配。

2.1.1.2 电子商务物流概念模型

电子商务物流概念模型主要包括商务服务、配送服务和信息服务，如图 2-1 所示。

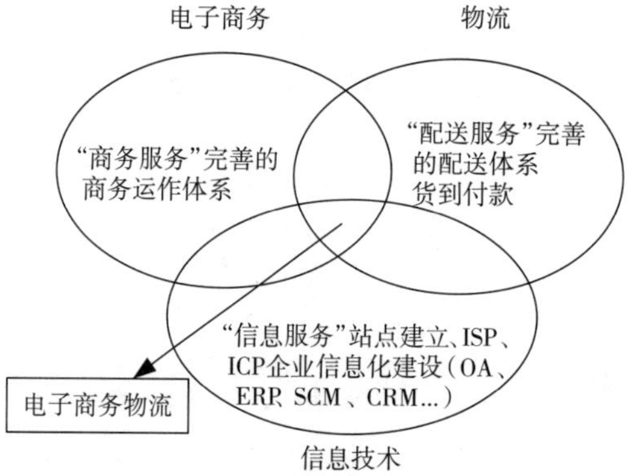

图2-1 电子商务物流概念模型

电子商务物流是物流企业发展到一定阶段的必然产物，物流企业利用自身的核心竞争力进行电子商务相关应用服务，势必会促使"三流"进一步融合，从而提升企业的竞争优势。电子商务物流由物流企业来开展是因为物流行业具有不可替代的优势，即物流配送需要投入大量的成本才能建立起来。这种大成本的投入会给其他竞争者造成巨大的进入壁垒。

电子商务物流不是简单的物流运输＋电子商务应用，而是集电子商务企业、物流企业、信息技术企业的优势于一体的商务活动。

2.1.1.3　电子商务物流发展模型

（1）电子商务物流发展层次模型。电子商务物流的发展经历了三个阶段，即传统物流、电子化物流和电子商务物流阶段，如图 2-2 所示。新阶段发展以前一阶段的发展为基础。在电子商务物流发展的过程中，物流企业的核心竞争力日益增强。

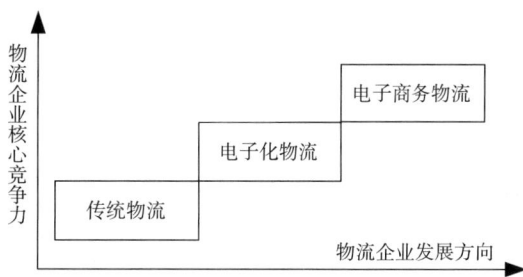

图2-2　电子商务物流发展阶段模型

（2）电子商务物流业务范畴模型。电子商务物流发展三个阶段的业务范畴有所不同，具体参见图 2-3。

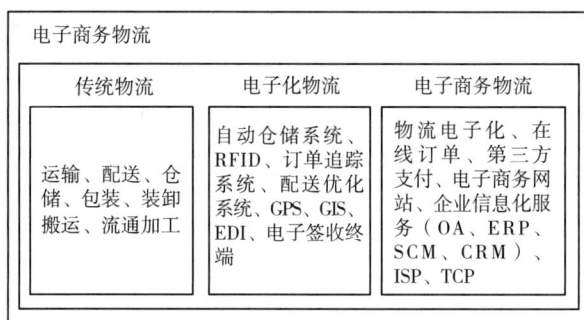

图2-3　电子商务物流业务范畴模型

2.1.2　电子商务物流的特征

电子商务物流作为信息管理技术与物流作业的结合，与传统环境下的物流活动相比具有以下新特点。

2.1.2.1　信息化

电子商务时代，物流信息化是电子商务的必然要求。物流信息化表现为物流信息的商品化、物流信息收集的数据库化和代码化、物流信息处理的电子化和计算机化、物流信息传递的标准化和实时化、物流信息存储的数字化等。因此，条码技术（Bar Code）、数据库技术（Database）、电子订货系统（Electronic Ordering System，EOS）、电子数据交换（Electronic Data Inter change，EDI）、快速反应（Quick Response，QR）及有效的客户反应（Effective Customer Response，ECR）、企业资源计划（Enterprise Resource Planning，ERP）等技术与观念在我国的物流中将会得到普遍的应用。信息化是一切的基础，没有物流的信息化，任何先进的技术设备都不可能应用于物流领域，信息技术及计算机技术在物流中的应用将会彻底改变世界物流的面貌。

2.1.2.2　自动化

自动化的基础是信息化，自动化的核心是机电一体化，自动化的外在表现是无人化，自动化的效果是省力化，另外还可以扩大物流作业能力、提高劳动生产率、减少物流作业的差错等。物流自动化的设施非常多，如条码/语音/射频自动识别系统、自动分拣系统、自动存取系统、自动导向车、货物自动跟踪系统等。这些设施在发达国家已普遍用于物流作业流程中，而在我国由于物流业起步晚，发展水平低，自动化技术的普及还需要相当长的时间。

2.1.2.3　网络化

物流领域网络化的基础也是信息化，这里指的网络化有两层含义：一是物流配送系统的计算机通信网络，包括物流配送中心与供应商或制造商的联系要通过计算机网络，另外与下游顾客之间的联系也要通过计算机网络通信，比如物流配送中心向供应商提出订单这个过程，就可以使用计算机通信方式，借助于增殖网（Value Added Network，VAN）上的电子订货系统（EOS）和电子数据交换技术（EDI）来自动实现，物流配送中心通过计算机网络收集下游客户的订货的过程也可以自动完成；二是组织的网络化，即所谓的企业内部网（Intranet）。比如，台湾的电脑业在20世纪90年代创造出了"全球运筹式产销模式"，这种模式的基本点是按照客户订单组织生产，生产采取分散形式，即将全世界的电脑资源都利用起来，采取外包的形式将一台电脑的所有零部件、元器件、芯片外包给世界各地的制造商去生产，然后通过全球的物流网络将这些零部件、元器件和芯片发往同一个物流配送中心进行组装，由该物流配送中心将组装的电脑迅速发给订户。这一过程需要有高效的物流网络支持，当然物流网络的基础是信息、计算机网络。物流的网络化是物流信息化的必然，是电子商务下物流活动的主要特征之一。当今世界 Internet 等全球网络资源的可用性及网络技术的普及为物流的网络化提供了良好的外部环境，物流网络化是发展的必然趋势。

2.1.2.4　智能化

智能化是物流自动化、信息化的一种高层次应用，物流作业过程大量的运筹和决策，如库存水平的确定、运输（搬运）路径的选择、自动导向车的运行轨迹和作业控制、自动分拣机的运行、物流配送中心经营管理的决策支持等问题都需要借助于大量的知识才能解决。在物流自动化的进程中，物流智能化是不可回避的技术难题。好在专家系统、机器人等相关技术在国际上已经有比较成熟的研究成果。为了提高物流现代化的水平，物流的智能化已成为电子商务下物流发展的一个新趋势。

2.1.2.5　柔性化

柔性化本来是为实现"以顾客为中心"理念而在生产领域提出的，但要真正做到柔性化，即真正地能根据消费者需求的变化来灵活调节生产工艺，没有配套的柔性化的物流系统是不可能达到目的的。20 世纪 90 年代，国际生产领域纷纷推出弹性制造系统（Flexible Manufacturing System，FMS）、计算机集成制造系统（Computer Integrated Manufacturing System，CIMS）、制造资源系统（Manufacturing Requirement Planning，MRP）、企业资源计划（ERP）以及供应链管理的概念和技术，这些概念和技术的实质是要将生产、流通进行集成，根据需求端的需求组织生产，安排物流活动。因此，柔性化的物流正是适应生产、流通与消费的需求而发展起来的一种新型物流模式。这就要求物流配送中心要根据消费需求"多品种、小批量、多批次、短周期"的特色，灵活组织和实施物流作业。另外，物流设施、商品包装的标准化，物流的社会化、共同化也都是电子商务物流模式的新特点。

2.1.3　电子商务物流的模式

电子商务物流的模式多种多样，根据不同的业务需求和市场特点，可以采用以下几种常见的模式。

2.1.3.1　仓储配送模式

仓储配送模式是电子商务物流中最基础且普遍的一种模式。在这一模式中，物流企业会在不同地区建立多个仓储和配送中心,以便于更高效地管理库存和进行商品配送。通过集中管理,企业能够实时监控库存状态,确保商品的快速配送和及时补货。这种模式的特点主要体现在高效的库存管理和精准的配送服务。

在仓储配送模式中,物流企业通常会采用现代化的仓储管理系统(WMS),结合自动化设备,实现对库存的实时监控和管理。同时,企业也会利用数据分析技术,预测需求变化,优化库存结构。这一模式的优势在于能够缩短配送时间,提高客户满意度。该模式具有的优势和劣势,如表2-1所示。

表2-1　仓储配送模式的优势和劣势比较

优势	劣势
集中管理和配送可以减少运输时间,提升物流效率	建立多个仓储和配送中心需要较大的资金投入
通过多个仓储中心,企业能够更好地管理库存,降低库存成本	需要有效的管理系统来协调各个仓储和配送中心的运作
能够覆盖大范围的销售区域,满足不同地区消费者的需求	如果某个仓储中心出现问题,可能会影响整体物流运作

2.1.3.2　跨境物流模式

跨境物流模式是指在跨境电商迅速发展的背景下,物流企业通过建立跨境物流网络和合作关系,实现商品的跨国运输与清关手续。该模式的特点在于能够解决不同国家之间的物流通道、关税政策和清关流程等问题,使消费者能够方便地购买到来自全球的商品。如DHL和UPS等国际快递公司均提供了跨境物流服务。

跨境物流模式通常涉及多种运输方式,包括海运、空运和陆运等,企业需要根据商品的特性和市场需求选择合适的运输方式。同时,跨境物流还需要与当地的海关、检验检疫等部门紧密合作,以确保商品能够顺利清关。该模式具有的优势和劣势,如表2-2所示。

表2-2　跨境物流模式的优势和劣势比较

优势	劣势
能够拓展海外市场,满足消费者对跨境商品的需求,增加企业的销售渠道	跨境运输涉及关税、运输费用等,整体物流成本较高,可能会影响价格竞争力
消费者可以选择多种国际品牌,提升购物体验,增强市场竞争力	跨国运输的时间可能较长,影响消费者的购买体验,降低满意度
先进的物流管理系统能够实时追踪包裹状态,提高物流透明度,增强消费者的信任感	各国的政策法规不同,可能会导致清关不畅或商品被退回,增加了运营风险

2.1.3.3　末端配送模式

末端配送模式主要针对最后一公里的配送环节。这一模式强调的是在城市或区域内部的配送，通常涉及将商品从配送中心送到消费者手中。在这一模式下，物流企业通常会与快递公司合作，或建立自有配送团队，专注于商品的最后一段配送过程。例如，顺丰快递通过自有配送团队和合作快递公司，能够提供快速、准确的城市配送服务。

末端配送模式的特点在于灵活性高和服务多样化，能够根据城市的具体情况制定灵活的配送方案，满足消费者的需求。同时，随着信息技术的发展，许多企业还引入了智能配送系统，以提高配送效率和服务质量。该模式具有的优势和劣势如表2-3所示。

表2-3　末端配送模式的优势和劣势比较

优势	劣势
可根据城市的具体情况制订灵活的配送方案，能够快速响应消费者的需求	最后一公里的配送涉及多个环节，管理复杂，需要有效的协调和管理
提供上门取件、配送时效快等服务，提升客户满意度和购物体验	城市内部配送的成本相对较高，尤其是在交通拥堵的情况下
通过合作与自营相结合，能够有效控制末端配送成本，降低企业运营负担	由于涉及多个配送员，服务质量存在不一致的情况，影响消费者的体验

2.1.3.4　冷链物流模式

冷链物流模式主要应用于食品、药品等需要保持低温的商品。在这一模式中，物流企业建立冷链物流网络，配备专业的冷藏、冷冻设备，确保商品在运输、储存和配送过程中始终保持适宜的温度，从而保证商品的质量和安全。例如，麦当劳通过专业的冷链运输车和仓储设备，确保其食材的新鲜和安全。

冷链物流模式的特点在于其对温度控制的严格要求，其涉及多个环节，包括冷藏仓储、冷藏运输和冷链配送等。企业需要使用先进的监控设备，实时监测温度变化，以确保产品在运输过程中的安全性。该模式具有的优势和劣势如表2-4所示。

表2-4　冷链物流模式的优势和劣势比较

优势	劣势
冷链物流能够有效保障食品和药品的质量，降低腐败风险，满足消费者对安全的需求	冷链设施和设备的投入成本较高，运营成本也相对较高，可能影响利润空间
随着消费者对食品安全的重视，冷链物流市场需求不断增加，为企业提供了发展机会	需要专业的技术团队进行维护和管理，增加了管理的难度和人力成本
现代技术的发展使得冷链物流的管理更加高效和精细，能够降低运营风险	冷链物流对设备的依赖性强，设备故障可能导致商品损坏，增加了经营风险

2.1.3.5　共享物流模式

共享物流模式是近年来兴起的一种新型物流模式。在这种模式下，通过共享经济的理念，将物流资源进行共享和优化利用，提高物流效率和降低物流成本。这种模式适用于小型电商企业和个体经营者，可以通过共享物流平台获得物流服务。例如，货车帮等平台提供了共享物流服务，允许货主与司机直接对接，降低了物流成本。

共享物流模式的特点在于其灵活性和成本效益。企业可以根据实际需求选择合适的物流服务，而不必承担高额的固定成本。同时，资源共享能够提高整体物流资源的利用率，降低空载率。该模式具有的优势和劣势如表2-5所示。

表2-5　共享物流模式的优势和劣势比较

优势	劣势
通过资源共享，能够有效降低物流成本，特别适合小型企业和个体经营者	共享模式涉及多个参与者，可能存在信任缺失的问题，影响合作的顺畅性
共享物流能够根据市场需求进行快速调整，灵活应对变化，满足不同客户的需求	由于参与者多，服务质量可能存在差异，影响用户体验，导致客户流失
物流资源的优化利用提高了整体物流效率，降低了浪费	小型企业对共享平台的依赖性强，可能会影响其自主性和灵活性

综上所述，不同的模式适用于不同的市场需求和企业特点，电商企业可以根据自身的业务需求选择合适的物流模式，以提升竞争力和服务水平。

2.2　电子商务与数智化物流的关系

电子商务与数智化物流之间存在着紧密的相互促进关系。电子商务的快速发展推动了物流行业的数智化转型，而数智化物流的应用又进一步提升了电子商务的运营效率和客户满意度。通过供应链的协同与优化、库存管理与资源优化以及用户体验的提升，电子商务与数智化物流实现了深度融合，共同推动了物流行业的转型升级和电子商务的持续发展。

2.2.1　电子商务对数智化物流的推动作用

数智化背景下，电子商务主要通过市场需求驱动、技术创新推动和商业模式革新带动来推动物流业发展。

2.2.1.1　在市场需求驱动方面

电子商务的迅猛发展促使传统零售模式发生了根本性的变革，极大地改变了消费者的购物习惯，从传统的实体店购物转向线上购物。这种转变不仅提升了消费者的购物体验，也对物流行业提出了更高的要求。消费者对物流速度、准确性和可追踪性的期望不断提升，物流行业面临着效率、准确性和可追踪性等多重挑战。为满足这些新的市场需求，企业必须加速物流的数智化转型，以提升整体服务能力。

2.2.1.2　在技术创新推动方面

电子商务的快速发展推动了物流技术的创新和应用。大数据、云计算、物联网和人工智能等新一代信息技术的广泛应用，为物流行业带来了深刻的变革。这些技术的应用不仅提升了物流系统的智能化水平，还优化了物流流程，提高了物流效率。例如，京东作为中国最大的自营电商之一，通过构建强大的物流网络和引入先进的数智化技术，实现了对订单的实时跟踪和库存的精确管理。亚马逊的 FBA 服务通过大数据分析和人工智能技术，实现了库存和配送的智能化管理，提升了运营效率和客户服务质量。

2.2.1.3　在商业模式革新带动方面

电子商务的兴起催生了新的商业模式，如跨境电商、社交电商和直播电商等。这些新兴商业模式对物流服务提出了更高的要求，推动了物流行业的数智化转型。例如，跨境电商的快速发展带动了跨境物流的需求，物流企业通过数智化技术优化跨境物流流程，提升物流效率和服务质量。同时，社交电商和直播电商的兴起，也促使物流企业提供更加灵活和个性化的物流服务，满足消费者的多样化需求。

2.2.2　数智化物流对电子商务的提升作用

2.2.2.1　提升物流效率

运用物联网、大数据分析和人工智能等先进技术，实现了物流信息的实时共享和智能化决策。这使电子商务企业能够更好地管理库存和优化配送路线，进而提高物流的效率和准确性。例如，顺丰速运通过物联网技术实现包裹的实时追踪，利用人工智能优化配送路线，大幅提升了物流效率和客户满意度。亚马逊的 FBA（Fulfillment by Amazon）服务，利用大数据分析和人工智能技术来预测销售情况，提前安排库存和配送。这种灵活的物流管理模式，不仅提升了亚马逊的运营效率，也为消费者提供了更快速的配送服务。

2.2.2.2 增强市场竞争力

数智化物流的实施使电子商务企业能够在激烈的市场竞争中脱颖而出。消费者对于配送时效和服务质量的要求越来越高，传统物流模式已无法满足这些需求。数智化物流通过精确的数据分析和智能决策，能够实时调整配送计划，确保货物准时到达。企业利用大数据分析和智能调度系统，可以动态调整运输路线，避开交通拥堵，减少配送时间。这种高效的响应机制不仅提高了配送效率，也增强了顾客的满意度和忠诚度。

2.2.2.3 优化供应链管理

数智化物流通过实时监控和数据分析，使企业能够及时发现市场趋势和消费者需求的变化，从而快速调整运营策略。这种灵活性不仅帮助企业把握市场机会，也降低了因市场波动带来的风险。例如，阿里巴巴的菜鸟网络通过数智化技术，实现了供应链各环节的协同和优化，提升了整体供应链的效率和灵活性。

2.2.3 电子商务与数智化物流的协同

2.2.3.1 供应链协同与优化

电子商务与数智化物流的结合为供应链的协同与优化提供了新的可能性。在电子商务环境下，各环节之间的紧密合作显得尤为重要。电子商务企业通过与供应商、物流服务商的合作，能够实现信息共享与协同决策，从而提高整个供应链的效率和灵活性。数智化物流的应用能够使供应链的各个环节实现实时监控和数据分析，使得企业能够及时发现问题并进行调整，从而提升供应链的响应速度。

2.2.3.2 库存管理与资源优化

利用数智化技术，企业能够更精准地管理库存，优化资源配置。例如，通过数据分析，企业可以预测产品的需求波动，提前调整生产与配送计划，减少库存积压和缺货风险。顺丰与海尔的合作就是一个成功的示例。顺丰利用其强大的物流网络为海尔提供运输和配送服务，而海尔则负责商品的线上销售。通过信息共享和协同决策，双方能够更好地管理库存、优化配送路线。这种深度合作不仅提高了供应链的效率和灵活性，也为消费者提供了更快速、更精准的服务。

2.2.3.3 用户体验提升

电子商务与数智化物流的深度融合，极大地提升了用户体验。在现代电商环境中，消费者对于服务的期望日益提高，他们希望能够在最短的时间内收到所购商品。因此，优化供应链的每一个环节，确保信息的快速流转和决策的高效执行，是提升用户体验的关键。通过数智化物流的实施，企业能够实现更高效地配送和更准确地库存管理，从而确保商品能够及时到达消费者手中。此举不仅提升了消费者的满意度，也增强了企业的市场竞争力。

随着技术的不断进步和应用的深入，电子商务与数智化物流的协同效应将更加显著，为物流行业和电子商务带来更加广阔的发展空间和创新机遇。

2.3 数智化电子商务物流的内涵、特征与功能

2.3.1 数智化电子商务物流的内涵

数智化电子商务物流是指利用先进的信息技术和物流管理方法，将电子商务与物流相结合，实现物流过程的数字化、智能化和自动化。它是电子商务发展的重要组成部分，也是提升物流效率和用户体验的关键所在。随着市场需求的不断变化和技术的快速发展，数智化电子商务物流正在重新定义现代物流的运作方式。

2.3.1.1 数字化处理

数智化电子商务物流的最基本功能是数字化处理。通过信息技术手段，物流过程中的各个环节被转化为数字信息，从而实现信息的实时传递和共享。具体而言，这一过程包括以下几个方面。

（1）订单管理。利用电子商务平台，消费者下单后，系统能够实时更新订单状态，相关信息即时传递给仓储和配送中心。这种实时性确保了物流环节的高效运作。例如，京东通过其智能订单管理系统，能够在几秒钟内处理成千上万条订单，确保及时响应客户需求。

（2）库存管理。通过物流管理系统，企业能够实时监控库存状态，避免缺货或过剩的情况。例如，阿里巴巴的菜鸟网络通过大数据分析，能够预测各类商品的需求变化，从而优化库存配置。

（3）运输管理。数智化物流通过 GPS 和 RFID 等技术，对运输过程进行跟踪和管

理，确保每个环节的信息透明化，提高整体运输效率。例如，顺丰速运通过其物流平台，能够实时跟踪包裹的运输状态，消费者和商家均可在线查看。

2.3.1.2 智能化管理

智能化管理是数智化电子商务物流的关键特征之一。它主要依赖于人工智能、大数据分析和机器学习等技术，来实现物流过程的智能优化。具体应用包括：

（1）智能路线规划。通过数据分析和历史记录，物流企业可以制定最优的配送路线，减少运输时间和成本。例如，京东物流利用 AI 技术来分析交通情况，自动调整配送路线，从而提高配送效率。

（2）预测分析。借助大数据分析，企业能够预测消费者的购买行为和需求变化，提前做出生产和采购决策，降低库存积压的风险。例如，亚马逊通过其 FBA 服务，利用大数据分析预测销售情况，提前安排库存和配送。

2.3.1.3 自动化操作

自动化操作是数智化电子商务物流的重要组成部分。通过自动化设备和机器人技术，物流过程中的多项操作得以实现自动化，具体表现如下。

（1）自动化仓储。例如，亚马逊的 Kiva 机器人能够在仓库内自动移动，进行货物的存储、拣选和装载。这不仅提高了仓储效率，也降低了人工成本。

（2）无人配送。随着技术的发展，无人机和无人配送车的应用越来越广泛。这些自动化设备能够在最后一公里中高效完成配送任务，尤其是在繁忙的城市或交通不便的地区。

（3）运输自动化。智能运输工具的应用，使得运输过程中的调度和管理变得更加高效。通过自动化技术，物流企业可以实现对运输车辆的智能调度，降低运输成本。

2.3.2 数智化电子商务物流的特征

数字化、智能化和自动化是数智化电子商务物流的本质特征。

2.3.2.1 数字化

数智化电子商务物流的数字化特征体现在信息技术对物流各个环节的渗透与应用。通过数字化手段，对物流流程中的每一个环节进行实时监控和管理。

（1）实时信息共享。数字化的物流管理系统实现了信息的即时更新和共享，确保各个环节的信息透明化。例如，顺丰速运的物流平台能够实时跟踪包裹的运输状态，消费者和商家均可在线查看。

（2）高效的决策支持。通过数据分析，企业能够快速做出决策，优化资源配置。例如，京东通过数据分析了解用户的购物习惯，提前调整库存和配送策略。

（3）可视化管理。数字化处理使得物流信息可视化，管理人员能够直观了解物流状态，及时发现问题并进行调整。

2.3.2.2　智能化

数智化电子商务物流的智能化特征主要体现在技术的应用上，尤其是人工智能和大数据分析的深度融合。

（1）智能调度系统。通过算法优化，物流企业能够实现高效的配送调度，减少配送时间。例如，亚马逊通过机器学习技术优化 FBA 服务，使得商品能够更快速地送达消费者手中。

（2）自我学习系统。智能化的物流系统能够在运行中不断学习和优化，提升整体效率。例如，某些智能仓储系统能够根据历史数据自动调整拣货策略，提高拣货效率。

（3）个性化用户体验。智能化技术使得物流服务能够根据用户需求进行个性化调整，提升用户满意度。例如，拼多多利用大数据分析提供个性化营销和推荐服务。

2.3.2.3　自动化

自动化是数智化电子商务物流的重要特征，涉及物流过程中的多个环节。

（1）自动化设备的应用。如今，越来越多的企业开始引入自动化设备来提升仓储和配送效率。例如，京东在其仓库中使用自动化分拣系统，能够迅速处理大量订单，提高效率。

（2）机器人操作。物流企业通过引入机器人技术，能够实现货物的自动搬运和分拣，减少人力成本和人为错误。例如，阿里巴巴的菜鸟网络已在部分仓库使用机器人进行货物管理。

（3）无人机配送。无人机作为一种新兴的配送方式，能够在拥堵的城市和偏远地区高效完成最后一公里的配送任务。比如，京东和某些快递公司已经在特定区域开展无人机配送试点，取得了良好的效果。

2.3.3　数智化电子商务物流的功能

随着电子商务的快速发展，数智化电子商务物流逐渐成为提升物流效率和用户体验的重要工具。数智化电子商务物流的主要功能包括订单管理、库存管理、运输管理和信息追溯等方面。

2.3.3.1 订单管理

数智化电子商务物流的订单管理功能通过数字化的订单管理系统，实现订单的接收、处理和跟踪。这一功能的核心在于实时性和准确性，使得企业能够更高效地处理客户订单。具体功能包括：

（1）实时接收与处理。通过集成化的系统，企业能够实时接收来自不同渠道的订单信息。例如，亚马逊利用其先进的订单管理系统，能够在几秒内处理成千上万条订单，确保及时响应客户需求。

（2）订单跟踪。数智化系统允许客户实时跟踪订单状态，增强了客户的参与感和满意度。顺丰速运通过其应用程序提供实时的订单跟踪服务，消费者可以随时查看包裹的运输状态，增加了透明度和信任感。

（3）资源调配。通过数据分析，企业可以根据订单数量和类型，及时安排物流资源。例如，京东的订单管理系统能够在高峰期间自动优化配送资源，确保订单按时送达。

2.3.3.2 库存管理

数智化电子商务物流的库存管理功能通过数字化的库存管理系统，实现对库存的实时监控和管理。这一功能的主要优势在于能够有效降低库存成本，并提升库存周转率。具体表现为：

（1）实时监控。通过 RFID 和物联网技术，企业能够实时监控库存状况，确保数据的准确性和及时性。例如，沃尔玛利用 RFID 技术实现对货物的及时跟踪，确保库存信息的准确性。

（2）智能预警。系统能够根据历史销售数据和市场趋势，预测未来需求，并自动生成补货提醒，避免库存过剩或缺货的情况。这一点在服装电商中尤为重要，例如，Zara 通过数据分析和智能预警系统，能及时调整库存，满足市场需求。

（3）库存优化。通过数据分析和智能算法，企业能够优化库存配置，减少资金占用。例如，阿里巴巴的菜鸟网络通过大数据分析，能够优化其仓储布局，提高库存周转率。

2.3.3.3 运输管理

数智化电子商务物流的运输管理功能通过智能化的运输管理系统，实现对运输过程的监控和调度。这一功能的核心在于提高运输效率和降低运输成本。具体表现为：

（1）智能调度。通过分析实时交通数据和历史运输数据，系统能够优化运输路线，减少运输时间。例如，京东物流利用 AI 算法进行智能调度，能够在高峰期快速调整配送路线，确保包裹及时送达。

（2）运输监控。数智化系统能够实时监控运输过程，确保货物安全。例如，顺丰速运通过 GPS 技术实时监控运输车辆的位置，确保运输过程中的安全性和可追溯性。

（3）成本控制。通过智能化的运输管理，企业能够优化运输成本。例如，某些快递公司通过数据分析发现高峰期运输成本上升，通过动态调整定价策略来降低运输成本。

2.3.3.4　信息追溯

数智化电子商务物流的另一个重要功能是信息追溯。通过数字化的物流信息系统，企业能够实现对物流过程的全程追溯。这一功能的主要优势在于提高物流的可追溯性和服务质量。具体表现为：

（1）全程可追溯。企业能够对每一个物流环节进行记录和监控，确保信息的透明化。例如，某些食品电商平台通过区块链技术，实现食品的全程可追溯，从源头到消费者手中，确保食品安全。

（2）问题追踪与解决。当出现物流问题时，企业能够迅速追踪到问题环节，并及时采取措施。例如，阿里巴巴的物流平台设有问题反馈机制，能够快速响应并解决客户投诉，提高服务质量。

（3）数据分析与优化。通过对物流信息的追溯，企业能够进行数据分析，识别潜在问题，并优化物流流程。例如，亚马逊通过对物流数据的深度分析，能够识别出运输过程中存在的瓶颈，从而进行针对性改进。

通过采用先进的信息技术和智能化管理方法，数智化电子商务物流不仅提高了企业的运营效率，也为消费者提供了更高质量的服务。

2.4　数智化电子商务物流的体系结构

2.4.1　数智化物流信息系统

物流信息系统是数智化电子商务物流体系结构的核心组成部分。它通过收集、处理和传输与物流相关的信息，实现物流过程的数字化和智能化。物流信息系统包括订单管理系统、库存管理系统、运输管理系统等多个子系统。

2.4.1.1 订单管理系统

订单管理系统是物流信息系统中的重要组成部分。它负责接收、处理和跟踪订单信息。通过订单管理系统，物流企业可以实时了解订单的状态和需求，从而合理安排物流资源，提高订单处理速度和准确性。此外，订单管理系统还可以与电子商务平台进行数据交互，实现订单信息的实时共享和更新。

2.4.1.2 库存管理系统

库存管理系统是物流信息系统中的关键组成部分。它通过数智化的方式对库存进行实时监控和管理。库存管理系统可以追踪库存的数量、位置和状态，帮助物流企业避免库存过剩或缺货的情况，提高库存周转率和满足用户需求。此外，库存管理系统还可以与供应链管理系统进行数据交互，实现供应链的协同和优化。

2.4.1.3 运输管理系统

运输管理系统是物流信息系统中的重要组成部分。它通过智能化的方式对运输过程进行监控和调度。运输管理系统可以实时追踪运输车辆的位置和状态，优化运输路线和配送计划，提高运输效率和降低运输成本。此外，运输管理系统还可以与交通管理系统进行数据交互，实现交通拥堵的实时监测和调整。

2.4.2 数智化物流设备和技术

物流设备和技术是数智化电子商务物流体系结构中的重要支撑。它包括自动化仓储设备、智能运输工具等物流设备，以及物联网、大数据分析、人工智能等物流技术。

2.4.2.1 自动化仓储设备

自动化仓储设备是物流设备和技术中的重要组成部分。它可以实现货物的自动存储、拣选和装载，提高仓储效率和准确性。通过自动化仓储设备，物流企业可以减少人力成本和人为错误，提高物流的稳定性和可靠性。

2.4.2.2 智能运输工具

智能运输工具是物流设备和技术中的关键组成部分。它可以实现运输过程的智能化管理和优化。智能运输工具可以通过物联网技术实现实时监控和数据传输，通过大数据分析和人工智能技术实现最优化的运输路线和配送计划，提高运输效率和降低运输成本。

2.4.3　数智化物流服务和管理

物流服务和管理是数智化电子商务物流体系结构中的重要组成部分。物流服务是指为客户提供的物流解决方案和服务。物流管理是指对物流过程进行规划、组织、控制和改进的活动。

2.4.3.1　物流服务

物流服务包括订单配送、仓储管理、售后服务等多个方面。通过提供高效、准确、可追溯的物流服务，物流企业可以满足客户需求，提高客户满意度和忠诚度。同时，物流服务也可以通过与电子商务平台的紧密合作，实现物流信息的实时共享和更新，提高物流服务的质量和效率。

2.4.3.2　物流管理

物流管理包括物流规划、物流组织、物流控制和物流改进等多个环节。通过科学的物流管理，物流企业可以合理规划物流资源，优化物流流程，提高物流效率和质量。同时，物流管理还可以通过数据分析和技术创新，不断改进物流过程，提高物流的可持续发展能力。

综上所述，数智化电子商务物流的体系结构包括物流信息系统、物流网络、物流设备和技术，以及物流服务和管理。这些组成部分相互连接和协作，实现物流过程的数字化和智能化，推动物流行业的发展和提升用户体验。随着信息技术的不断发展和应用，数智化电子商务物流的体系结构将不断演进和完善，为物流行业带来更多的创新和发展机遇。

2.5　我国数智化电子商务物流发展趋势

随着互联网技术的迅猛发展和消费者购物行为的深刻变革，数智化电子商务物流作为电子商务的重要支撑，正迎来前所未有的发展机遇。未来我国数智化电子商务物流的发展趋势主要体现在以下几个方面。

2.5.1　市场规模持续扩大

2.5.1.1　国内市场的快速增长

中国作为全球最大的电子商务市场，电子商务物流需求持续攀升。根据中研普华研究院《2024—2029 年中国电子商务物流行业市场深度调研及发展投资预测研究报告》，2023 年中国电子商务交易额继续保持全球领先地位，电子商务物流市场规模稳步扩大。特别是在"双 11"等电商节期间，物流需求激增，推动物流基础设施和服务能力的全面提升。此外，随着城乡一体化的发展，物流服务逐步覆盖到更多的二三线城市和农村地区，进一步拓展了市场规模。

2.5.1.2　国际市场的不断拓展

"一带一路"倡议的推进，使得中国电商企业加快国际化步伐，跨境电商物流需求迅速增长。根据国际数据公司（IDC）的数据显示，全球电商物流市场规模持续扩大，中国企业在国际市场中的份额不断提升。物流企业通过建设海外仓、优化跨境运输网络，提升全球物流服务能力，满足全球消费者对中国商品的需求。

2.5.1.3　新兴市场的驱动作用

东南亚、非洲等新兴市场互联网普及率提升，电商用户数量迅速增加，催生了巨大的物流需求。中国物流企业积极布局这些市场，通过技术合作和资源整合，提升物流服务质量和效率。

2.5.2　技术革新与智能化发展

2.5.2.1　大数据与云计算的深度应用

大数据和云计算技术在电子商务物流中的广泛应用，显著提升了物流运营的精准性和效率。通过对海量数据的分析，物流企业能够优化库存管理、配送路线和资源配置，降低运营成本。同时，云计算为物流企业提供了强大的数据处理能力和灵活的资源管理方式，支持物流系统的实时运作和动态调整。

2.5.2.2　物联网与人工智能的融合

物联网技术使物流过程实现全程可视化，人工智能技术则推动物流作业的智能化。传感器和智能设备实时监控货物状态，AI 算法优化配送路径和作业流程，提升物流效率和服务质量。此外，智能仓储系统和自动化分拣设备的应用，进一步提高了物流作业的自动化和智能化水平。

2.5.2.3　区块链与信息安全的保障

区块链技术在物流信息管理中的应用，提升了信息透明度和安全性，减少了信息不对称和物流欺诈风险。通过区块链，物流信息不可篡改，确保了数据的真实性和完整性。区块链技术的应用，不仅提高了物流信息的透明度，还优化了物流流程，降低了运营风险。

2.5.3　商业模式创新

2.5.3.1　自建物流与第三方物流融合

电商企业通过自建物流和第三方物流的结合，提升物流服务的灵活性和效率。自建物流如京东物流，通过自主控制仓储和配送网络，实现高效快速的配送服务；第三方物流如顺丰速运，通过专业化的物流服务，满足电商企业多样化的需求。两者的结合，形成互补优势，提升整体物流服务能力。

2.5.3.2　物流供应链的协同与整合

通过供应链协同，电商企业与供应商、物流服务商紧密合作，实现资源共享和信息互通，提升供应链整体效率。物流企业通过整合供应链上下游资源，优化物流流程，降低运营成本。供应链的协同与整合，有助于提升整个物流系统的响应速度和适应能力。

2.5.3.3　创新型商业模式

共享物流、按需配送和绿色物流等创新型商业模式不断涌现，满足市场多样化需求。共享物流模式通过资源共享和优化调度，提高物流资源利用率；按需配送模式通过灵活的配送服务，满足消费者个性化和即时性的需求；绿色物流模式通过环保技术和可持续发展策略，推动物流行业的绿色转型。

2.5.4　跨境电商崛起

2.5.4.1　跨境电商市场的快速增长

跨境电商市场在全球化和数字化的推动下迅速发展。2023年中国跨境电商交易额达到12万亿元人民币，预计未来几年将保持高速增长。消费者通过跨境电商平台购买全球商品，促进了国际贸易的便利化和数字化转型。跨境电商的快速增长，带动了跨境物流需求的激增，推动物流企业加快国际化布局和服务能力提升。

2.5.4.2　跨境物流服务的多样化

为了满足跨境电商的需求，物流企业不断推出多样化的跨境物流服务，包括国际快递、海运、空运和铁路运输等多种方式。同时，提供一站式的跨境物流解决方案，如仓储、清关、配送和退货处理，提升跨境物流的整体效率和服务水平。多样化的物流服务，满足了不同国家和地区消费者的需求，提升了跨境电商的市场覆盖能力。

2.5.4.3　技术与政策的双重支持

技术创新和政策支持共同推动跨境电商物流的发展。大数据、人工智能和区块链等技术提升了跨境物流的效率和安全性，政府通过优化跨境电商政策、简化清关流程和降低物流成本，为跨境物流提供了良好的发展环境。政策支持和技术创新，推动了跨境电商物流的高效运作和持续增长。

总之，随着信息技术的不断进步和政策环境的持续优化，数智化电子商务物流将进一步提升物流效率和服务质量，推动我国电子商务和物流行业的持续健康发展。未来，数智化电子商务物流将在智能化、全球化和绿色化等方面持续深化，成为推动经济增长和社会进步的重要力量。

【本章小结】

本章首先阐述了电子商务物流的概念、发展模型及其特征，然后分析了电子商务与数智化物流之间的紧密关系。在此基础上，详细介绍了数智化电子商务物流的内涵、特征与功能，强调数字化处理、智能化管理和自动化操作在现代物流中的关键作用。紧接着，探讨了数智化电子商务物流的体系结构，包括物流信息系统、物流设备和技术、物流服务和管理，以及其系统化和集成化的特点。最后是我国数智化电子商务物流发展趋势展望。

【课后习题】

一、单项选择题

1. 电子商务物流的发展经历了（　　　）阶段。

A. 两个　　　　　B. 三个　　　　C. 四个　　　　D. 五个

2. 数智化电子商务物流的本质特征不包括（　　　）。

A. 数字化　　　　B. 智能化　　　C. 手动操作　　D. 自动化

3. 以下物流模式中的（　　　）主要应用于食品和药品的运输。

A. 仓储配送模式　　　　　　　B. 跨境物流模式

C. 冷链物流模式　　　　　　　D. 共享物流模式

4. 数智化电子商务物流体系结构中的"感知层"主要负责（　　　）。

A. 数据传输　　　　　　　　B. 信息处理

C. 物流作业管理　　　　　　D. 物品识别与信息采集

5. 亚马逊的 FBA 服务主要通过（　　　）技术实现库存和配送的智能化管理。

A. 区块链　　　B. 大数据分析　　　C. 无人机　　　D. RFID

二、判断题

1. 数智化电子商务物流仅仅是物流信息的数字化处理。（　　　）

2. 自动化是数智化电子商务物流的重要特征，能够提高物流作业效率。（　　　）

3. 共享物流模式适合大型电商企业，而不适合小型企业和个体经营者。（　　　）

4. 数智化电子商务物流能够通过智能预测优化库存管理，减少库存成本。（　　　）

5. 数智化电子商务物流的发展不依赖于信息技术的进步。（　　　）

三、简答题

1. 简述电子商务物流的概念及其主要组成部分。

2. 数智化电子商务物流有哪些主要特征？请结合实际案例说明。

3. 电子商务如何推动数智化物流的发展？请举例说明。

4. 数智化电子商务物流在绿色可持续发展方面的具体应用有哪些？

四、讨论题

我国《"十四五"电子商务发展规划》明确提出了电子商务发展的七大主要任务和高质量发展的路径，其中任务六明确指出了深化电子商务与快递物流协同发展的重要性，并强调了通过加强对物流仓储等具有社会功能的服务业用地保障，降低用地成本等措施，以促进两者的深度融合与高效发展。这一任务不仅响应了当前电子商务行业对高效、智能物流体系的迫切需求，也是推动经济高质量发展的重要一环。请结合实际，分析任务六中提出的各项措施对电子商务企业与数智化物流企业的具体影响。探讨这些政策如何促进电子商务与数智化物流在技术、资源、市场等方面的共享与协同。

【案例讨论】

德邦快递的数智化转型之路

随着数字经济的快速发展，快递行业作为连接生产和消费的重要纽带，正面临着前所未有的转型压力和机遇。如何在激烈的市场竞争中脱颖而出，实现从传统物流向数智化物流的跨越，成为各大快递企业关注的焦点。德邦快递，作为中国物流行业的领军企业之一，近年来通过引入先进的数智化技术，成功实现了营销模式的创新和业务效率的提升。

1. 德邦快递的数智化转型背景

德邦快递成立于 1996 年，经过 20 多年的发展，已成为中国物流行业的重要参与者。然而，随着市场竞争的加剧和客户需求的多样化，德邦快递意识到传统的运营模式已难以满足现代物流的需求。特别是在 2020 年，德邦快递启动了全面的数智化转型计划，旨在通过数字化手段提升运营效率、优化客户体验，并实现业务的可持续发展。

2. 数智化转型的关键挑战

在数智化转型的初期，德邦快递面临诸多挑战。首先，快递行业的业务复杂度极高，涉及海量的用户数据和多样化的业务场景，传统的 CRM 系统难以应对。其次，快递行业的营销数据运营高度依赖人工处理，导致数据处理的时效性滞后，无法及时响应市场需求。此外，德邦快递的 IT 系统与业务体系之间存在较大的脱节，难以形成有效的协同效应。

3. 火山引擎的引入与数据飞轮模式

为了解决上述问题，德邦快递选择了与火山引擎合作，引入其数据飞轮模式。火山引擎是字节跳动旗下的企业级技术服务平台，专注于为企业提供数智化升级解决方案。数据飞轮模式的核心在于通过数据消费驱动业务增长，实现数据的全生命周期管理。

火山引擎为德邦快递提供了包括客户数据平台（VeCDP）、增长营销平台（GMP）和 A/B 测试产品（DataTester）在内的一系列数据产品。这些产品帮助德邦快递构建了以数据消费为中心的数智化升级模式，解决了长期困扰企业的营销数据"黑盒"问题。

4. 数智化转型的具体实践

（1）构建完整的用户图谱。通过火山引擎的 VeCDP 平台，德邦快递实现了对用户数据的全面整合和标签化管理。VeCDP 强大的数据整合能力，使得德邦快递能够清晰地了解用户的行为特征、消费习惯和地理位置，从而构建起完整的用户图谱。这为后续的精准营销提供了坚实的基础。

（2）实现营销信息的精准推送。在 VeCDP 的基础上，GMP 平台帮助德邦快递实现了营销信息的定时精准推送。GMP 通过目标人群圈选和发送实际选择等功能，确保营销信息能够准确触达目标用户，提升了营销活动的转化率。

（3）自动化营销链路的建立。德邦快递在 GMP 平台上建立了超过 15 条自动化营销链路。这些链路覆盖了从用户注册、访问到下单的整个过程，确保在不同的营销节点上，用户能够接收到最合适的营销信息。例如，对于注册后 7 天内未下单的用户，系统会自动触发相应的营销策略，激活其消费行为。

5. 数智化转型的成效

通过引入火山引擎的数据飞轮模式，德邦快递在数智化转型中取得了显著的成效。数据显示，德邦快递的月活用户数实现了翻番，下单用户数同比增长 13%。此外，德邦快递的营销活动频率也大幅提升，从以往每月 3~5 场增加到最高峰单月 100 场，极大地提升了营销效率。

6. 数智化转型的未来展望

尽管德邦快递在数智化转型中取得了初步成功，但德邦快递数字化营销总监周瑜认为，快递行业的营销数字化变革才刚刚开始。未来，德邦快递将进一步深化数智化转型，将成功的经验推广至各个区域，实现更大范围的业务优化和效率提升。

（资料来源：https://www.deppon.com/）

讨论：

1. 德邦快递数智化转型面临的主要挑战是什么？

2. 火山引擎的数据飞轮模式是如何帮助德邦快递应对这些挑战的？

3. 德邦快递的数智化转型实践对其他快递企业有何启示？你认为其他快递企业可以从中借鉴哪些经验？

第3章
数智化电子商务物流的支撑技术

【学习目标】

掌握条形码、RFID、GPS、GIS、云计算和大数据等数智化技术的核心原理及其工作机制；熟悉不同技术在物流环节中的具体应用方式，以及如何有效提升物流作业效率和降低运营成本。

【能力目标】

熟悉不同数智化技术在物流中的应用场景、技术逻辑和业务价值；

具备结合企业实践，提炼数智化技术应用中的成功经验与存在的问题的能力，并能提出改进建议或创新解决方案。

【思政要求】

理解数智化技术对于提升国家经济效率、推动社会发展的重要作用，激发学生为建设智慧物流体系贡献力量的责任感和使命感。

【导入案例】

数智化升级，"双11"背后的科技战

随着我国电子商务的迅猛发展，每年的"双11"购物狂欢节已成为一场物流行业的盛宴。为应对不断攀升的物流需求，各大物流企业纷纷加大科技创新力度，推出了一系列智慧物流措施。

顺丰：无人机＋无人车打造立体配送网络

2024年的"双11"高峰期，顺丰持续增开线路保障高峰期发货，投入无人设备应用于末端派送场景；更升级直发模式，启用新场地助力热卖产品快速送达海内外消费者。生鲜水果热销高峰期，顺丰通过科学创新的前置模式和全货机、冷链车直发等多种运输方式，持续保障快递的安全与时效。"双11"期间，顺丰丰翼无人机在深圳增加30%的无人机和人员投入，同时联通深圳同城与东莞、珠海、中山的跨城低空物流网络，为高峰期间大湾区紧急快件畅通空中渠道，缓解运输压力。

京东物流：智狼货到人系统提升拣货效率

京东物流在2024年"双11"期间投用了智狼货到人系统。在北京大兴临空智能物流园区的童装仓，存储了100多个品牌近百万件商品。全仓使用近百台智狼飞梯机器人和搬运机器人，实现自动化入库、上架、拣选、出库等环节。智狼"货到人"模式的拣货效率提升了3倍以上，降低了员工工作强度和仓内运营成本。

菜鸟网络：无人驾驶货车助力城市配送

菜鸟网络在"双11"期间加大了无人驾驶货车的投入，为城市配送提供高效服务。无人驾驶货车具备L4级自动驾驶技术，可实时感知周边环境，实现自主导航、避障等功能。此外，菜鸟还推出了"无人配送站"，通过机器人完成最后100米的配送，进一步提升末端配送效率。

申通快递：智能驾驶卡车助力高效运输

为迎战"双11"高峰期，申通快递旗下的申瑞车队通过精细规划与技术创新，上线了一批智能驾驶卡车。这批卡车具备自动驾驶、远程监控等功能，有效提升了运输效率。据了解，2024年年底前，有超过300辆智能驾驶卡车陆续上线，为高峰期包裹运输提供保障。

德邦快递："快"字当头，全面升级服务体系

面对激增的订单量和消费者日益增长的时效需求，德邦快递凭借前瞻性的战略布局与科技创新，对收件、转运、运输到派送的各个环节进行深度优化与强化，全面升

级快递服务体系。在中转环节，德邦快递持续推进场站自动化升级。行业内首创大小件融合多层立体自动化分拣系统，结合六面扫以及 RFID 通道机，无论是轻至 0~3 公斤的小件还是重达 60 公斤的大件，均能实现高效精准分拣，确保大件分拣速度与小件相当。

韵达快递：智能分拣机器人提升分拣效率

韵达快递在"双 11"期间加大了智能分拣机器人的投入，提升分拣效率。智能分拣机器人具备视觉识别、自动导航等功能，可快速识别包裹信息，实现高效分拣。此外，韵达还推出了"云仓"系统，通过大数据分析，实现库存优化和精准配送。

极兔快递：大数据驱动智能调度

极兔快递在"双 11"期间充分利用大数据技术，实现智能调度。通过对运单数据的实时分析，优化运输路线和仓储布局，降低运输成本。同时，极兔还推出了"预约配送"服务，提升用户体验。

（资料来源：https://mp.weixin.qq.com/s?biz=MzA3MTgyMjEyNA==&mid=2651800320&idx=1&sn=9c0b7063d9c2fdf952206b08080aebf0&chksm=85d4ef2e24047ed8ba25d5ee6ab903bf708058a36c4ce4a5551c7970d643a9118c86bb596000&scene=27）

思考： "双 11"高峰期，电商企业是如何运用数智化技术提升物流效率的？

3.1 标签与数据识别技术

3.1.1 条形码技术

3.1.1.1 条形码概述

条形码技术是自动识别与信息采集技术最典型和最普及的应用技术之一。条形码，又称条码，是由宽度不等的多个黑条和空白，按照一定的编码规则排列，用以表达一组数字或字母符号信息的图形标识符。条形码中的条、空通常由深浅不同且满足一定光学对比度要求的两种颜色（通常为黑、白）表示。当使用专门的条形码识读设备时，条形码中所含的信息就可以转换成计算机可以识别的数据。常见的条形码是由反射率相差很大的黑条（简称条）和白条（简称空）组成的，如图 3-1 所示。

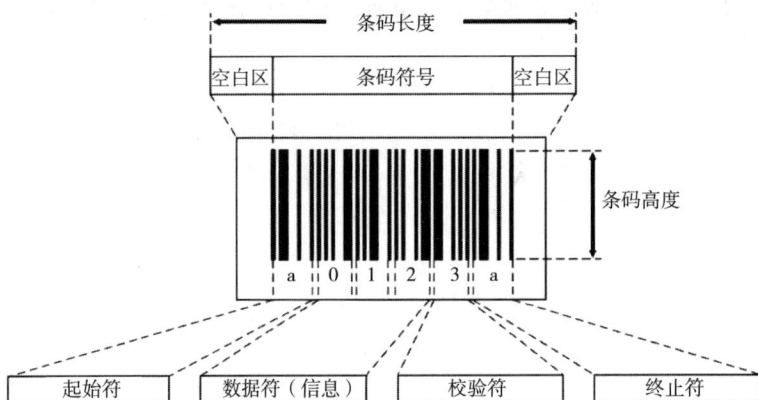

图3-1 典型一维条形码

（1）起始符。位于条形码符号的第一位，标志着条形码的开始。它由特定的条空组合构成，阅读器在确认起始符后开始处理扫描脉冲。

（2）数据符（信息）。位于起始符之后，用于记录条形码的数据值。它包含了条码所表达的特定信息，并且允许双向扫描。

（3）校验符。位于数据符与终止符之间，起到校验计算的作用。校验符确保了条形码在扫描过程中数据的准确性和可靠性，避免了因数据错误导致的误读或错误操作。

（4）终止符。位于条形码符号的最后一个字符，标志着条形码的结束。阅读器在确认终止符后停止工作。

3.1.1.2　条形码特点

（1）信息采集速度快。与键盘输入相比，条形码输入的速度是键盘输入的5倍，并且能实现"即时数据输入"。

（2）可靠性高。键盘输入数据出错率为三百分之一，利用光学字符识别技术出错率为万分之一，而采用条形码技术误码率低于百万分之一。

（3）采集信息量大。利用传统的一维条形码一次可采集几十位字符的信息，二维条形码更可以携带数千个字符的信息，并有一定的自动纠错能力。

（4）灵活实用。条形码标识既可以作为一种识别手段单独使用，也可以和有关识别设备组成一个系统实现自动化识别，还可以和其他控制设备连接起来实现自动化管理。

（5）自由度大。条形码标签易于制作，对设备和材料没有特殊要求，识别设备操作容易，不需要特殊培训，且设备也相对便宜。

（6）成本低。在零售业领域，因为条形码是印刷在商品包装上的，所以其成本几乎为"零"。

3.1.1.3　条形码分类

（1）根据编码方式分为一维条形码、二维条形码和复合码。

一维条形码也叫线性条形码，只是在一个方向（一般是水平方向）表达信息，而在垂直方向则不表达任何信息的条形码符号。条形码信息靠条和空的不同宽度和位置来传递，所含信息容量小。常见的一维条形码有EAN/UPC条形码、ITF-14条形码、UCC/EAN-128条形码和GS1 Data Bar条形码。

二维条形码是能够在横向和纵向两个方位同时表达信息的条形码符号。根据二维条形码的编码原理，可以将二维条形码分为行排式二维条形码、矩阵式二维条形码和邮政码。

复合码是由一维条形码和二维条形码叠加在一起而构成的一种新的码制，能够在读取商品的单品识别信息时，获取更多描述商品物流特征的信息。

（2）根据条形码的识别目的可分为商品条形码和物流条形码。

商品条形码是由国际物品编码协会（EAN）和统一代码委员会（UCC）规定的，

用于在世界范围内唯一表示商品标识代码的条形码。商品条形码包括 EAN 商品条形码（EAN-13 条形码和 EAN-8 条形码）和 UPC 商品条形码（UPC-A 条形码和 UPC-E 条形码）。

物流条形码是由国际物品编码协会（EAN）和统一代码委员会（UCC）制定的用于货运单元唯一识别的条形码，是物流过程中的以商品为对象、以包装商品为单位使用的条形码。国际上常见的物流条形码有：EAN-13 条形码、ITF-14 条形码、C/EAN-128 条形码、交插二五条形码和库德巴码等。

3.1.1.4　条形码识别原理

不同颜色的物体，其反射的可见光的波长不同，白色物体能反射各种波长的可见光，黑色物体则吸收各种波长的可见光，所以当条形码扫描器光源发出的光束照在条形码上时，光电检测器根据光束从条形码上反射回来的光强度作为回应。

当扫描光点扫到白纸面上或处于两条黑线之间的空白处时，反射光强，检测器输出一个大电流；当扫描至黑线条中时，反射光弱，检测器输出小电流。根据白条、黑条的宽度不同，相应的电信号持续时间长短也不同，随着条形码明暗的变化转变为大小不同的电流信号。

译码器将整形电路的脉冲数字信号译成数字、字符信息，这样便得到了被识读的条形码符号的条和空的数目及相应的宽度和所用码制，根据码制所对应的编码规则，便可将条形符号换成相应的数字、字符信息，通过接口电路送给计算机系统进行数据处理与管理，便完成了条形码识读的全过程。

3.1.1.5　条形码技术在物流中的应用

条形码的应用可以有效地提高物品的识别效率，提高物流的速度和准确性，从而减少库存，缩短物品流动时间，提高物流效益，满足现代物流高速、高效的要求，更好地服务于客户。

（1）条形码在仓储、运输、配送中的作用。条形码已成为产品流通的通行证。若将条形码定位、印刷（标贴）在不同的商品或者包装上，通过条形码扫描器能在数秒内得知不同商品的产地、制造商家、产品属性、生产日期、价格等一系列信息。

（2）条形码在生产过程中的应用。将条形码应用于生产质量管理系统，可以实现动态跟踪生产状况，随时可从计算机中查询实际生产的情况及生产的质量情况。

（3）条形码在超级市场或购物中心的应用。超级市场或购物中心中打上条形码的商品经扫描，可以实现自动、快速和准确计价，并同时做销售记录。根据销售记录作系统统计分析，可预测未来需求和制定进货计划。

（4）条形码在国际贸易和国际物流中的应用。通过对条形码识别，可以进行国际间的沟通，省去了在不同国家语言文字的转换环节，有力地支持了物流的国际化，更好地实现国际物流。

3.1.2　射频识别技术

3.1.2.1　射频识别技术的内涵及特点

射频识别（RFID）是一种利用射频信号通过空间耦合（交变磁场或电磁场）实现无接触信息传递，并通过所传递的信息达到识别目的的技术。简单地说，RFID 技术是利用无线电波进行数据信息读写的一种自动识别技术或无线电技术在自动识别领域的应用。RFID 凭借其自动数据采集、高度的数据集成、支持可读写工作模式等优势，已成为新一代的自动识别技术。其主要特点如下。

（1）不需要光源，甚至可以透过外部材料（如包装的箱子或容器等）读取数据。

（2）信息容量大，能容纳上百亿字符（一维 EAN/UCC 条形码，容量不过几十个字符；二维 PDF417 条形码，最多也只能容纳 2725 个字符），可对产品进行详细的描述。

（3）可重复使用，使用寿命长（最高可以达到 10 年以上），能在恶劣的环境下工作。

（4）能够轻易嵌入或者附着在不同形状、类型的产品上。

（5）穿透性强，读取距离远（可达数 10 米），且能无障碍阅读。

（6）可以写入及存取数据，写入时间比打印条形码短。

（7）标签的内容可以动态改变。

（8）能够同时处理多个标签（可以同时处理 200 个以上的标签）。

（9）标签的数据存储有密码保护，安全性高。

（10）可以对 RFID 标签所附着的物体进行跟踪定位。

3.1.2.2　RFID 系统的组成及工作原理

RFID 在具体的应用过程中，根据不同的应用目的和应用环境，系统的组成会有所不同，但从射频识别系统的工作原理来看，系统一般都由电子标签、读写器、天线组成。

（1）电子标签。电子标签相当于条形码技术中的条形码符号，用来存储需要识别传输的信息。另外，与条形码不同的是，标签必须能够自动或者在外力的作用下把存储的信息发射出去。标签一般是带有线圈、天线、存储器与控制系统的低电集成电路。

（2）读写器。读写器的基本功能就是提供与标签进行数据传输的途径。另外，读写器还提供相当复杂的信号状态控制、奇偶错误校验与更正功能等。标签中除了存储需要传输的信息外，还必须含有一定的附加信息，如错误校验信息等。

（3）天线。天线是标签与读写器之间传输数据的发射、接收装置。在实际应用中，除了系统功率外，天线的形状和相对位置也会影响数据的发送和接收，需要专业人员对系统的天线进行设计、安装。

RFID 的工作原理如图 3-2 所示。当标签进入磁场后，接收读写器发出的射频信号，凭借感应电流所获得的能量发送出存储在芯片中的产品信息（Passive Tag，无源标签或被动标签），或者主动发送某一频率的信号（Active Tag，有源标签或主动标签）；读写器读取信息并解码后，送至中央信息系统进行数据处理。

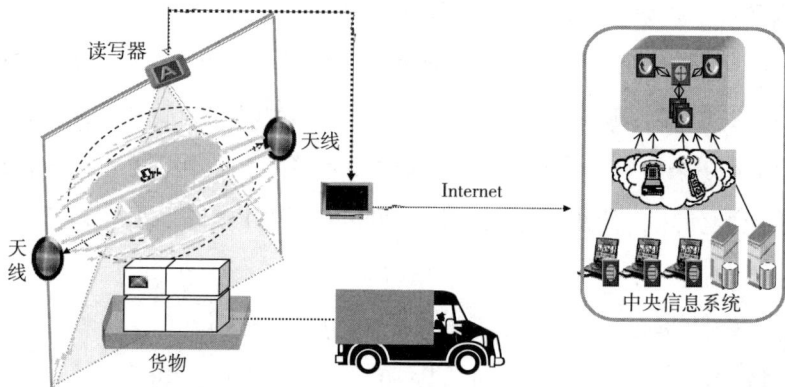

图3-2　RFID系统的工作原理

3.1.2.3　RFID 技术在物流中的应用

射频识别技术在我国发展非常迅速，已被广泛应用于生产线自动化、仓储管理、电子物品监视系统、货运集装箱识别等领域。

（1）生产的自动化及过程控制。射频识别技术因其具有抗恶劣环境能力强、可非接触识别等特点，在生产过程控制中有很多应用。通过在生产流水线上使用射频识别技术，实现了物料跟踪和生产过程自动控制、监视，提高了生产率，改进了生产方式，节约了成本。

（2）车辆的自动识别以及防盗。通过建立采用射频识别技术的自动车号识别系统，能够随时了解车辆的运行情况，不仅实现了车辆的自动跟踪管理，还可以大大减少发生事故的可能性。并且可以通过射频识别技术对车辆的主人进行有效验证，防止车辆偷盗发生。且可以在车辆丢失以后有效寻找丢失的车辆。

（3）货物跟踪管理及监控。射频识别技术为货物的跟踪管理及监控提供了方便、快捷、准确、自动化的技术手段。将射频识别技术应用到电子物品监视系统，可以有效防止商品盗窃。将射频识别系统用于智能仓库货物管理，可以有效地对仓库里与货物流动相关的信息进行管理，监控货物信息，实时地了解产品情况，自动识别货物，确定货物的位置。

（4）商品防伪防盗。条码标签既容易被撕掉，又影响了商品的外形美观、遮盖了部分商品信息等，在包装销售过程中带来很多的不便，商场中的商品盗损不可避免，条码标签不能隐藏于商品或包装内，收银员在扫描价格后，还需对防损标签进行消磁。而对于无线射频识别技术，它给零售业、制造商、包装商带来全新的防损方案——商品标签化，其防伪和防盗性能都是条码所不能比拟的。

（5）集装箱识别及铁路货运编组调度系统。每年因为集装箱的误送、丢失或损坏而引起的损失是十分惊人的。为此，各大海运公司开始使用类似 RFID 技术来识别和跟踪自己的集装箱的路线和所装的货物情况。通过将记录有集装箱位置、物品类别、数量等数据的标签安装在集装箱上，借助射频识别技术，就可以确定集装箱在货场内的确切位置，在移动时可以将更新的数据写入射频卡（电子标签），系统还可以识别未被允许的集装箱移动，有利于管理和安全。

（6）包裹自动分拣系统。将 RFID 技术应用到物流（包括包裹分拣）的自动分拣系统中，可以充分发挥它远距离识别、多标签同时处理的特点，大大提高物品分拣能力、处理速度以及准确性，降低由于误送或丢失而引起的巨额损失。RFID 可以同时识别多个移动目标，大大提高货物分拣能力和处理速度。

3.2　信息定位跟踪技术

信息定位跟踪技术是全球定位系统技术 GPS（Global Positioning System）与地理信息系统技术 GIS（Geographical Information System）的总称。

3.2.1 全球定位系统

3.2.1.1 全球定位系统定义

全球定位系统 GPS（Global Positioning System）是由美国国防部开发并维护的一种卫星导航系统，通过至少 4 颗卫星的信号接收，实现地面或近地物体的精确定位、导航和时间同步。GPS 可向全球用户提供连续、实时、高精度的三维位置、三维速度和时间信息。

3.2.1.2 全球定位系统的特点

（1）全球全天候实时定位。GPS 卫星数目多，分布合理，所以地球上任何地点都可以连续同步观测到至少 4 颗卫星，从而保证了全球、全天候、实时三维定位。

（2）自动化程度高。用 GPS 接收机测量时，只要将天线精确安置在测站上，主机可安放在测站不远处，也可放在室内，通过专用的通信线和天线连接，接通电源，启动接收机，仪器就自动开始工作。结束测量时，仅需关闭电源，取下接收机，便可完成野外数据采集任务。

（3）观测速度快，精度高。目前，20 千米以内相对静态定位仅需 15~20 分钟。GPS 相对定位精度可达 10^{-6}，100~500 千米可达 10^{-7}。在 300~1500 米工程精密定位中，观测 1 小时以上，解算平面位置误差小于 1 毫米。

3.2.1.3 全球定位系统的构成及工作原理

GPS 系统包括三大部分：空间部分——GPS 卫星星座；地面控制部分——地面监控系统；用户设备部分——GPS 信号接收机。

（1）GPS 卫星星座。由 21 颗工作卫星和 3 颗在轨备用卫星组成 GPS 卫星星座记作（21+3）GPS 星座。24 颗卫星均匀分布在 6 条轨道平面内，轨道倾角为 55 度，各条轨道平面之间相距 60 度，即轨道的升交点赤经各相差 60 度。每条轨道平面内的卫星之间的升交角距相差 90 度，一条轨道平面上的卫星比西边相邻轨道平面上的相应卫星超前 30 度。

（2）地面监控系统。对于导航定位来说，GPS 卫星是一动态已知点。卫星的位置是依据卫星发射的星历——描述卫星运动及其轨道的参数算得的。每颗 GPS 卫星所播发的星历是由地面监控系统提供的。卫星上的各种设备是否正常工作以及卫星是否一直沿着预定轨道运行，都要由地面设备进行监测和控制。地面监控系统的另一重要作用是保持各颗卫星处于同一时间标准——GPS 时间系统。这就需要地面站监测各颗卫星的时间求出时钟误差，然后由地面注入站发给卫星，再由导航电文发给用户设备。GPS 工作卫星的地面监控系统包括 1 个主控站、3 个注入站和 5 个监测站。

（3）GPS 信号接收机。GPS 信号接收机的任务是：捕获到按一定卫星高度截止角所选择的待测卫星的信号，并跟踪这些卫星的运行对所接收到的 GPS 信号进行变换、放大和处理，以便测量出 GPS 信号从卫星到接收机天线的传播时间解译出 GPS 卫星所发送的导航电文，实时计算出测站的三维位置甚至三维速度和时间。

GPS 的基本定位原理：卫星不间断地发送自身的星历参数和时间信息，用户接收到这些信息后，经过计算得出接收机的三维位置、三维方向及运动速度和时间信息。

3.2.1.4　全球定位系统在物流中的应用

GPS 技术通过提供实时、准确的位置信息，帮助物流企业优化运输路线、提升运输效率、降低运营成本，并增强客户满意度。具体来说，GPS 在以下几个方面发挥着关键作用。

（1）实时货物跟踪。实时货物跟踪是提升物流透明度和客户满意度的重要手段。GPS 技术在实时货物跟踪中的应用有：

①订单追踪系统：客户可以通过电子商务平台实时查看订单的运输状态，了解货物的当前位置和预计到达时间。

②异常监测：GPS 系统能够及时发现运输过程中可能出现的异常情况，如路线偏离、停滞等，物流企业可以迅速采取措施，确保货物安全准时到达。

③数据记录与分析：通过收集和分析 GPS 数据，物流企业可以深入了解运输过程中的瓶颈和问题，持续优化物流流程。

（2）路线优化。路线优化是提高物流效率、降低运输成本的关键环节。GPS 技术在路线优化中的具体应用包括：

①动态路径规划：基于实时交通信息和车辆位置，GPS 系统可以动态调整运输路线，避开拥堵路段，缩短运输时间。

②多点配送优化：对于需要多点配送的订单，GPS 系统可以帮助规划最优配送顺序和路线，提高配送效率，减少运输成本。

③燃料消耗管理：通过优化运输路线，GPS 系统可以有效减少燃料消耗，降低运输成本，同时减少环境污染。

（3）库存与仓储管理。GPS 技术不仅应用于运输环节，还在库存与仓储管理中发挥重要作用。

①库存位置管理：通过在仓库中部署 GPS 设备，物流企业可以实时监控库存位置，提高库存管理的准确性和效率。

②自动化仓储系统：结合 GPS 技术，自动化仓储系统可以实现货物的精准定位、快速检索和高效搬运，提高仓储作业效率。

③库存盘点与审计：GPS 数据可以用于库存盘点与审计，确保库存数据的准确性，减少人为错误和舞弊风险。

（4）安全与防盗。货物运输过程中的安全保障是物流企业关注的重点。GPS 技术在安全与防盗中的应用包括：

①实时监控与预警：GPS 系统可以实时监控货物运输过程中的异常情况，如非法停车、超速行驶等，及时发出预警信号。

②地理围栏：通过设定地理围栏，物流企业可以监控货物是否进入或离开特定区域，防止货物被非法转移或盗窃。

③应急响应：在发生货物丢失或被盗时，GPS 系统可以迅速定位货物位置，协助执法部门进行追踪和追回。

3.2.2　地理信息系统

3.2.2.1　地理信息系统的定义

地理信息系统（Geographical Information System，GIS）是在计算机硬、软件系统支持下，以地理空间数据库为基础，采集、存储、管理、运算、分析、描述和现实整个或部分地球表面（包括大气层在内）与空间和地理分布有关的各种数据，为地理研究和地理决策提供服务的空间信息系统。

3.2.2.2　地理信息系统的基本功能

（1）数据采集与编辑。地理信息系统的数据通常归纳为不同性质的专题和层，数据的采集与编辑就是把各层地理要素转化为空间坐标及属性对应代码输入计算机。

（2）数据存储与管理。数据库是数据存储与管理的主要技术，地理信息系统数据库（或称为空间数据库）是地理要素特征以一定的组织方式存储在一起的相关数据的集合。

（3）数据处理和变换。由于地理信息系统涉及的数据类型多种多样，同一种类型的数据的质量也可以有很大的差异，所以数据的处理和变换极为重要，常见的数据处理的操作有数据的变换、数据重构、数据抽取。

（4）空间分析和统计。空间分析和统计功能是地理信息系统的一个独特研究领域，其特点是帮助确定地理要素之间新的空间关系，常用的空间分析有叠合分析、缓冲区分析、数字地形分析。

（5）产品制作与演示。地理信息系统产品是指经由地理信息系统处理和分析的结果，可以直接输出。

（6）二次开发和编程。用户可以方便地编制自己的地理信息系统应用程序，生成可视化用户界面，完成地理信息系统的各项功能和开发。

3.2.2.3 地理信息系统的组成及工作原理

地理信息系统的组成：

（1）硬件。它的基本作用是用以存储、处理、传输和显示地理或空间数据，主要包括数据输入设备（卫星遥感影像接收机、GPS、扫描仪、数字化仪等）、数据处理设备（PC或工作站、服务器或大型机）、数据输出设备（绘图仪、打印机、大屏幕）。

（2）软件。它是整个系统的核心，用于执行地理信息系统功能的各种操作，包括数据输入、处理、数据库管理、空间分析和数据输出等。一个完整的地理信息系统有很多的软件协同作用，这些软件按照功能可分为地理信息系统功能软件（GIS功能软件）、基础支持软件、操作系统软件（Microsoft windows系列、UNIX/Linux系列和Apple Mac OS系列等）。

（3）地理数据。地理信息系统的操作对象是地理数据，它描述地理现象的空间特征、属性特征。地理数据包含：

①空间数据，指描述空间位置及其相互关系的数据，分为矢量数据（点、线、面等）、栅格数据（平面、曲面）；

②属性数据，是对地理现象的名称、类型和数量的数据描述；

③时态数据，是描述对象的时空变化的状态、特点和过程。

（4）应用人员。地理信息系统应用人员包括系统开发人员和地理信息系统的最终用户，他们的业务素质和专业知识是地理信息系统工程及其应用成败的关键。

（5）应用模型。地理信息系统是为某一特定的实际工作而建立的运用地理信息系统的解决方案，其构建和选择也是系统应用成败至关重要的因素。例如，选址模型、洪水预测模型、人口扩散模型、森林增长模型、水土流失模型、最优化模型和影响模型。

其工作原理分以下几个部分：

一是空间模型。GIS 将现实世界抽象为相互联结不同特征的层面的组合。

二是地理参考系。空间数据包括绝对位置信息，如经纬度坐标以及相对位置信息，包括地址、编码、统计调查值等。GIS 的地理坐标系可有效帮助用户在地球表面任意空间定位。

三是矢量和栅格数据结构。GIS 数据包括矢量和栅格两种基本模式。矢量数据以点、线、面方式编码并以（X, Y）坐标串储存管理，是表现离散空间特征的最佳方式；栅格数据（扫描图像或照片）是通过一系列网格单元表达连续地理特征。GIS 软件中矢量数据与栅格数据结合使用，取长补短。

3.2.2.4　GIS 与 GPS 结合在物流中的应用

GIS 与 GPS 的结合为现代物流系统提供了强大的技术支持，具有广阔的应用前景。

（1）数字化管理功能。GIS/GPS 的应用提升了物流企业的信息化程度，完善了企业日常运作的数字化内涵。通过精确的空间与时间信息描述物流设备和货物，不仅提高了企业运作效率，还提升了企业形象，争取更多客户。

（2）货物位置查询功能。通过 GPS 技术实时获取移动目标的位置及运动状态，并在监控中心和移动目标终端上显示。利用 GIS 提供的空间检索功能，调度人员和用户可以随时了解货物当前位置和预计到达时间，便于做好相应准备。

（3）网络分析功能。GIS 的网络分析功能对地理网络和城市基础设施网络进行地理分析和模型化，是运筹学模型中的基本模型。通过路径问题分析，物流服务商能够以最短的时间和最低的成本将货物及时送达货主手中。

（4）监控导航功能。通过显示终端，用户可查询物流运载的实时状态。监控中心能与移动目标实时通信，传达调度和控制信息，保证最优化运输，指引司机根据交通情况调整运输路线。

（5）实时调度功能。每辆运输车都配有 GPS 接收器，实时显示车辆位置。调度人员根据货物运送地点和客户需求，通知最近的司机取货或送货，节省调度时间，提高用户满意度。物流企业通过无线通信和 GIS/GPS 技术，实现企业操作和业务的透明化，为协同商务打下基础。

集成 GIS 和 GPS 技术使地图由静态记录变为动态电子地图，实现时空数据可视化。物流活动更容易实现信息化、自动化、社会化、智能化、简单化，为物流管理决策提供强有力的支持，减少生产企业库存、加速资金周转、提高物流效率和降低物流成本，有利于宏观调控，提高社会效益和经济效益，促进市场经济健康发展。

3.3　数据处理技术

3.3.1　云计算

3.3.1.1　云计算的概念

2006 年在全球搜索引擎战略大会上，Google 首席执行官埃里克·施密特
（Eric Schmidt）首次提出云计算（Cloud Computing）概念，随后微软、亚马逊、IBM、
思科、惠普、甲骨文、EMC 等众多巨头企业全部跟进，IT 巨头们也把它看作未来的
"决战之地"。

云计算是一种通过网络（通常是互联网）提供计算资源和服务的模式，在远程的
数据中心中，成千上万台电脑和服务器连接成一片电脑云。用户通过计算机、笔记本
电脑、手机等方式接入数据中心，按需获取、使用资源，体验每秒超过 10 万亿次的运
算能力。

美国国家标准与技术研究院（NIST）定义云计算是一种按使用量付费的模式，这
种模式提供可用的、便捷的、按需的网络访问，进入可配置的计算资源共享池（资源包
括网络，服务器，存储，应用软件，服务），这些资源能够被快速提供，只需投入很
少的管理工作，或与服务供应商进行很少的交互。

云计算有以下几种常见的分类。

（1）公有云（Public Cloud）：由云服务提供商提供给公众使用的云计算资源。公有
云是一种多租户模式，资源共享，成本较低，易于扩展。如亚马逊 AWS、微软 Azure、
谷歌云平台（GCP）等代表性服务提供商。

（2）私有云（Private Cloud）：由单个组织或企业独立拥有和管理的云计算资源。
私有云通常部署在企业内部的数据中心或由第三方托管。具有高度定制化，安全性和
控制性强等特点，适用于对数据隐私和安全性要求高的企业。

（3）混合云（Hybrid Cloud）：是公有云和私有云的结合，允许企业在公有云和私有
云之间灵活地迁移和管理。灵活性高，能够根据需求动态分配资源，平衡成本与安全。

（4）多云（Multicloud）：是一种云架构，由多个云供应商提供的多个云服务组合而成，既可以是公共云，也可以是私有云。避免供应商锁定，提高系统冗余和可靠性，优化性能和成本。不同云计算部署模式的比较如表3-1所示。

表3-1　不同云计算部署模式的比较

部署模式	定义	优点	缺点
公有云	云服务提供商向公众提供服务	成本低，易于扩展，管理简单	安全性和隐私性较低
私有云	专供单一组织使用的云	高度安全，定制化强	成本高，扩展性有限
混合云	公有云与私有云的结合	灵活性高，平衡成本与安全	管理复杂，集成难度大
多云	使用多个云服务供应商的服务	避免供应商锁定，优化性能	管理复杂，可能增加成本

3.3.1.2　云计算系统组成与服务模式

云计算系统通常由前端、后端和网络三大部分组成。

（1）前端（Front-End）。用户通过各种终端设备（如电脑、手机、平板等）访问云计算服务。能提供用户界面，支持用户与云服务的交互，如提交请求、管理资源等。

（2）后端（Back-End）。云计算服务提供商提供的基础设施，包括服务器、存储设备、网络设备等，用于提供计算资源和服务。提供计算、存储、网络等基础服务，支持前端的需求。

（3）网络（Network）。连接前端和后端的网络基础设施，用于数据传输和通信。确保数据在前端与后端之间的高效、安全传输，支持高带宽和低延迟。

云计算提供了多种"即服务"模式，以满足不同用户和业务需求。主要包括基础设施即服务（IaaS）、平台即服务（PaaS）、软件即服务（SaaS）和函数即服务（FaaS）四种模式，如图3-3所示。

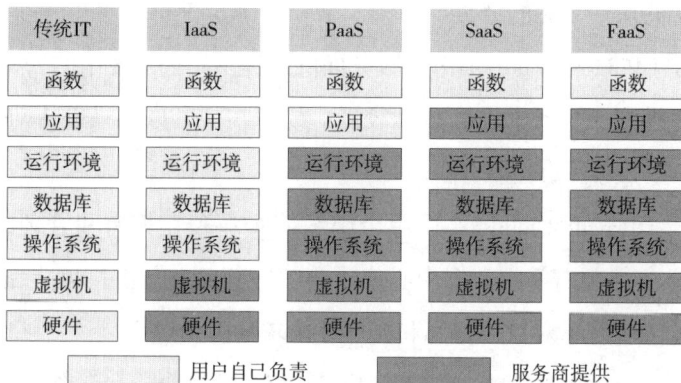

图3-3　云计算的服务模式

（1）基础设施即服务（Infrastructure as a Service，IaaS）。也称为云基础架构服务，是一种经由互联网向最终用户提供 IT 基础架构的云计算形式。包括实际的服务器、网络、虚拟化和数据存储。用户可通过 API 或控制面板进行访问，并且基本上是租用基础架构。诸如操作系统、应用和中间件等内容由用户管理，而提供商则负责硬件、网络、硬盘驱动器、数据存储和服务器，并负责处理中断、维修及硬件问题。这是云存储提供商的典型部署模式。

（2）平台即服务（Platform as a Service，PaaS）。PaaS 表示硬件和应用软件平台将由外部云服务提供商来提供和管理，而用户将负责平台上运行的应用以及应用所依赖的数据。PaaS 主要面向开发人员和编程人员，旨在为用户提供一个共享的云平台，用于进行应用的开发和管理（DevOps 的一个重要组成部分），而无需构建和维护通常与该流程相关联的基础架构。

（3）软件即服务（Software as a Service，SaaS）。SaaS 是将云服务提供商管理的软件应用交付给用户的服务。通常，SaaS 应用是一些用户可通过网页浏览器访问的 Web 应用或移动应用。该服务会为用户完成软件更新、错误修复及其他常规软件维护工作，而用户将通过控制面板或 API 连接至云应用。此外，SaaS 还消除了在每个用户计算机上本地安装应用的必要性，从而使群组或团队可使用更多方法来访问软件。

（4）函数即服务（Function as a Service，FaaS）。FaaS 是一种云计算服务模式，也被称为无服务器计算。它使开发人员能够编写和部署单个函数或代码段，以响应特定的事件或请求。在 FaaS 模式下，开发人员只需关注编写代码逻辑，而无须关心底层的服务器和基础设施管理。

2018 年，国际物流 SaaS 工具提供商"大掌柜"获数千万元 Pre-A 轮融资，拙朴资本领投，云启资本跟投。针对国际货运代理，其漫长的业务流程链有 30 多个处理环节，其中 90% 以上的环节由人工处理完成，涉及海关、船东、港区、仓库、拖车、报关行等多个关联方，交易周期长，支付结算过程低效。

"大掌柜"平台实现的功能：第一，内部 SOP 作业流程的标准化；第二，与业务链上的各个环节（码头、报关行、仓储、船东、拖车等）的全面接入；第三，升级原有的 PaaS 平台，为中大型企业提供了自主开发的支持，满足各区域的业务个性化需求。业务线上化后，其价值在于实现了作业的标准化。标准化是智能化的前提和基础，只有实现了作业的标准化，才能通过技术手段进一步提升作业效率，实现高效化运营。

SaaS（软件即服务）为用户提供获取软件服务的新形式。无须用户安装软件在本地计算机，而是按某种服务水平协议（SLA）直接通过网络向专门的提供商获取自己所需要的、带有相应软件功能的服务。如图 3-4 所示。

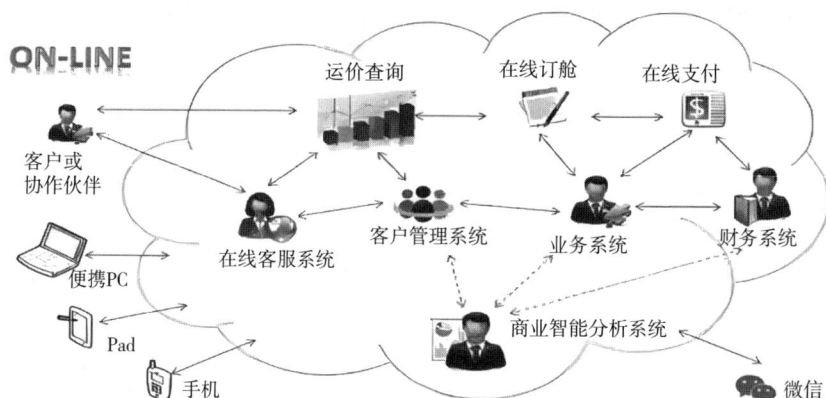

图3-4　SaaS线上服务的云计算模式

3.3.1.3　云计算的优势

云计算具有以下优势，这些优势使其成为现代物流企业实现数字化转型的重要工具。

（1）按需自助服务。用户可以根据需求随时申请和释放计算资源，无须人工干预，提高资源利用率，减少等待时间，提升灵活性。

（2）广泛的互联网访问。云服务通过互联网提供，用户可以通过各种设备随时随地访问，提升业务的可访问性和移动性，支持远程办公和分布式团队协作。

（3）资源池化。通过虚拟化技术将物理资源整合成统一的资源池，供多个用户共享，提高资源利用效率，降低运营成本，支持大规模的资源调配和管理。

（4）弹性伸缩。云计算能够根据用户需求快速扩展或缩减资源。满足业务高峰需求，避免资源浪费，提升系统的响应速度和稳定性。

（5）可度量的服务。云服务通过计量机制监控和控制资源使用情况，提供透明的计费和服务报告，实现按使用量付费，优化成本管理，提供精确的资源使用数据支持决策。

（6）高可靠性和可用性。云服务提供商通常具备多地冗余和高可用性设计，保障服务的连续性和稳定性，提高系统的可靠性，减少业务中断风险，提升服务质量。

3.3.1.4　云计算在供应链管理中的应用

在供应链管理领域，云计算为企业提供了前所未有的高效、灵活和智能的解决方案。通过云计算，企业不仅能够实时获取和分析数据，还可以整合资源、优化流程、提高响应速度，从而实现整体供应链的智能化和敏捷化。

（1）数据存储与处理。在传统的供应链管理中，大量的业务数据分散在不同的系统和硬件设备中，数据的存储和处理面临诸多挑战。而云计算平台具备强大的数据存储和处理能力，可以无缝地整合和分析海量数据。

（2）供应链协同。供应链涉及多个环节和众多参与者，包括供应商、制造商、分销商和零售商等。传统供应链管理常因信息不对称和沟通不畅而影响效率。而云计算使这些参与者之间的信息共享和协同更加便捷和高效。

（3）实时监控与预警。云计算进一步提升了实时数据追踪能力。通过云计算平台，企业能够实时监控供应链中的各个环节，例如运输过程中的环境参数、生产线的运行状态以及仓库库存水平。一旦发现异常情况，例如运输延误、库存告急等，系统会自动生成预警，触发相应的响应措施。

（4）供应链分析与优化。云计算平台不仅能够存储和处理海量数据，还能利用大数据分析和机器学习技术，对供应链中的关键指标进行深度分析，帮助企业预测未来趋势和做出优化决策。

例如，全球知名消费品公司"联合利华"在全球拥有众多生产基地、仓储设施和配送中心，供应链管理非常复杂。通过部署 AWS 云计算平台，联合利华实现了全球供应链的数字化转型。

联合利华首先将各类业务系统和数据源迁移至 AWS 云平台，包括 ERP 系统、CRM 系统和物流管理系统等。通过物联网设备和 RFID 技术，实时采集供应链中的动态数据，例如生产线的运行状态、仓库库存水平和运输车辆的位置等。这些数据通过加密传输技术，实时传输至 AWS 云平台进行存储和处理。

AWS 云平台在数据存储和处理方面，采用了分布式存储技术和大数据分析技术，将海量数据分散存储和处理，确保数据的可靠性和安全性。在数据分析方面，联合利华利用机器学习技术对供应链中的关键指标进行深度分析，例如库存周转率、订单处理时间和运输效率等。

通过 AWS 云平台的实时监控和预警机制，联合利华能够实时监控供应链中的各个环节状态。一旦发现异常情况，例如生产线停机、库存告急等，系统会自动生成预警，触发相应的响应措施。联合利华通过邮件和移动应用，将预警信息实时通知相关负责人，以便及时采取措施。

通过云计算技术，联合利华显著提升了供应链管理水平，取得了以下成果：

（1）实时库存水平监控，使联合利华能够更精准地安排采购计划，库存周转率提高了20%。

（2）实时位置跟踪和路径优化，使得联合利华的运输时间缩短了15%，减少了运输成本。

（3）实时监控和预警机制，使联合利华能够及时解决生产线中的异常问题，生产效率提高了10%。

3.3.2　大数据技术

3.3.2.1　大数据的定义

大数据（Big Data）指的是在常规的数据处理软件工具难以捕捉、管理和处理的时间范围内生成的规模庞大、类型多样的数据集合。大数据不仅仅是数据量的增加，更强调数据的多样性、复杂性和实时性。根据不同学者和机构的定义，大数据可以从以下几个方面来理解。

根据维基百科定义：大数据是指在特定时间范围内通过通常的软件工具捕获和管理的数据集合。大数据集合的规模在过去的存储和管理分析中远远超过了传统软件的处理能力，因此被称为大数据。

Gartner 定义大数据是需要新处理模式才能具有更强的决策力、洞察发现力和流程优化能力的海量、高增长率和多样化的信息资产。

IDC 定义大数据是为了更经济更有效地从高频率、大容量、不同结构和类型的数据中获取有价值的信息而设计的新一代架构和技术，人们用它来描述和定义信息爆炸时代产生的海量数据，并命名与之相关的技术发展与创新。

3.3.2.2　大数据的特性

IBM 提出了大数据的"5V"特性，即 Volume（体量）、Velocity（速度）、Variety（类别）、Value（价值）和 Veracity（真实性）。这些特性决定了大数据的用途和性质。表 3-2 是大数据这五大特性与传统数据的比较。

表3-2　大数据"5V"特性与传统数据的比较

特性	大数据	传统数据
Volume（体量）	数据体量巨大，从GB、TB到PB、EB、ZB字节级别，存储和处理需求极高	数据体量相对较小，通常以GB或TB为单位
Velocity（速度）	数据生成和处理速度极快，实时或近实时的数据流，如社交媒体、交易数据等	数据生成和处理速度较慢，通常批量处理

特性	大数据	传统数据
Variety（类别）	数据类型多样，包括结构化、半结构化和非结构化数据，如文本、图像、视频、传感器数据、日志文件等	数据类型相对单一，主要是结构化数据，如关系型数据库中的表格数据
Value（价值）	数据价值密度低，但通过深度分析和挖掘可以发现潜在的商业价值、趋势和模式	数据价值密度较高，直接用于报表和决策支持
Veracity（真实性）	数据真实性和质量参差不齐，存在噪声、冗余和不准确的数据。需要通过数据清洗和质量控制来提高数据的可靠性	数据质量相对较高，数据来源明确，经过严格的验证和清洗

3.3.2.3 大数据技术的架构及功能

大数据技术的架构通常由数据采集层、数据存储与处理层、数据分析层和数据可视化层四个核心层次组成，如图3-5所示。这种分层架构有助于系统的设计、开发和管理，确保各层次之间的功能清晰、协同高效。

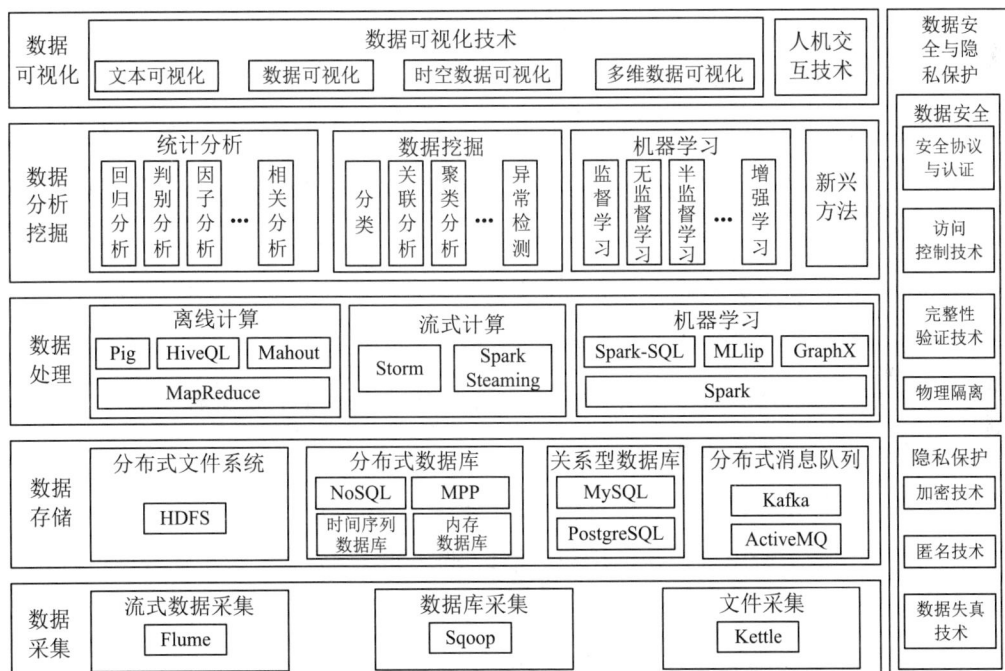

图3-5 大数据技术架构

（1）数据采集和存储。数据采集和存储是大数据技术的基础，涉及从各种来源收集和存储大规模的数据。常见的数据来源包括传感器、日志文件、社交媒体、电子商务平台等。大数据技术提供了多种数据采集和存储方法，主要包括数据采集和数据存储。

①数据采集。批处理采集和实时流处理是两种主要的数据采集方式。批处理适用于定期收集和处理大批量数据，而实时流处理则适用于需要即时分析和响应的数据流，

如社交媒体信息流、传感器数据等。

②数据存储。大数据存储通常使用分布式文件系统和 NoSQL 数据库。Hadoop 分布式文件系统（HDFS）和 Apache HBase、Cassandra 等 NoSQL 数据库具有高可扩展性和容错性，能够高效地存储和管理海量数据。

（2）分布式计算。大数据的处理和分析需要强大的计算能力，分布式计算框架是实现大规模数据处理的关键。常见的分布式计算框架包括：

① Hadoop MapReduce。Hadoop MapReduce 是一个编程模型，用于大规模数据集的并行处理。它将数据处理任务分解为 Map 和 Reduce 两个阶段，在集群中的多台计算机上并行执行。

② Apache Spark。Spark 是一个快速的通用大数据处理引擎，支持内存计算和多种数据处理任务，如批处理、流处理、机器学习和图计算。相比 MapReduce，Spark 具有更高的处理速度和更丰富的编程接口。

（3）数据处理和分析。数据处理和分析是大数据应用的核心环节，涉及数据清洗、转换、聚合、统计分析、数据挖掘和机器学习等操作。大数据技术提供了丰富的工具和技术，用于从海量数据中提取有价值的信息和知识，主要途径有：

①数据清洗：通过去除噪声、填补缺失值、纠正错误等方式，提升数据质量。

②数据转换：将数据转换为适合分析的格式和结构，如数据规范化、特征提取等。

③数据挖掘和机器学习：利用数据挖掘技术和机器学习算法，发现数据中的模式、趋势和关联性，支持预测和决策。

（4）数据可视化和报告。数据可视化是将复杂的数据分析结果以图形、图表和交互式界面的形式展示给用户，帮助用户更好地理解和解释数据。常见的数据可视化工具包括：

① Tableau。提供强大的数据可视化功能，支持多种数据源的连接和交互式分析。

② Power BI。微软的商业智能工具，集成了数据分析和可视化功能，适用于企业级应用。

③ atplotlib 和 Seaborn（Python 库）。适用于编程人员进行自定义的数据可视化。

3.3.2.4　大数据技术在物流系统中的应用

物流领域是大数据技术应用的主要场景之一。由于条形码等技术的广泛应用，物流部门利用前端 PC 系统收集、存储了大量的数据，如货物进出历史记录、货物进出状况和服务记录等，这些数据正是大数据的基础。从现有研究来看，大数据技术在物流系统中的作用主要体现在以下几个方面：首先，促进物流企业竞争观念的转变。大数据时代改变了企业的竞争环境，实现了信息数据等多种资源的共享，同时大数据技术对信息价值的最大程度地挖掘提高了企业的决策等方面的能力，从环境、资源和能力等方面影响企业的竞争力。其次，优化物流企业的资源和能力。大数据不仅实现了对物流运输中的人力、物力资源的充分开发利用，如借助大数据信息技术进行人才甄选等活动，并且可以提升物流企业对环境的适应能力，同时使得企业能够获取有价值的资源。最后，在物流活动中应用大数据技术，能够使物流活动变得更加"智慧"和"智能"，随之也会提升企业的竞争能力。具体来讲，大数据技术在物流领域的典型应用主要有订单管理与客户服务、供应链融资。

（1）订单管理与客户服务。订单管理与客户服务是物流流程中的重要环节，直接关系到客户体验和企业声誉。大数据技术通过实时监控订单状态、分析客户需求和优化客户服务流程，提升订单管理的效率和客户服务的质量。应用场景主要有：

①订单预测与管理。通过大数据分析历史订单数据和市场趋势，预测未来订单量，优化订单处理和资源配置，提高订单处理效率，减少订单延误，优化资源利用，提升客户满意度。

②个性化客户服务。利用大数据分析客户的购买行为和偏好，提供个性化的服务和推荐，如个性化包装、定制化配送时间等，提升客户体验，增强客户忠诚度，促进重复购买。

③客户反馈与满意度分析。收集和分析客户反馈数据，通过大数据分析了解客户满意度和改进需求，优化物流服务，改善服务质量，及时响应客户需求，提升企业竞争力。

以顺丰为例，顺丰通过先进的数据分析技术，对客户行为和需求进行深入分析，不仅了解客户的购买习惯和偏好，还能预测客户的未来需求。首先，顺丰利用大数据技术，收集和分析客户的各类信息，如购买记录、使用频率、反馈意见等。通过对这些数据的深入挖掘，顺丰可以了解客户的需求变化，及时调整服务策略。然后，通过客户数据分析，顺丰能够进行精准营销。例如，对于频繁使用顺丰快递服务的客户，顺丰会提供专属优惠和个性化服务，增强客户黏性。同时，对于潜在客户，顺丰也能通过数据分析找到最佳的营销途径，提高转化率。

（2）供应链融资。供应链融资基于供应链中各参与方的业务关系和交易数据，通过金融机构提供的金融服务，解决众多中小企业融资难题。大数据技术在供应链融资中的应用，能够通过分析供应链数据，评估信用风险，优化融资流程，提升供应链的整体效率。应用场景主要有：

①信用评估与风险管理。通过大数据分析供应链各参与方的交易数据、财务数据和行为数据，评估信用风险，优化信用评估模型，提高信用评估的准确性，降低金融风险，优化融资决策。

②融资需求预测。利用大数据分析供应链的交易流和资金流，预测各环节的融资需求，优化融资资源配置，提高融资效率，满足供应链各环节的资金需求，促进供应链的健康发展。

③智能融资平台。基于大数据技术构建智能融资平台，实现供应链各参与方的自动化融资申请、审批和放款，提高融资流程的自动化和效率，减少人工干预，提升用户体验。

京东在经营实践中充分利用大数据技术，构建了一套高效的供应链金融体系。

首先，京东利用大数据技术对供应链各参与方的交易数据、财务数据和行为数据进行深入分析，从而实现精准的信用评估与风险管理。具体来说，京东通过以下几种方式来提升信用评估的准确性。一是数据整合与分析。京东综合运用来自上下游企业的交易记录、财务报表及实时行为数据，通过机器学习算法构建信用评估模型。这一模型不仅提高了信用评估的准确性，还降低了金融风险。二是风险识别与预警。京东的风控系统能够实时监测供应链运行状况，并根据历史数据进行风险预测。这种及时的风险识别能力，使得金融机构能够更早地采取措施，降低潜在的损失。三是信用信息共享。通过京东构建的供应链金融平台，参与各方能够共享信用信息，打破信息孤岛，增强信息透明度。这不仅提升了信用评估的效率，也降低了整体融资成本。

其次，京东通过大数据分析有效预测各环节的融资需求，提升融资效率。具体措施包括：一是交易流与资金流分析。京东利用大数据技术分析供应链的交易流和资金流，识别各环节的资金需求。例如，在生产环节，京东为原材料供应商提供信用流转、保理融资等服务，以满足其快速回款的需求。二是动态调整融资策略。京东的融资需求预测系统能够根据市场变化和交易数据的实时更新，动态调整融资策略。例如，在需求激增的情况下，京东会迅速调整融资资源的配置，确保供应链的顺畅运作。三是优化资源配置。通过预测融资需求，京东能够更合理地配置资金资源，避免资金闲置或短缺。比如，在与地方政府合作的项目中，京东通过建立区域型供应链金融科技平台，借助区块链和物联网技术，整合资源优化配置，满足不同企业的融资需求。

最后，京东通过智能融资平台实现自动化融资申请、审批和放款，提升了融资流程的效率。具体表现：一是融资申请自动化。企业可以通过京东的智能融资平台提交融资申请，系统会自动分析申请者的信用状况和融资需求，减少人工干预，提高申请效率。二是审批流程智能化。京东的融资平台通过大数据分析和机器学习技术，能够快速审批融资申请。例如，在与中海信托的合作中，京东为下游经销商提供高效便捷的金融服务，满足其短期贷款需求。三是融资体验提升。京东的智能融资平台不仅优化了融资流程，还提升了用户体验。通过数字化和智能化的手段，企业能够更快地获得资金支持，减少融资过程中的不便之处。

3.4 网络与通信技术

3.4.1 5G技术

3.4.1.1 5G 的定义与特征

第五代移动通信技术（5th Generation Mobile Communication Technology，简称 5G）是一种具有高速率、低时延和大连接特点的新一代宽带移动通信技术，是实现人机物互联的网络基础设施。相比 4G/3G/2G 移动通信技术，5G 不仅在带宽、时延、功耗上有很大优势，还具有安全、高效、方便、快捷等特征。

3.4.1.2 5G 关键技术

（1）5G 无线关键技术。5G 国际技术标准重点满足灵活多样的物联网需要。在 OFDMA 和 MIMO 基础技术上，5G 为支持三大应用场景，采用了灵活的全新系统设计。在频段方面，与 4G 支持中低频不同，考虑到中低频资源有限，5G 同时支持中低频和高频频段，其中中低频满足覆盖和容量需求，高频满足在热点区域提升容量的需求，5G 针对中低频和高频设计了统一的技术方案，并支持百兆赫兹的基础带宽。为了支持高速率传输和更优覆盖，5G 采用 LDPC、Polar 新型信道编码方案、性能更强的大规模天线技术等。为了支持低时延、高可靠，5G 采用短帧、快速反馈、多层 / 多站数据重传等技术。

（2）5G 网络关键技术。5G 采用全新的服务化架构，支持灵活部署和差异化业务场景。5G 采用全服务化设计，模块化网络功能，支持按需调用，实现功能重构；采用服务化描述，易于实现能力开放，有利于引入 IT 开发实力，发挥网络潜力。5G 支持灵活部署，基于 NFV/SDN，实现硬件和软件解耦，实现控制和转发分离；采用通用数据中心的云化组网，网络功能部署灵活，资源调度高效；支持边缘计算，云计算平台下沉到网络边缘，支持基于应用的网关灵活选择和边缘分流。通过网络切片满足 5G 差异化需求。网络切片是指从一个网络中选取特定的特性和功能，定制出的一个逻辑上独立的网络，它使得运营商可以部署功能、特性服务各不相同的多个逻辑网络，分别为各自的目标用户服务。5G 定义了 3 种网络切片类型，即增强移动宽带、低时延高可靠、大连接物联网。

3.4.1.3 5G 技术对物流业的影响

随着 5G 技术的快速发展，其在物流行业中的应用逐渐深入，推动了物流行业的智能化和高效化。以下将从多个方面探讨 5G 技术对物流业的深远影响。

（1）推动物流仓储环境的智能化。5G 技术的引入为物流仓储的智能化提供了坚实的基础。传统仓储环节往往依赖人工操作，效率低下且容易出错。通过将人工智能与 5G 技术结合，物流企业可以引入智能机器人，实现自动化分拣、物品传输和出入库操作。5G 的低延迟和高可靠性特性，使得智能机器人能够实时接收和处理数据，从而提升操作效率和准确性。在智能仓储环境中，无人机、机器人、穿梭车等各类智能设备均可通过 5G 网络实现无缝互联与高效协同。这一变革不仅提高了仓储作业的整体效率，还为上游电商企业提供了更为稳定、可靠的货物管理保障。此外，为了最大化利用 5G 技术的潜力，物流企业在推进智能化仓储建设时，还需在硬件设施与仓库布局上进行必要的投资与优化，以确保智能化仓储系统的高效运行与持续发展。

（2）实现全自动化物流运输。在物流运输环节，5G 技术的应用使得全自动化成为可能。车联网技术的支持，让物流车辆和无人机能够轻松接入网络，远程控制中心能够进行实时调度。5G 的高速通信能力突破了传统运输方式中的信息传递瓶颈，使得车辆能够实时共享路况和状态信息，从而优化运输路径和调度策略。通过 5G 技术，物流运输的终端可进行高效的数据交互，确保信息的及时传递，进而提升运输过程的安全性和可靠性。这种自动化的物流运输模式将大幅度降低人力成本，提高运输效率。

（3）增强现实（AR）技术在物流中的应用。AR 技术的引入为物流行业带来了新的机遇。5G 的高带宽特性为 AR 应用提供了必要的支持，特别是在分拣、复核和配送环节。AR 技术可以通过视觉指引，帮助员工快速找到货物，并实时显示拣选数量，极大提升了拣选效率。在运输和配送过程中，AR 技术能够优化装载顺序和配送路线，提升操作的准确性和效率。通过 AR 眼镜，配送人员可以实现快速的快递编号检索和门牌识别，确保最后一公里的高效派送。综合来看，AR 技术的应用不仅提升了物流效率，也改善了客户体验。

（4）加速物流数据计算平台的构建。在新一代物流中，数据的存储和分析能力是至关重要的。5G 技术为大数据和云计算提供了高效的支持，使得物流企业能够构建更为实用的"云物流"架构。通过集中式计算和移动边缘计算的结合，物流企业可以高效处理和分析大量数据。5G 的优势在于能够提供边缘计算所需的高速通信，促进数据的实时处理和存储。这种分布式的计算模式使得物流数据的处理变得更加高效，减少了资源的浪费。

3.4.2　物联网技术

3.4.2.1　物联网的内涵及特点

物联网，简称 IoT（Internet of Things），其概念最早在 1999 年由美国麻省理工学院 Auto-ID 实验室明确提出。同年，在美国展开的移动计算和网络会议提出，"物联网是下一个世纪人类面临的又一个发展机遇"。2003 年，美国《技术评论》提出传感网络技术将是未来改变人们生活的十大技术之首。

2005 年 11 月 17 日，在突尼斯举行的信息社会世界峰会（World Summit on the Information Society，WSIS）上，国际电信联盟（International Telecommunication Union，ITU）发布《国际电信联盟互联网报告 2005：物联网》正式提出"物联网"的定义：把所有物品通过射频识别（RFID）、红外感应器、全球定位系统、激光扫描器等信息传感设备与互联网连接起来，进行信息交换的网络。物联网可实现智能化识别、定位、跟踪、监控和管理。

近年来，随着 5G、边缘计算、大数据和人工智能（AI）的快速发展，物联网技术得到了进一步的提升和广泛应用，推动了数智化电子商务物流的发展。物联网涉及多个关键技术，主要包括：

（1）传感技术。用于感知物理环境中的各种信息，如温度、湿度、压力、位置等。常见的传感器包括温度传感器、加速度传感器、光传感器等。

（2）通信技术。实现设备之间的数据传输和通信。包括有线通信（如以太网）、无线通信（如 Wi-Fi、蓝牙、ZigBee、LoRa、NB-IoT 等）以及新兴的 5G 技术。

（3）数据处理与存储技术。包括云计算、边缘计算和大数据技术，用于处理和存储物联网设备产生的海量数据。

（4）协议与标准。物联网的通信需要依赖一系列协议和标准，如 MQTT、CoAP、HTTP、IPv6 等，以确保不同设备和系统之间的互操作性。

（5）安全技术。包括数据加密、身份认证、访问控制等，确保物联网系统的安全性和数据隐私。

（6）嵌入式系统。物联网设备通常基于嵌入式系统，具备低功耗、高效能的特点，能够在各种环境下稳定运行。

物联网具有以下特点：

（1）互联性。物联网通过各种通信技术将物理设备和对象连接到互联网，实现设备之间的无缝通信和协作。这种广泛的互联性使得信息能够在不同设备之间自由流动，提升系统的整体效率和响应速度。

（2）智能化。物联网设备具备感知、识别和处理能力，能够自动采集和分析数据，支持智能化的决策和操作。例如，智能传感器可以实时监测环境参数，并通过算法自动调整设备的运行状态。

（3）实时性。物联网技术能够实现数据的实时采集、传输和处理，使得信息获取和反馈更加迅速和及时。这对于需要即时响应的应用场景，如智能交通管理、实时监控等，具有重要意义。

（4）自动化。物联网技术能够实现设备之间的自动化控制和协调，减少人工干预，提高操作效率。例如，在智能工厂中，物联网设备可以自动调节生产线的运行状态，实现无人化生产。

（5）大数据应用。物联网设备产生海量的数据，这些数据经过收集、存储和分析，可以为各行各业提供深刻的洞察和决策支持。通过大数据分析，企业能够优化运营、提升客户体验、创新商业模式。

（6）可扩展性。物联网系统具备良好的可扩展性，能够根据需求灵活增加或减少设备数量，适应不同规模和复杂度的应用场景。

3.4.2.2　物联网体系的结构

物联网系统通常包括感知层、网络层和应用层三个层次，如图 3-6 所示。这种分层结构有助于系统的设计、开发和管理，确保各层次之间的功能清晰、协同高效。

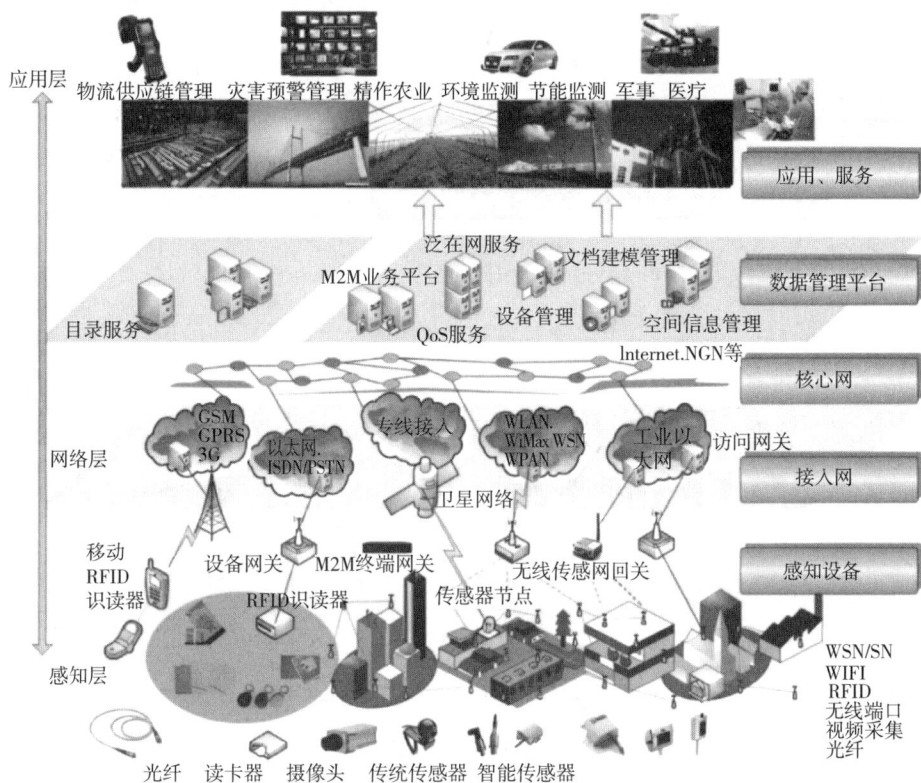

图3-6　物联网的体系结构

（1）感知层（Perception Layer）。感知层是物联网体系结构的最底层，主要负责对物理世界的感知和数据采集。感知层包含各种传感器、标签、执行器和其他物理设备，具体功能包括：

数据采集：通过传感器实时采集环境数据，如温度、湿度、光照、压力、位置等。

对象识别：利用射频识别（RFID）标签、二维码等技术，对物品进行唯一标识和跟踪。

数据预处理：对采集到的原始数据进行初步处理，如过滤噪声、数据压缩等，以减少数据传输量和提高数据质量。

感知层的关键设备包括RFID标签、传感器网络、摄像头、GPS模块等。这些设备需要具备低功耗、高可靠性和稳定性的特点，以适应各种复杂的应用环境。

（2）网络层（Network Layer）。网络层负责感知层与应用层之间的数据传输和通信，是物联网系统的基础设施。网络层的主要功能包括：

数据传输：通过有线或无线通信技术，将感知层采集的数据传输到上层的网络节点或云端。

协议支持：支持多种通信协议和标准，确保不同设备和系统之间的互操作性。

网络管理：包括设备连接管理、数据路由、传输控制等，确保数据传输的可靠性和效率。

常见的网络层技术包括以太网、Wi-Fi、蓝牙、ZigBee、LoRa、NB-IoT、5G 等。随着技术的发展，5G 网络因其高带宽、低延迟和广覆盖的特点，逐渐成为物联网应用的主流通信技术。

（3）应用层（Application Layer）。应用层是物联网体系结构的顶层，负责根据具体应用需求，提供各类智能服务和功能。应用层涵盖了广泛的物联网应用领域，包括智能家居、智慧城市、工业自动化、健康医疗、智能交通等。其主要功能包括：

数据处理与分析：对从网络层获取的数据进行深入分析，提取有价值的信息和知识。

业务逻辑实现：根据分析结果，制定和执行相应的业务策略和操作，如自动调节设备、优化资源分配等。

用户交互：通过各种接口和设备，向用户提供友好的交互体验，如移动应用、网页界面、语音助手等。

服务集成：将物联网服务与其他系统和平台集成，实现跨平台的数据共享和业务协同。

应用层的设计需要充分考虑用户需求和业务场景，确保物联网系统能够提供高效、智能和个性化的服务。

3.4.2.3　5G+ 物联网在物流行业中的应用

随着信息技术的飞速发展，5G 与物联网（IoT）的融合正引领物流行业迈向数智化新时代。5G+ 物联网不仅继承了个人计算机（PC）、移动互联网（MI）、云计算（CC）、全球定位系统（GPS）、无人机（UAV）和人工智能（AI）等技术的优势，还通过其大融合理念，展现出短链、智慧和共生的特征，极大地提升了物流效率和服务质量。下面将从标准体系、物流特征、架构及具体应用四个方面，深入探讨 5G+ 物联网在物流行业中的应用。

（1）5G+ 物联网的物流标准体系。标准体系是确保 5G+ 物联网技术在物流行业中高效、统一应用的基石。一个完善的物流标准体系框架通常包含以下五个部分，如图 3-7 所示。

总体共性标准：涵盖物流行业普遍适用的技术规范和操作标准，确保不同系统和设备之间的兼容性。

感知层标准：规定传感器、RFID、二维码（QRC）等设备的数据采集和传输标准，确保信息的准确性和实时性。

网络层标准：定义 5G 网络的接入、传输和安全协议，保障数据在网络中的高效传输和安全性。

服务器支撑层标准：涵盖云计算、边缘计算等数据处理和存储的技术规范，确保数据的快速处理和可靠存储。

应用层标准：针对具体物流应用场景，如仓储管理、运输调度、配送优化等，制定相应的应用规范和操作流程。

通过建立完善的标准体系，物流企业能够有效整合 5G 与物联网技术，推动物流管理的规范化和智能化，提升整体运营效率。

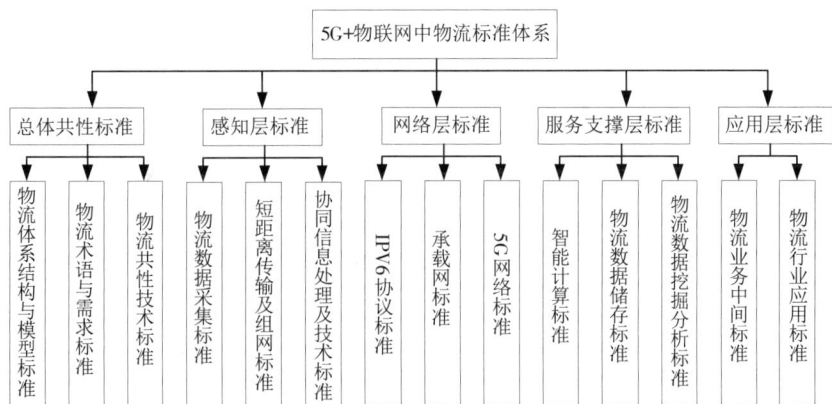

图3-7　5G+物联网中物流标准体系

（2）5G+ 物联网驱动的物流特征。在 5G 时代，物流行业展现出"3S"特征，即智慧（Smartness）、短链（Short-chain）和共生（Symbiosis），如图 3-8 所示。

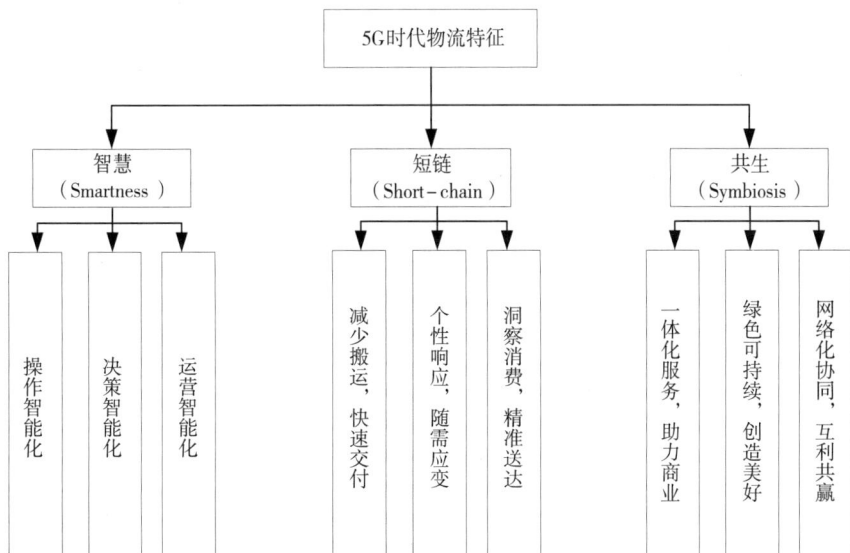

图3-8　5G时代物流特征

智慧（Smartness）：在操作层面，机器人、人工智能技术使得仓储—分拣—运输—

配送—客服全供应链环节的智能化；在运营层面，大数据、人工智能将驱动仓运配全链路智能化；在网络协同层面，物联网、大数据以及人工智能实现物流协同。

短链（Short-chain）：通过实时数据分析，实现供应链上下游的精准对接，减少库存积压和物流成本。快速响应市场需求变化，优化营销策略，提升客户满意度。通过智能化手段，提升服务的准确性和及时性，降低物流的不确定性和风险。

共生（Symbiosis）：指新一代物流通过端到端一体化的服务，促进品牌商与消费者的无缝链接，帮助整个流通体系去渠道化，降低库存成本；倡导环保和资源共享理念，满足消费者对可持续发展的需求，提升企业社会责任感。

这些特征共同推动物流行业向更高效、智能和可持续的方向发展。

（3）5G+物联网中的物流架构。5G技术以其低延时、高可靠性和大带宽的特性，为物流行业提供了坚实的通信基础。如图3-9所示，结合物联网，5G在物流架构中主要体现在以下几个方面。

感知层：利用RFID、传感器和QRC等技术，实现对物品的实时监控和数据采集。通过各种感知设备，获取仓储、运输和配送环节的实时数据，如温湿度、位置和状态信息。

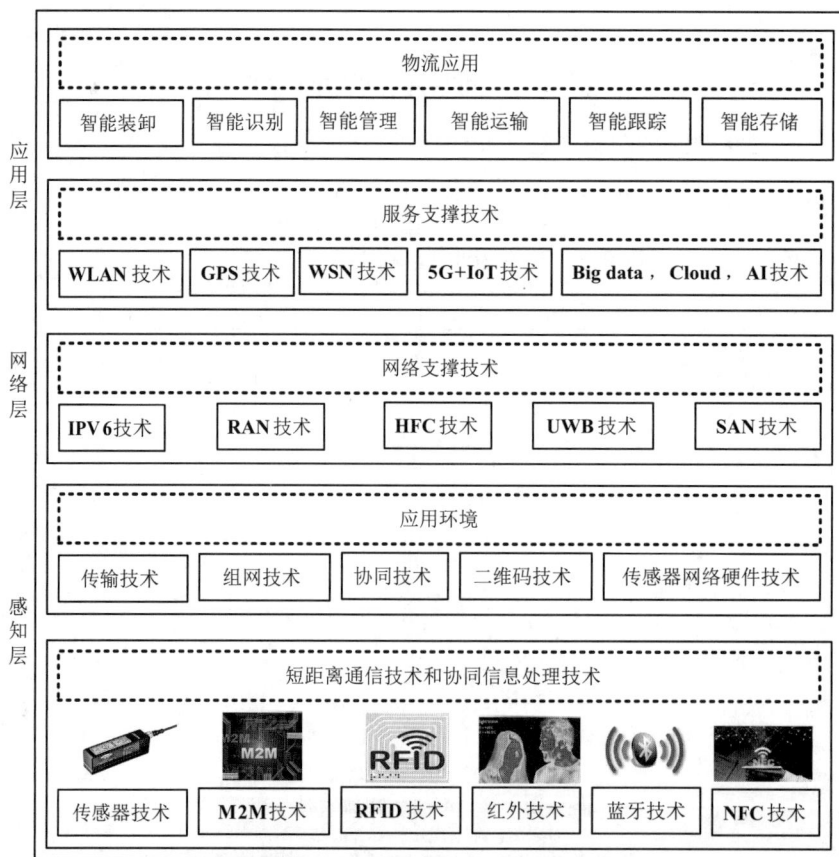

图3-9　5G+物联网物流架构中所涉及的技术

网络层：利用 5G 通信提供高速、低延时的网络连接，确保物流数据的实时传输和高效通信。通过先进的加密和认证技术，保障物流数据的安全性和隐私性。

结合集中式云计算和分布式边缘计算，提升数据处理效率和响应速度。利用大数据平台，存储和管理海量物流数据，支持智能分析和决策。

应用层：通过 AI 和大数据分析，实现对物流环节的智能化控制和优化。保障物流信息的真实性和不可篡改性，提升供应链的透明度和可信度。

（4）5G+ 物联网推动物流行业的未来发展。5G+ 物联网的深度融合，不仅提升物流行业的运营效率和服务质量，还推动物流模式的创新和行业的可持续发展。未来，随着技术的不断进步和应用的深入，5G+ 物联网将在以下几个方面进一步推动物流行业的发展。

一是智能化与自动化。随着 5G 和物联网技术的成熟，物流行业将实现更高程度的智能化和自动化，减少人工干预，提高作业效率和准确性。

二是供应链的协同与优化。5G+ 物联网将促进供应链各环节的协同与优化，实现信息的实时共享和资源的高效配置，提升供应链的整体响应能力和灵活性。

三是个性化与定制化服务。通过大数据分析和 AI 技术，物流企业能够提供更加个性化和定制化的服务，满足不同客户的多样化需求。

四是绿色与可持续发展。5G+ 物联网技术的应用将推动物流行业向绿色和可持续方向发展，优化运输路线，减少能源消耗，降低碳排放，实现环保目标。

综上所述，5G+ 物联网的融合为物流行业带来了前所未有的机遇和挑战。通过构建完善的标准体系、发挥"3S"特征优势、优化物流架构以及深入应用具体技术，物流企业将能够实现高效、智能和可持续的发展，满足新时代电子商务和供应链管理的需求。

3.5　智能决策技术

3.5.1　区块链

3.5.1.1　区块链的定义及特点

2008 年，中本聪（Satoshi Nakamoto）在其发表的论文 *Bitcoin：A Peer-to-Peer*

Electronic Cash System 中首次提出了区块链的概念，并将其应用于比特币的底层技术。

区块链是一种去中心化的、可追溯的分布式账本技术，通过将数据以区块的形式链接在一起，实现数据的安全性和透明性。区块链中每个节点都具有相同的权利和义务，互相监督验证，从而实现共识机制。

区块链技术因其独特的特性，被广泛认为是一种具有革命性潜力的技术。其主要特点包括：

（1）去中心化。区块链是一种去中心化的技术，没有中央机构或权威机构控制整个网络。数据和交易记录分布在网络的多个节点上，每个节点都有副本，并通过共识算法达成一致。去中心化避免了单点故障，提高了系统的鲁棒性和抗攻击能力。

（2）不可篡改性。区块链上的数据通过密码学哈希算法链接在一起，每个区块都包含前一个区块的哈希值。这种链接关系使得修改一个区块的数据变得非常困难，从而保证了数据的可信度和安全性，防止数据被恶意篡改。

（3）透明性。区块链的交易和数据记录是公开可见的，任何参与者都可以查看和验证。这种透明性增加了信任，减少了信息不对称和欺诈行为。

（4）匿名性与身份验证。区块链上的参与者可以使用匿名地址进行交易，但同时也可以进行身份验证。这在保护隐私的同时，确保了参与者的真实身份可追溯。

（5）安全性。区块链使用密码学技术保护数据的安全性。交易和数据记录被加密，并通过共识算法验证和确认。这使得区块链在防止数据篡改、欺诈和攻击方面具有较高的抗性。从而提高了数据的安全性，减少了安全漏洞和攻击风险。

（6）可扩展性和高可用性。区块链的分布式性质使得其具有较高的可扩展性和高可用性。数据和交易记录分布在多个节点上，即使部分节点出现故障或离线，整个系统仍然可以正常运行。

3.5.1.2　区块链分类

根据不同的权限和使用场景，区块链可以分为四种主要类型：公有链、私有链、联盟链和混合链，如表3-3所示。

表3-3　区块链的类型

区块链类型	描述	典型应用
公有链 （Public Chain）	完全开放的区块链网络，任何人都可以参与，查看和验证交易记录	比特币（Bitcoin）、以太坊（Ethereum）
私有链 （Private Chain）	限制性的区块链网络，只有特定的参与者被授权加入，通常由企业或组织创建和管理	Hyperledger Fabric、Corda

续表

区块链类型	描述	典型应用
联盟链 （Consortium Chain）	由多个组织或实体共同管理和运营的区块链网络，参与者之间建立信任关系，共同决策网络规则。适用于跨组织业务场景	IBM Food Trust、TradeLens
混合链 （Hybrid Chain）	结合了公有链和私有链或联盟链的特点，既具有开放性和去中心化的特性，又能满足特定的隐私和安全需求	Dragonchain、XinFin

这些不同类型的区块链技术为各种行业和应用场景提供了灵活的选择，使得区块链技术能够适应不同的业务需求，推动数据安全、透明度和可信度的提升。

3.5.1.3　区块链在现代物流中的应用

（1）公路货运领域的多场景应用。实现单证和对账系统的无纸化和智能化。通过区块链的防篡改特性和智能合约机制，运输单证可以实现电子化、透明化和自动化处理。例如，京东物流与福佑卡车等企业合作，利用区块链技术打造了可信运单签收平台和快运对账系统。该系统不仅实现了单据的无纸化，还通过区块链确保数据的真实性和全程可追溯性。此外，包含运价规则的电子合同被写入区块链，通过共识机制实现自动实时结算和对账，显著缩短了结算对账时间，节约了人力成本。

辅助车货匹配平台发展。主要体现在货物信息验真、平台身份认证、失信行为惩戒和交易过程监管等方面。例如，上海天地汇利用区块链技术在无车承运人发票服务领域形成了相对成熟的产品，并在货源验证、运输过程跟踪、结算和会员管理等方面应用。重庆沙师弟智慧物流平台于2019年12月上线，初步实现了物流信息的上链、存证、追溯和查询功能，并采用区块链的交易结算模型，推行运费及财务结算由区块链记录，同时生成电子发票信息，支持智能对账。

（2）港口和航运领域的探索性应用。港口和国际航运涉及复杂的国际通关业务，信息和单据繁琐，参与主体众多。区块链技术在此领域的应用主要集中在数字化、无纸化流程、数据互联互通和信用体系建设等方面。例如，2021年3月，中远海运集团携手安徽省港航集团在安徽芜湖港推出了数字化、无接触进口提货方案。这是我国内河港口首次应用区块链技术实现无纸化放货。该方案基于区块链技术，实现船公司与港口间数据互联互通和流程协作互信，为客户节约时间和经济成本。此外，国际航运物流科技服务平台荣易达与蚂蚁集团"蚂蚁链"合作启动航运物流服务项目，利用区块链技术推动传统航运物流企业在结算支付、交易模式、融资模式、信用体系等方面的创新发展。

（3）农产品与医药产品质量安全控制方面的应用。将农产品和医药产品的物流信息接入区块链，可以防止各环节作业信息被人为篡改，实现物流信息的反向追溯，精确查出问题根源，明确责任主体，为食品药品安全提供保障。例如，京东农场依托区块链技术搭建了五常大米智慧农业生产和全程品质监控体系，正式落地于五常市的民乐乡和安家镇。该体系通过区块链技术记录大米生产、加工和运输的各环节信息，确保产品的品质和安全。京东"智臻链"医药追溯平台提供药品召回服务（图3-10），当国家药品监督管理局针对某款药品发布召回指令时，系统会发起交易冻结指令，所有联盟注册企业同步此信息，自动冻结相关产品信息，并在后续交易中自动发起药品召回警报。

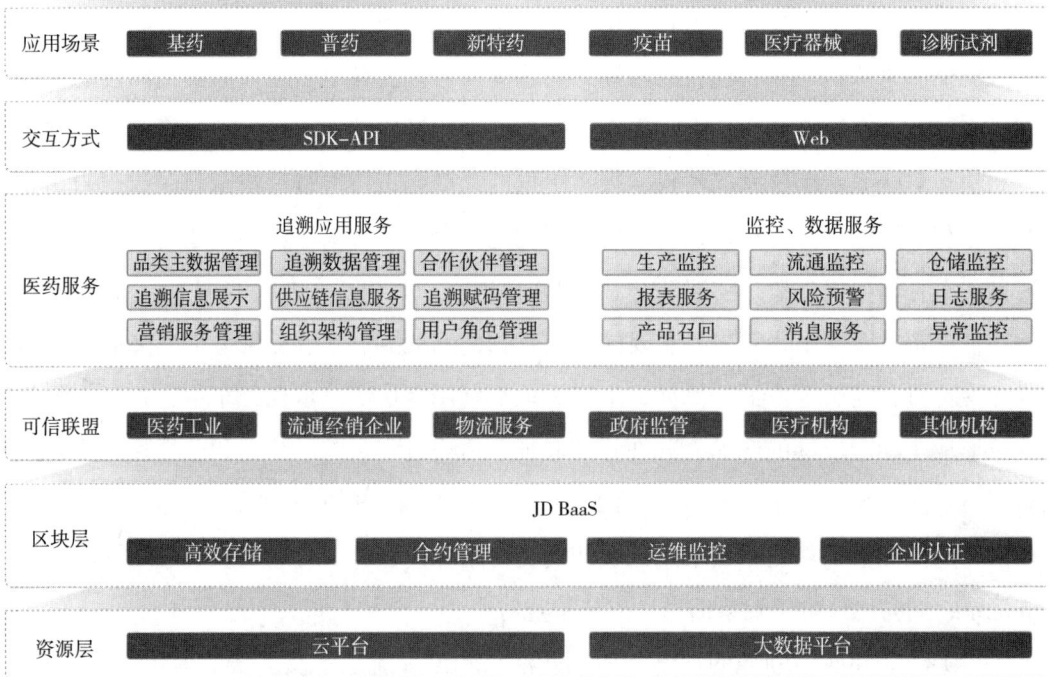

图3-10　京东"智臻链"医药追溯平台产品架构

3.5.1.4　跨境电商物流的初步应用

通过区块链技术，跨境电商企业能够实现海外商品的全程追踪和溯源，同时更好地配合海关等监管机构的需求，提高通关效率。例如，2018年5月，天猫国际宣布将区块链技术整合到跨境电商物流业务中，能够跟踪所有进口货物的物流相关信息，包括原产地、途经港口、运输方式、抵达港口、海关报告、检验和第三方验证等。这一举措提高了物流信息的透明度和可追溯性，增强了消费者对进口商品的信任。苏宁、唯品会、顺丰等电商和物流企业均已布局跨境商品溯源计划，通过区块链技术实现海外商品的跨境溯源，确保商品信息的真实性和透明度，同时更好地配合海关监管、检测和查验工作。

3.5.1.5　在供应链金融领域的应用

通过区块链技术，供应链各环节的数据可以实现高效的共享和验证，促进金融服务的数字化和智能化。例如，2021年8月，中远海运电商平台、网商银行联合蚂蚁集团的"蚂蚁链"推出了采购贷融资产品。该产品依托航运行业的特点，实现多方数据的交叉核验和共享，推行便捷的线上授信、融资、打款流程，满足中小微外贸企业的资金流动性需求。2021年12月，浙江省海港集团和宁波舟山港集团在台州港头门港区成功落地首单区块链电子仓单质押融资业务。区块链电子仓单是通过区块链技术进行存证和溯源的数字化凭证，可将传统的港存货物转化为优质、安全、具有良好流动性的可信资产。这一创新解决方案帮助中小企业缓解了融资成本高、融资渠道窄的问题。

3.5.2　人工智能

3.5.2.1　人工智能的内涵

1956年，麦卡锡、明斯基等科学家在美国达特茅斯学院开会研讨"如何用机器模拟人的智能"，首次提出"人工智能"（Artificial Intelligence，简称AI）这一概念，标志着人工智能学科的诞生。

在近十年里，关于人工智能的定义众说纷纭，大部分学者一致认为人工智能是研究、开发用于模拟、延伸和扩展人的智能的理论、方法、技术及应用系统的一门新的技术科学。其主要目标是使机器能够执行通常需要人类智能才能完成的任务，包括感知、学习、推理、决策和自然语言处理等。人工智能的研究涵盖了多种技术和方法，如机器学习、深度学习、自然语言处理、计算机视觉、机器人技术等。人工智能的主要目标包括：

（1）自动化复杂任务。通过模拟人类的思维和决策过程，自动完成复杂的工作。

（2）提高效率与准确性。减少人为错误，提升任务执行的速度和精度。

（3）支持决策制定。通过数据分析和预测，提供科学的决策支持。

（4）增强用户体验。提供个性化和智能化的服务，提高用户满意度。

3.5.2.2　人工智能分类

人工智能可以根据不同的标准分类，以下是常见的分类方法。

（1）按照能力可以分为弱人工智能、强人工智能（General AI）和超级人工智能三类。

弱人工智能（Narrow AI）：也称为狭义人工智能，指在特定任务或领域上表现出与人类相似或超越人类水平的智能。例如，语音助手、图像识别系统等。

强人工智能（General AI）：也称为通用人工智能，指具备与人类智能相当或超过人类智能的综合智能。强人工智能能够在各种任务和领域上进行学习、理解、推理和创新。

超级人工智能（Super AI）：是指可以在任何领域或任务中表现出远远超过人类的智能水平的人工智能系统。这些系统不仅有自我意识和创造力，还有自我进化和自我改进的能力，甚至可能对人类产生威胁或敌意。超级人工智能目前还是一个纯理论的概念，没有任何实际的例子或证据。

（2）按照技术可以分为机器学习、深度学习、自然语言处理和计算机视觉四类。

机器学习（Machine Learning）：机器学习是一种通过从数据中学习模式和规律来进行预测和决策的方法。它包括监督学习、无监督学习和强化学习等不同的方法和算法。

深度学习（Deep Learning）：深度学习是机器学习的一个分支，通过构建深层神经网络模型来进行学习和推理。深度学习在图像识别、自然语言处理等领域取得了显著的成果。

自然语言处理（Natural Language Processing，NLP）：自然语言处理是研究计算机与人类自然语言交互的领域，包括文本分析、语义理解、机器翻译等技术。

计算机视觉（Computer Vision）：计算机视觉是研究如何让计算机理解和解释图像和视频的领域，包括图像识别、目标检测、图像生成等技术。

（3）按照应用领域可以分为自动驾驶、机器人技术、医疗诊断、金融领域等类别。

自动驾驶：应用人工智能技术实现无人驾驶汽车的研究和开发。

机器人技术：将人工智能技术应用于机器人的感知、决策和执行能力的提升。

医疗诊断：利用人工智能技术辅助医生进行疾病诊断和治疗决策。

金融领域：应用人工智能技术进行风险评估、欺诈检测、投资决策等。

智能助理：开发语音助手和聊天机器人等智能助理系统，提供个性化的服务和支持。

以上分类只是对人工智能进行的几种常见划分方式，实际上，人工智能涉及的领域和应用非常广泛，不同的分类方式有不同的细分和交叉。

3.5.2.3　人工智能在物流中的应用

人工智能技术更是给物流行业带来了革命性的改变，以智能机器人、智能拣选车、无人机、自动驾驶汽车为代表的智能硬件，极大地改变了现有的仓储、运输、配送等物流作业的模式，并将带来更多的改变；以机器视觉、自然语音处理、大数据挖掘、深度学习为基础的智能软件，为物流行业所涉及的信息识别、存储、管理、利用开辟了更加高效的途径，让"数据驱动物流"成为现实。下面详细介绍人工智能在物流中的具体应用及其实现方式。

（1）AI+ 运输：自动驾驶卡车上岗。运输是物流产业链条的核心环节，其成本占社会物流总成本的 50% 以上。人工智能在物流运输中的应用主要集中在自动驾驶技术和运输车辆管理系统两个方面。

自动驾驶技术。自动驾驶卡车通过集成人工智能技术，实现无人驾驶，提升运输效率和安全性。作为国内乘用车自动驾驶解决方案的先行者，小马智行（Pony.ai）与君联资本、联想之星共同投资的企业，推出了新一代自动驾驶卡车软硬件集成系统。该系统具备超远距离感知、360 度全景无盲区和长尾场景处理能力，满足重卡自动驾驶运营需求。在实际运输中，该系统能够在 90 公里 / 小时的实况运输情况下提前 30 秒侦测到前方故障车辆，解决卡车近身盲区的行业痛点。

运输车辆管理系统。基于计算机视觉和 AIoT 技术的运输车辆管理系统，通过实时感知功能，提升车辆管理的智能化水平。特斯拉（Tesla）的 Autopilot 系统通过深度学习和计算机视觉技术，实现车辆的自动驾驶和智能管理。该系统能够实时监控车辆周围环境，进行路径规划和障碍物检测，提高运输的安全性和效率。

（2）AI+ 仓储：入库出仓更加智能。仓储环节是物流管理的重要组成部分，人工智能在仓储中的应用主要体现在仓库选址、无人仓、库存管理等方面，通过智能化技术提升仓储效率和管理水平。

仓库选址。人工智能通过大数据分析和决策系统，优化仓库选址，提升仓储布局的合理性和效率。菜鸟网络利用大数据和人工智能技术建立了基于需求和物流流量的仓库选址系统。通过分析市场需求、交通状况和物流流量数据，系统能够自动推荐最优的仓库选址方案，减少物流运输时间和成本。

无人仓。无人仓通过机器视觉、机器人技术和智能算法，实现仓库作业的自动化和智能化。海柔创新通过机器人技术和人工智能算法，提供高效、智能、柔性和定制化的仓储自动化解决方案。其库宝机器人系统已广泛应用于 3PL、鞋服、电商、电子、电力、制造、医药等行业，实现了自动搬运、分拣和堆垛等功能。

库存管理。人工智能通过深度学习和预测模型，实现库存需求量的精准预测和优化管理。京东利用大数据和深度学习算法，建立了智能库存需求预测模型。该模型通过分析海量历史数据，准确预测未来的库存需求量，优化订货方案，实现仓库的高流通和低库存，降低库存成本。

（3）AI+配送：系统监测、实时可靠。配送环节是物流流程中直接面向客户的关键环节，人工智能在配送中的应用主要体现在智能调度系统、实时车辆监控和无人配送三个方面，通过智能化技术提升配送效率和服务质量。

智能调度系统。人工智能通过大数据分析和智能算法，优化配送车辆的调度和路径规划，提升配送效率和准时率。京东物流利用人工智能技术构建了智能调度系统，实现了运输过程的智能化管理和路线优化。系统通过实时数据监控和运输需求分析，动态调整运输计划，优化运输路径，减少运输时间和成本。

实时车辆监控。基于物联网和人工智能技术的实时监控系统，能够实时监控配送车辆的位置、速度和状态，提升运输过程的可控性和安全性。顺丰速运通过物联网传感器和人工智能技术，实时监控配送车辆的位置和状态。系统能够通过大数据分析，及时发现运输过程中的异常情况，进行预警和调整，确保配送的高效和安全。

无人配送。人工智能与无人技术相结合，实现无人配送车和无人机的智能化配送，提升配送效率和覆盖范围。亚马逊研发并应用了无人配送车和无人机，通过人工智能技术实现自动导航和路径规划，提高配送速度和覆盖范围。无人配送设备通过深度学习和计算机视觉技术，能够自主识别障碍物和规划最优配送路径，确保配送的高效和安全。

（4）AI+客服：善解人意、解决率高。客服环节是物流服务的重要组成部分，人工智能在客服中的应用主要体现在智能客服系统、客户需求预测和自动化问题解决三个方面，通过智能化技术提升客服效率和客户满意度。

智能客服系统。基于语音识别、自然语言处理和机器学习等人工智能技术，智能客服系统能够为客户提供24小时不间断的个性化服务，提升客服效率和客户体验。联想集团推出的智慧客服系统"魔方"，集成了智能AI、云计算、区块链和大数据四大核心能力。魔方系统支持在线客服、热线客服、全渠道客服、营销外呼、自动语音通知、智能回访等功能，拥有1700万次服务量，用户问题理解率达94%，解决率达54%，智能化水平行业领先。

客户需求预测。人工智能通过大数据分析和机器学习算法，预测客户需求和行为，提供个性化的服务和推荐，提升客户满意度和忠诚度。京东利用人工智能技术开发了个性化推荐系统，通过分析客户的浏览历史、购买行为和偏好，精准推荐商品和服务，提升客户购物体验和满意度。

自动化问题解决。人工智能技术能够自动识别和解决常见的客户问题，减少人工干预，提升客服效率。IBM Watson 通过自然语言处理和机器学习技术，实现了智能客服的自动化问题识别和解决。Watson 能够理解客户的问题，提供准确的答案，并在必要时转接到人工客服，提高问题解决的速度和准确性。

【本章小结】

本章系统介绍数智化电子商务物流的支撑技术，包括标签与数据识别技术、定位跟踪技术、数据处理技术、网络与通信技术以及智能决策技术。通过深入分析这些技术的基本概念、特征、架构及其在电子商务物流中的具体应用，帮助读者全面理解数智化物流的技术基础，并掌握最新的行业发展趋势。

【课后习题】

一、单项选择题

1. 条形码技术的误码率低于（　　　）。

A. 万分之一　　B. 百分之一　　C. 百万分之一　　D. 千分之一

2.（　　　）能够同时在横向和纵向表达信息。

A. 一维条形码　　B. 二维条形码　　C. 复合码　　D. QR 码

3. RFID 系统中不包括（　　　）。

A. 电子标签　　B. 读写器　　C. 天线　　D. 条形码

4. 全球定位系统（GPS）主要由（　　　）部分组成。

A. 空间、地面控制、用户设备　　B. 卫星、条形码、读写器。

C. 传感器、天线、服务器　　　　D. 数据中心、云计算、用户终端

5.（　　　）云计算服务模式提供操作系统、应用程序等内容由用户管理。

A. IaaS　　　B. PaaS　　　C. SaaS　　　D. FaaS

6. 大数据的"5V"特性中，"Veracity"指的是（　　　）。

A. 数据体量　　B. 数据速度　　C. 数据多样性　　D. 数据真实性

7.（　　　）区块链类型适用于多个组织共同管理的网络。

A. 公有链　　　B. 私有链　　　C. 联盟链　　　D. 混合链

8. 人工智能在物流中的应用不包括（　　　）。

A. 智能调度系统　　　B. 无人驾驶车辆

C. RFID 标签生成　　　D. 智能客服系统

9. 5G 技术在物流中的一个主要优势是（　　）。

A. 低成本　B. 高带宽和低延迟　C. 简单易用　D. 兼容所有设备

10. 物联网体系结构中的"感知层"主要负责（　　）。

A. 数据存储与管理　　　B. 数据传输与通信

C. 数据采集与识别　　　D. 数据分析与决策

二、判断题

1. 条形码技术只能采集一维数据。（　　　）

2. 射频识别（RFID）技术需要依赖光源进行数据读取。（　　　）

3. GPS 系统只能提供二维位置信息。（　　　）

4. 公有云的主要缺点是安全性和隐私性较低。（　　　）

5. 大数据的"Variety"特性指的是数据的真实性。（　　　）

6. 联盟链适用于单一组织内部的应用场景。（　　　）

7. 人工智能技术在物流中无法应用于客户服务。（　　　）

8. 5G 技术的高带宽和低延迟特性促进了无人配送的发展。（　　　）

三、简答题

1. 结合实例，简述 RFID 在电子商务物流中的应用。

2. 如何通过大数据技术实现客户需求的精准预测，从而优化库存管理？

3. 结合实例，论述 GPS/GIS 在电商物流中的应用。

4. 结合实例，论述 5G+ 物联网如何助力电商企业物流数字化转型。

5. 结合实例，简述区块链技术如何提升物流信息的透明性和安全性？

四、讨论题

结合当前人工智能（AI）技术（如深度学习、机器学习、自然语言处理等）的快速发展，探讨这些技术如何重塑电子商务物流行业（包括在仓储管理、运输优化、客户服务、供应链透明度等方面的具体应用与潜在影响）；分析这些技术带来的挑战与机遇，提出未来电子商务物流行业在人工智能技术驱动下的发展趋势及应对策略。

【案例讨论】

物流大数据在Amazon（亚马逊）的应用实践

Amazon 作为全球最大的在线零售商，凭借其强大的技术实力和创新能力，不断推动物流系统的优化升级。大数据技术在其物流运营中发挥了至关重要的作用，帮助

Amazon 实现了高效的订单处理、智能化管理和精准的库存预测。下面从多个角度分析
Amazon 在物流系统中应用大数据技术的具体实践。

1. 订单与客户服务中的大数据应用

Amazon 在其物流系统中利用大数据技术，优化了订单处理和客户服务流程，具体
表现如下：

（1）浏览和购物体验。Amazon 通过大数据分析技术，精准识别用户需求。系统记
录客户的浏览历史和购买行为，基于这些数据，Amazon 能够将相关商品存放在离客户
最近的运营中心，从而提高下单的便捷性。此外，Amazon 还利用算法提供个性化的产
品推荐，提升客户的购物体验。

（2）高效的仓配管理。Amazon 的订单处理速度极快，运营中心通常在 30 分钟内
完成整个订单的处理。大数据驱动的仓储订单运营包括快速拣选、包装和分拣等环节，
所有过程均可视化，确保了操作的透明性和效率。

（3）精准的送货服务。基于大数据，Amazon 能够科学地进行配送计划调整，确保
在用户期望的时间范围内完成送货。通过预测分析，Amazon 还可以提前发货，增强市
场竞争力。

（4）智能客户服务。Amazon 利用大数据驱动的客户服务系统，实时识别和预测客
户需求。系统根据用户的浏览记录、订单信息和来电问题，定制化地向用户推送自助
服务工具，确保客户能够随时获得帮助。

2. 智能入库管理技术

在全球运营中心，Amazon 从入库环节开始就全面运用大数据技术，主要体现在：

（1）入库监控策略。Amazon 结合历史数据和经验，制定了独特的采购入库监控策
略。通过对易损商品的分析，Amazon 能够在收货环节提供增值服务，如预包装，以减
少损耗。

（2）商品测量与优化。 使用 Cubi Scan 等先进仪器，Amazon 能够对新入库的商品
进行体积和尺寸测量。此举不仅提高了商品上线速度，还为后续的仓储管理和区域规
划提供了数据支持。

3. 智能拣货和智能算法

Amazon 的智能拣货系统通过大数据分析实现了高效的物流作业，具体表现为：

（1）最优路径保障。Amazon 利用大数据算法优化员工的拣货路径，系统能够指引
员工选择最短的行走路线，减少拣货时间。这一创新将传统作业模式的拣货效率提高

了60%。

（2）复杂作业方法。在图书仓库中，Amazon通过数据分析避免将相似商品放在同一区域，从而实现高效的拣货作业。此外，畅销商品会被放置在离发货区较近的位置，以减少员工的搬运负担。

4. 智能随机存储

Amazon的随机存储策略是其运营管理的一大特色。该策略并非随意存放，而是基于以下原则。

（1）畅销与非畅销商品的合理安排。随机存储策略考虑了商品的畅销程度和先进先出的原则，通过精细化管理，实现了"见缝插针"的最佳存储方式。

（2）精准的库存管理。每个商品的存放位置都通过系统进行精准记录，确保库存的可追溯性和管理的高效性。

5. 智能分仓和调拨

在分仓和调拨方面，Amazon通过大数据技术实现了智能化管理。

（1）精准的供应链计划。Amazon的智能分仓和调拨系统能够根据市场需求，精准地将库存调拨至离客户最近的运营中心。这一系统有效支持了全国范围内的运输调配，确保用户可以随时下单购买。

（2）高效的干线运输。在全国各个省市之间，Amazon通过干线运输网络确保物流的高效运转。这一系统的建立依赖于大数据技术对运输资源的智能调配。

6. 精准库存预测

Amazon的智能仓储管理技术使得库存预测的准确率高达99.99%。在业务高峰期，Amazon能够通过大数据分析，提前做好库存需求的预测，降低爆仓风险。

7. 可视化订单作业与货物追踪

Amazon实现了全球范围内的可视化供应链管理，用户能够实时监控货物和订单状态。这一系统的优势在于：

（1）全程监控。从预约到收货，再到内部存储管理，整个过程都由数据支持，并通过系统实现可视化管理。

（2）数据驱动的透明性。通过系统，消费者和商家能够实时了解货物的位置和状态，提高了服务的透明度和客户满意度。

8. 结论

Amazon通过大数据技术的全面应用，优化了其物流管理过程，提升了运营效率和客户体验。大数据不仅增强了订单处理的效率，还实现了库存管理的精准与透明。随着技术的不断进步，Amazon 的物流体系将继续为其在全球市场的竞争提供有力支持。

（数据来源：https://zhuanlan.zhihu.com/p/541677915）

讨论：

1. 随机存储策略在 Amazon 的仓储管理中发挥了怎样的作用？请结合实际案例进行分析。

2. 结合案例，论述可视化管理在供应链物流中的重要性以及如何提高物流过程的透明度和可追溯性。

第4章
数智化电子商务物流订单

【学习目标】

了解电子商务订单履行的内容及其与物流的关系；掌握 B2B、B2C、C2C 三种电商模式下订单履行的特点与关联；熟悉数智化技术在订单实时处理中的具体应用及优化策略。

【能力目标】

熟练运用数智化工具优化订单处理流程，包括订单接收、分拣、包装、配送等关键环节；能够根据业务需求，设计并实施智能化订单处理优化方案。

【思政要求】

强化学生的社会责任感和职业道德观念，认识数智化物流在提升社会整体效率和改善消费者体验中的关键作用。

【导入案例】

亚马逊的FBA（Fulfillment by Amazon）服务

在数字化和电子商务快速发展的时代，企业如何高效地管理订单履行成了关注的焦点。亚马逊的FBA（Fulfillment by Amazon）服务为我们提供了一个极具启发性的案例，展示了B2C电子商务订单履行的现代化解决方案。FBA不仅改变了卖家的运营模式，也提升了消费者的购物体验。

1.什么是FBA？

FBA是亚马逊提供的一项综合物流服务，涵盖了仓储、打包、配送、收款以及售后支持等多个环节。卖家将产品寄送到亚马逊的仓库，由亚马逊负责后续的所有物流操作。FBA的宗旨是"您销售，我配送"，旨在简化卖家的物流管理，让他们能够专注于产品开发和市场推广。

这种服务的优势在于，卖家可以借助亚马逊强大的物流网络和技术优势，提高产品的市场竞争力。FBA服务不仅适用于亚马逊的本地市场，还可以支持卖家在全球范围内的销售。

2.FBA的实施步骤怎样？

FBA的实施过程通常包括以下几个步骤（图4-1）。

产品准备与发货：卖家将产品准备好，按照亚马逊的要求进行打包和贴标，然后将产品发往指定的亚马逊仓库。

入库管理：亚马逊收到货物后，会进行入库处理，将产品信息录入系统，并进行质量检查。

订单处理：当消费者在亚马逊上下单后，系统会自动处理订单，进行拣选、打包，并安排配送。

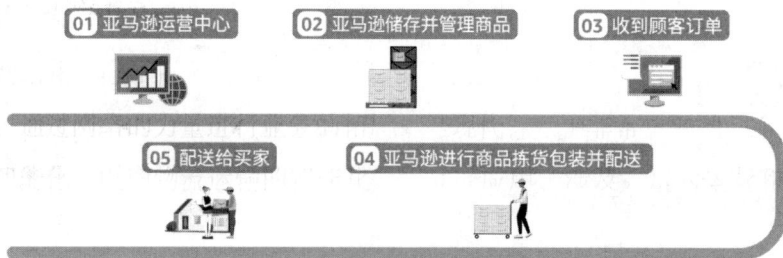

图4-1　亚马逊的FBA流程

配送与交付：亚马逊通过其物流网络，将商品快速配送到消费者手中，通常承诺在48小时内送达。

售后服务：FBA 还提供全面的售后服务，包括退货处理和客户咨询，确保消费者的满意度。

3. FBA 有何优势？

提高订单转化率：由于消费者在购买时更倾向于选择亚马逊配送的商品，使用 FBA 的产品往往能够获得更高的曝光率和转化率。

快速配送：FBA 承诺快速配送，通常可以在 1~2 天内将商品送达消费者，提升了用户体验。

减少物流管理负担：卖家无须担心库存管理、包装和配送等繁琐的物流事务，可以专注于核心业务。

无忧的售后服务：亚马逊提供 24/7 的客户支持，处理售后问题和退货请求，提高了消费者的信任感。

4. FBA 适用所有产品吗？

并非所有产品都适合使用 FBA，以下是一些适用 FBA 的产品特征：

高频次销售的产品：如日用百货、3C 产品等，能够快速周转，减少仓储成本。

小型、高价值产品：如珠宝、时尚配件等，体积小，便于运输，且利润空间大。

低退货率的商品：如图书和电子产品等，退货率较低的商品更适合使用 FBA。

5. FBA 的未来发展趋势怎样？

随着电商市场的不断发展，FBA 的服务模式也在不断演进。未来，FBA 可能会朝以下方向发展：

智能化物流：利用 AI 和大数据分析优化库存管理和配送路线，提高物流效率。

绿色物流：越来越多的企业将关注可持续发展，FBA 可能会引入更多环保措施，减少碳足迹。

个性化服务：通过数据分析，根据消费者的购买行为提供个性化的配送方案和售后服务。

（资料来源：https://gs.amazon.cn/fba）

思考：FBA 在提升亚马逊 B2C 订单履行效率方面有哪些作用？ FBA 如何通过智能化物流提升订单履行效率和用户体验？

4.1　电子商务物流订单概述

电子商务物流订单是现代电子商务运营中的核心要素之一，贯穿于从消费者下单到商品交付的整个流程。本节将对电子商务物流订单的定义、特点及其在电子商务物流体系中的重要性进行详细阐述。

4.1.1　电子商务订单的定义与特点

4.1.1.1　电子商务订单的定义

电子商务订单是指消费者通过电子商务平台（如网站、移动应用等）购买商品或服务时生成的交易记录。该订单包含了购买者的个人信息、所购商品或服务的详细信息、价格、支付方式、配送方式等关键数据。订单的生成通常由消费者在平台上填写相关信息并确认购买意愿。电子商务订单不仅是交易的凭证，也是后续物流、售后服务及数据分析的重要基础。

4.1.1.2　电子商务订单的特点

（1）数字化。订单是以电子数据的形式存在，依托计算机网络进行传输和存储。这种数字化特性使订单管理更加高效，便于快速检索和处理，减少了纸质文档的使用，提高了信息处理的准确性和效率。

（2）实时性。订单能够在消费者提交购买请求后立即生成，并实时传递至商家的订单管理系统。实时性确保了订单的迅速处理和跟踪，消费者可以在下单后立即收到订单确认信息，商家也能及时安排发货，提高了整体运营效率。

（3）自动化。订单的生成和处理过程高度依赖计算机系统的自动化功能，如自动确认、自动库存更新、自动生成配送指令等。自动化流程减少了人为干预，降低了出错率，提高了订单处理的速度和准确性。

（4）可追溯性。订单的每一个处理环节都会被记录，形成完整的订单处理链路。这种可追溯性不仅有助于问题的快速定位和解决，还为后续的数据分析和优化提供了可靠的基础，确保了订单处理过程的透明性和可控性。

（5）可扩展性。随着电子商务业务的增长，订单系统能够灵活扩展，以应对大量订单的高并发处理需求。这种可扩展性确保了系统在业务增长过程中的稳定性和可靠性，支持企业在市场竞争中的持续发展。

4.1.1.3　电子商务订单的重要性

（1）提供购买凭证。订单作为消费者购买行为的正式记录，确保了交易的合法性和可追溯性。消费者可以通过订单核对所购商品或服务的详细信息，保障自身权益，减少交易纠纷的发生。

（2）促进交易安全。订单详细记录了交易双方的关键信息，如商品信息、支付方式、配送地址等。这些信息在发生争议时，作为交易证据，有助于保护消费者和商家的合法权益，增强交易的安全性和可信度。

（3）便于售后服务。通过订单记录，商家能够快速获取消费者的购买信息，提供精准的售后服务，如退换货处理、售后支持等。个性化的售后服务不仅提升了客户满意度，还促进了客户忠诚度的提升，增强了品牌竞争力。

（4）支持数据分析与决策。订单数据是电商企业进行市场分析、消费者行为研究和供应链优化的重要基础。通过对订单数据的分析，企业可以优化库存管理、改进营销策略、精准定位目标客户群，提升整体运营效率和市场竞争力。

（5）优化供应链管理。订单的实时生成和处理，为供应链管理提供了及时准确的数据支持。企业能够根据订单数据进行库存调配、物流规划，确保供应链的高效运作，减少库存积压和缺货风险，提高供应链的响应速度和灵活性。

4.1.2　电子商务订单履行概述

随着电子商务的快速发展，订单履行已成为衡量电商企业竞争力的关键因素。订单履行不仅涉及从客户下单到商品交付的全过程，还涵盖了后续的售后服务和数据分析。高效的订单履行体系能够提升客户满意度，优化运营成本，增强企业市场竞争力。

4.1.2.1　订单履行的概念及过程

订单履行（Order Fulfillment）是指在客户下达订单后，企业通过一系列流程将所订购的商品或服务准确、及时地送达客户手中的过程。订单履行不仅包括商品的配送，还涉及库存管理、订单处理、包装、配送跟踪及售后服务等环节。订单履行过程如图4-2所示。

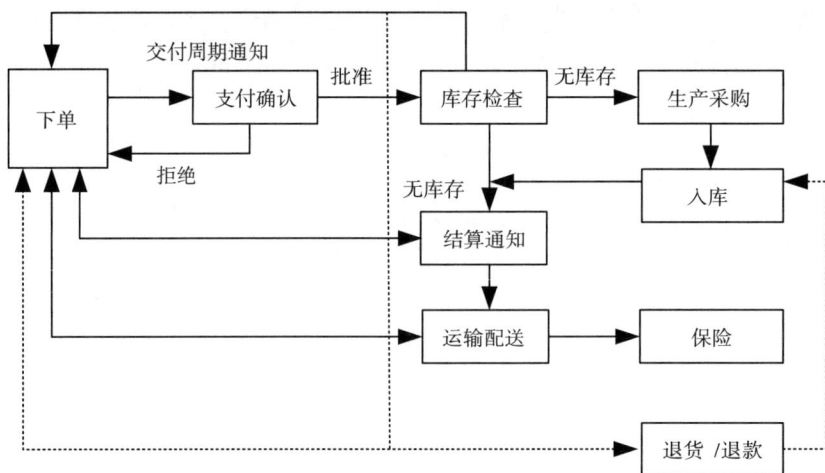

图4-2　订单履行过程

订单履行的基本流程如下。

（1）订单接收与确认。客户在电商平台下单，系统生成订单并发送确认信息给客户和相关部门。

（2）库存检查与分配。系统检查商品库存，确认库存可用后进行库存分配。

（3）订单处理与拣选。仓库根据订单信息拣选商品，并进行质量检查。

（4）包装与贴标。拣选出的商品进行包装，贴上运输标签和必要的说明。

（5）配送与运输。通过物流渠道将商品配送到客户指定地址。

（6）订单跟踪与交付。提供订单跟踪服务，确保客户随时了解配送状态。

（7）售后服务与退换货。处理客户的退换货请求，提供相关支持。

4.1.2.2　订单履行的关键要素

实现高效的订单履行，需要综合考虑以下关键要素。

（1）库存管理。库存管理是订单履行的基础，涉及库存的准确性和实时性。有效的库存管理能够确保商品充足，减少缺货和过剩库存的情况。常见的库存管理方法有：

①先进先出（FIFO）：确保库存商品按照先后顺序销售，减少库存积压和过期风险；

②安全库存：保持一定量的安全库存，以应对突发的订单高峰或供应链中断；

③库存可视化：利用库存管理系统实时监控库存水平，优化库存配置。

（2）仓储与物流。仓储与物流是订单履行的重要环节，直接影响配送速度和成本。优化仓储布局、选择合适的物流合作伙伴以及高效的运输路线规划，都是提升订单履行效率的关键。合理规划仓库内部布局，能够减少拣选时间，提高仓储效率。选择可靠的物流服务提供商，确保配送的及时性和准确性。利用智能算法优化运输路线，也能减少配送时间和运输成本。

（3）订单处理系统。订单处理系统是订单履行的核心，涉及订单的接收、处理、分配和跟踪。现代订单处理系统通常集成了库存管理、客户关系管理（CRM）和物流管理等功能，支持自动化处理和实时监控。企业利用自动化系统减少人工干预，提高订单处理速度和准确性；提供订单实时跟踪功能，提升客户体验和订单透明度；整合各类业务数据，支持全面的订单分析和决策。

（4）客户服务与售后支持。优质的客户服务和售后支持是订单履行的重要组成部分，直接影响客户满意度和品牌信誉。企业通过提供退换货、维修和咨询等服务，解决客户在使用过程中遇到的问题，还能够收集客户反馈，持续改进订单履行流程和服务质量。

4.1.2.3　订单履行面临的挑战

尽管电子商务订单履行带来了诸多机遇，但也面临着多方面的挑战。

（1）客户期望。现代消费者对订单履行的速度、准确性和服务质量有着极高的期望。延迟配送、错发商品或服务质量问题都会导致客户不满，影响企业声誉。

（2）库存管理。随着商品种类的增加和市场需求的波动，库存管理变得更加复杂。如何在保证库存充足的同时，避免库存积压，是企业面临的重大挑战。

（3）物流与运输成本。物流与运输是订单履行中最大的成本之一。高昂的运输费用和复杂的物流网络管理给企业的利润空间带来压力。

（4）技术集成与数据管理。订单履行涉及多个系统和流程的集成，技术集成和数据管理的复杂性增加。如何实现系统间的无缝对接和数据的高效利用，是企业亟须解决的问题。

（5）跨境订单履行。随着全球电商的发展，跨境订单履行变得越来越普遍。然而，跨境物流涉及多国法规、关税、运输时间等诸多因素，增加了订单履行的难度和成本。

4.1.3　电子商务订单履行与物流的关系

4.1.3.1　订单履行对物流的影响

电子商务订单履行对物流体系产生了深远的影响，主要体现在以下三个方面。

（1）订单量的激增推动物流需求增长。随着电子商务的普及，消费者的购物频率和订单量大幅增加。这种订单量的激增对物流体系提出了更高的要求：一是更多的订单意味着需要更大的仓储空间以存储商品，要求仓库管理更加高效；二是为了满足快速配送的需求，物流企业需要扩展配送网络，增加配送中心和运输路线；三是订单量的增加需要更多的物流人员进行拣选、包装和配送，以提升整体运营能力。

（2）客户期望的提升推动物流服务升级。随着消费者对购物体验的要求不断提高，物流服务必须进行相应的升级以满足客户期望。一般来说，消费者期望能够在下单后尽快收到商品，要求物流企业提供次日达、当日达等快速配送服务。准确的订单配送减少了客户的不满和退货率，提升了客户满意度。提供实时的订单追踪服务，使客户能够随时了解订单状态，增强了透明度和信任感。

（3）数字技术的应用优化物流流程。数字技术的应用为物流流程的优化提供了新的可能性，大幅提升了物流效率和订单履行的精准度。如运用大数据技术分析海量订单数据，可以进一步优化库存管理和配送路线，提升物流运营效率；应用 AI 技术进行需求预测、智能分拣和自动化仓储管理，减少人为错误，提高处理速度；利用物联网设备实时监控物流状态，提升物流透明度和响应速度。

4.1.3.2　物流对订单履行的支持

物流体系作为订单履行的重要支撑，直接影响订单处理的效率和准确性。物流对订单履行的支持主要体现在以下三个方面。

（1）仓储与库存管理。高效的仓储与库存管理是确保订单准确履行的基础。通过仓储管理系统（WMS）实时监控库存水平，确保商品的及时补充和合理分配。采用自动化设备和智能算法优化仓库布局和商品存放，提高拣选效率。运用 ABC 分类法、JIT（准时制）等策略优化库存结构，减少库存成本和缺货风险。

（2）运输与配送。高效的运输与配送网络是实现快速订单履行的关键。结合快递、同城配送、无人配送等多种方式，满足不同客户的配送需求。利用智能算法规划最优配送路线，减少运输时间和成本。通过整合各类配送资源，提升配送网络的覆盖范围和响应速度。

（3）信息系统与数据共享。信息系统的高效运行和数据的共享是实现物流与订单履行协同的基础。集成订单处理、库存管理和物流配送功能，实现订单全流程的自动化管理。通过信息共享和协同运作，优化供应链各环节的协调和配合。整合客户信息和订单数据，提升客户服务质量和个性化服务能力。

4.1.3.3　第三方物流（3PL）的角色

第三方物流（Third-Party Logistics，3PL）在电子商务订单履行与物流关系中扮演着重要角色，其专业性和灵活性为电商企业提供了强有力的支持。

近年来，随着电子商务的快速发展，3PL 行业迎来了巨大的发展机遇。根据国际物流协会（IFL）发布的数据，全球 3PL 市场规模在 2023 年已超过 1.2 万亿美元，预计未来五年将以每年 8% 的速度持续增长。3PL 不仅在仓储、运输和配送方面发挥重要作用，还在订单处理、逆向物流和供应链管理等领域提供全面服务。如亚马逊通过其 FBA 服务，允许第三方卖家将商品存储在亚马逊的仓库中，由亚马逊负责拣选、包装和配送。FBA 不仅提升了订单履行的效率和准确性，还增强了卖家的市场竞争力。通过 FBA，亚马逊实现了物流与订单履行的无缝对接，提供了高质量的客户体验，促进了平台生态的健康发展。

总之，电子商务订单履行与物流之间的紧密关系是推动现代电商发展的关键因素。订单履行对物流提出了更高的需求，促使物流体系不断优化和升级；而高效的物流体系又为订单履行提供了坚实的支持，提升了整体运营效率和客户满意度。随着数字技术的不断渗透，订单履行与物流的协同作用将进一步深化，推动电商物流向更加高效、智能和可持续的方向发展。

4.2　三种电子商务模式的订单履行

根据交易主体的不同，电子商务订单履行可以分为 B2B、B2C 和 C2C 三种模式。每种模式在订单履行的过程、复杂性及技术要求上都存在差异。

4.2.1　B2B模式的订单履行

B2B 指的是 Business to Business，即商家（泛指企业）对商家的电子商务，也就是企业与企业之间通过互联网进行产品、服务及信息的交换。通俗的说法是指进行电子商务交易的供需双方都是商家（或企业、公司），他们使用因特网技术或各种商务网络平台，完成商务交易的过程。这些过程包括：发布供求信息，订货及确认订货，支付过程及票据的签发、传送和接收，确定配送方案并监控配送过程等。

4.2.1.1 电子订单履行的复杂性

根据 2024 年商务部发布的数据显示，2023 年电子商务的销售额是 15.42 万亿元，较上年增长了 11%；另外，2023 年中国 B2B 电子商务交易规模已经突破 17 万亿元。电子商务的快速发展，也带动了电子物流（E-Logistics）的兴起，运输、仓储与物流服务的网上市场不断涌现。如果说 B2C 电子订单履行尚且是个问题，那么如此多的 B2B 商务涌上互联网，其电子订单履行又会是怎样的呢？实际上，B2B 电子订单履行既是问题又是机遇。因为 B2B 电子订单履行要比 B2C 复杂得多，迄今还没有全面的成功模式。仅以运输为例，B2B 就至少在六个方面比 B2C 更复杂：如货物的大小、发货频率的不确定性、多个分拨渠道、承运人服务范围的参差不齐、缺少能提供电子商务服务的成熟的承运人、多个电子商务交易途径。

如图 4-3 所示，由于三种新型枢纽（Hub）——中立的垂直网上市场（E-Marketplace）、销售商或采购商联盟（如 GM／Ford／Daimler—Chrysler）和运输网上市场的迅速出现，电子商务的渠道选择变得更加复杂。发货人可能混合使用多个电子渠道，也可能以某一个渠道为主。这种不确定性使许多承运人担心到底谁在控制电子商务的发货，谁得到了其中的价值，不仅是承运人，其他 B2B 子订单履行的参与者也都面临挑战。

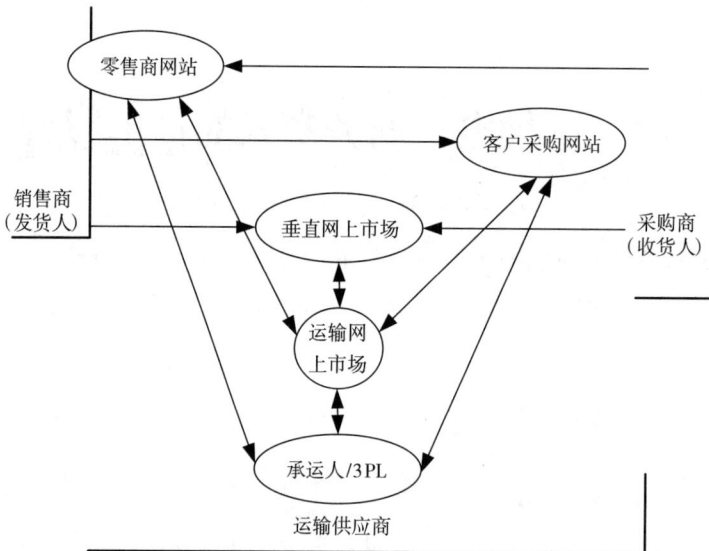

图4-3　虚拟市场的交易过程

4.2.1.2 库存分布的可视性

提供对货物整个运送过程的订单可视性是 B2B 电子订单履行的所有参与者共同

的目标。可视性一直是供应链管理的重要目标，但是还存在一些传统制度障碍。比如承运人开发出专有的货物跟踪系统，却因其没有兼容性而无法与发货人的信息系统一体化。

网络技术给可视性问题提供了更加一体化、简单化的解决方案，许多新型的物流服务提供商应运而生，他们提供的服务如下。

（1）基于互联网的可视性工具。相当于可以收集供应商、客户、承运人、货运代理、海关代理、仓库等所有供应链参与者信息的物流信息枢纽，不仅能统一跟踪每个订单的状态，而且还提供例外管理系统，迅速找到瓶颈和延迟的货物，以采取补救行动。

（2）综合解决方案。一些物流软件企业和供应链优化企业正迅速扩大服务范围，以 ASP 乃至网上市场的形式，成为综合的电子订单履行提供商。

（3）虚拟第三方物流。一些第三方物流、货运代理及新创的网络公司正成立"虚拟第三方物流"，结合基于互联网的信息能力和决策工具，为发货人提供下订单、跟踪和管理运输工作流程的"自助式"网上解决方案。

4.2.1.3　垂直网上市场正在建立"发货"按钮

电子商务的新趋势是 B2B 网上市场的迅猛发展，这些网上市场通常专注于某一专门的服务、商品或行业，为众多的供应商和采购商服务。迄今大多数市场都专注于服务，或者以包裹对象投递的产品。面向包裹的 B2B 市场，与 B2C 市场一样，可以依靠已经建立的电子过程，由快递公司来送货。

随着化工、金属、食品和农产品等行业市场数目的不断增加，订单的货物数量不断增大，对物流的需求也越来越复杂。这些市场提供一种或几种商品买卖的交易方法，从简单的供求信息发布、统一分类的商品目录发布，到拍卖和反向拍卖，以及现实的交易。通过将供应商和采购商在网上联系在一起，这些网上市场希望大幅度降低供应链成本。据估计，网上订单处理成本可比传统方式降低 70%。

尽管美国已有 600 多家垂直网上市场，但一般推测能生存下来的会少得多，而生存者必须能提供清晰的电子物流解决方案。不过迄今为止，只有少数市场将物流功能与其网站一体化，而且主要是与第三方物流合作，有的与一个合作，有的则与几个合作。实际上，专注垂直网上市场的承运人和第三方物流也是创新者和冒险者。因为这些网上市场大都是纯粹的新创企业，他们主要是希望通过物流服务迅速增加市场的交易，再通过模式转换、共同运输来提高物流效率。

4.2.1.4 B2B 业务流程与变现方式

目前中国 B2B 电商平台业务流程与主要变现方式如图 4-4 所示。

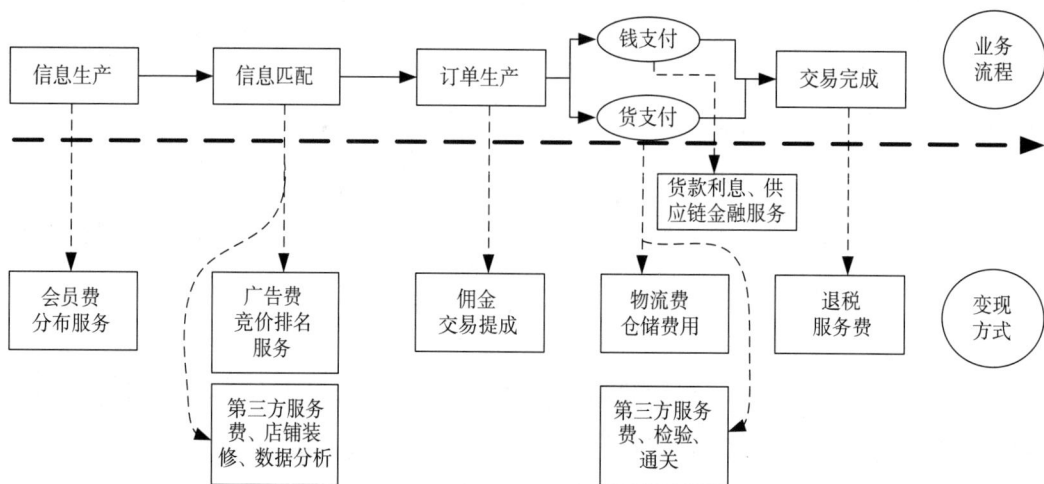

图4-4 B2B电商平台业务流程与主要变现方式

（1）会员费。企业注册为平台类电子商务企业的会员，每年交纳一定的会员费，可以享受建立商铺，发布企业资料、产品展示、商情信息及各类线下相关服务，其交易不需缴纳佣金。较为典型的平台有阿里巴巴、慧聪集团等。相对于免费会员，收费会员的服务具有许多优势，例如付费用户发布信息的数量、生动性及搜索排名优于免费用户；享受付费服务的用户能够无限制地查阅买家信息；付费用户一般均通过 B2B 电子商务平台或其他平台的诚信认证，买家与该部分卖家进行交易的风险相对较小。

（2）佣金。企业通过电子商务平台参与电子商务交易，必须注册为平台类电子商务企业的会员，每年不需要缴纳会员费，就可以享受网站提供的服务，但在买卖双方交易成功后，电子商务平台会收取一定佣金。较为典型的平台为敦煌网。

（3）广告费。网络广告是门户网站的盈利来源之一，同时也是 B2B 电子商务平台的收入来源。比较典型的广告类型有弹出广告、飘浮广告、文字广告等。

（4）线下服务。由于传统产业的特点，企业对 B2B 电商平台的服务需求不仅局限于单纯的线上买卖信息交流，而更需要线上线下全方位的企业服务。目前，B2B 电子商务平台为客户提供的较为主流的线下服务主要包括：线下会议会展服务、行业资讯服务，以及针对企业生产、销售、管理等运营流程的咨询培训服务等。

线下会议会展一般由主办方与电商平台合作开展或由电商平台作为主办方独立开展，主要盈利模式为向参会商收取参会费、展位费及推广宣传费，产业链上的上下游企业通过参加展会面对面交流，可以更好地促进交易合作。同时这种形式的展会还可以帮助参会企业及时跟进国内外行业发展形势，促进行业技术创新和技术转化。

由于电商平台接触大量企业用户，并与各类行业协会保持较好联系，有着较为深厚的产业链背景，电商平台可以向用户提供各类资讯产品，包括专业工具图书、行业分析报告、行业年鉴等。

另外，中小企业除信息服务外，对涉及企业运营的各类经营管理以及销售知识都有需求，电商平台可向用户提供关于营销、管理等方面的专业培训服务，帮助企业提高生产经营管理能力。

（5）竞价排名。竞价排名指搜索关键词排名服务，与公众搜索引擎的服务类似，卖家在一定的时间内对产品关键词进行竞价，价格越高，卖家产品信息则将出现在用户搜索该关键词结果的前列。排名处于搜索结果前列的卖家往往具有更多的点击量，并带来更多贸易的机会。在付费方式上，B2B 电子商务平台的竞价排名与公众搜索引擎可能存在差异，一般的 B2B 电子商务平台不使用"按点击量付费"的模式，而是一次性付费买断竞价位置。

（6）增值服务。企业认证、独立域名、提供行业数据分析报告、搜索引擎优化等。

（7）商务合作。包括广告联盟，政府，行业协会合作，传统媒体的合作等。

（8）按询盘付费。从事国际贸易的企业按照海外买家实际的有效询盘付费。

（9）交易费。平台类电子商务企业通过介入在线交易，将人工撮合与互联网技术有机结合，将信息流、订单流、物流、资金流通过 B2B 平台整合实现。随着 B2B 电子商务的高速发展，其内涵已从在线交易扩展到物流配送、供应链管理、线上线下融合、SaaS 服务等范畴。平台企业可以通过第三方电商收取服务费、通过自营电商业务获取折扣和差价、通过供应链管理收取相关服务费等。

4.2.2 B2C模式的订单履行

4.2.2.1 B2C 订单履行的内涵

B2C（Business-to-Consumer）订单履行是指企业将产品直接发送给最终消费者的全过程，包括订单接收、处理、分拣、包装、配送及售后服务等环节。该过程通常涉及大量订单的高效处理，确保订单准确、及时地送达客户手中。因此，B2C 订单履行的核心在于高效性和准确性，以满足消费者对配送速度和服务质量的高期望。

与 B2B（Business-to-Business）订单履行相比，B2C 订单履行更注重消费者体验和响应速度。B2B 订单通常涉及较大的订单量和更复杂的业务需求，而 B2C 订单则更多地关注单个消费者的需求和满意度。具体区别如表 4-1 所示。

表4-1　B2C与B2B订单履行对比

维度	B2C订单履行	B2B订单履行
订单规模	大量小订单	少量大订单
响应速度	高速响应，强调效率	注重精确性和专业化
SKU数量	SKU数量庞大，需高效管理	SKU数量较少，管理相对简单
客户关系	直接面对终端消费者，重视客户服务和满意度	企业间合作，重视长期稳定的合作关系
物流模式	自建物流或第三方物流，区域性配送中心为主	专业化物流服务，定制化解决方案

4.2.2.2　B2C 电子商务企业的订单履行管理系统

B2C 订单履行管理系统主要包括订单接收与处理、订单拣选、订单配送等环节，通过信息化手段实现全流程的高效管理。

（1）订单接收与处理。

订单接收：通过电子商务平台（如京东商城、淘宝等）接收消费者订单，订单信息包括接收时间、订单明细等。

订单审核：系统自动审核订单的有效性，生成正式订单，并将订单信息同步至企业 ERP 系统进行统一管理。

订单预处理：包括订单分类（按区域、路线、品类等）、波次组建，为后续的拣选和配送优化提供基础。

（2）订单拣选。

拣选策略：采用波次拣选、区域拣选等策略，提升拣选效率。

拣选技术：广泛应用 RF（射频识别）技术、DPS（分布式处理系统）等拣选工具，部分高效配送中心引入自动化输送系统和 AS/RS（自动存取系统）。

拣选流程：订单拣选包括任务生成、拆零、包运算、订单合并等步骤，确保拣选准确、快速。

（3）订单配送。

配送方式：包括自建物流和第三方物流，部分大型 B2C 企业采用自建配送体系以提升配送效率和服务质量。

配送管理：利用 TMS（运输管理系统）优化配送路线，实时跟踪配送状态，确保订单按时送达。

客户服务：订单履行管理系统支持订单状态实时更新，消费者可在线查询订单进度，提升用户体验。

（4）信息系统集成。

平台网站：消费者下单入口，实时展示商品信息和订单状态。

ERP 系统：统一管理订单信息、库存、财务等。

WMS 系统：仓库管理系统，负责库存管理、拣选、包装等。

TMS 系统：运输管理系统，优化配送路线和运输方式。

各系统通过接口互联，形成完整的信息管理体系，支持高效的订单履行流程。

4.2.2.3 B2C 电子商务订单的特点和难点

B2C 电子商务涵盖了几乎所有的传统零售行业，主要集中在 3C 电子产品、日用百货、图书、服装等领域，其中 3C 电子产品、图书和服装最为成熟。B2C 订单主要面临的难点如下。

（1）订单数量多且分布广。B2C 电子商务订单量巨大且地理分布广泛，增加了配送的复杂性和管理难度。尤其是在"双 11"等促销期间，订单数量的爆发式增长对物流系统提出了严峻的挑战。如何在高峰期保持物流系统的稳定性和高效性，是 B2C 电商面临的主要难点之一。

（2）SKU 数量庞大。B2C 配送中心的 SKU 数量远超 B2B，尤其是图书类 SKU 可达 50 万册以上，日用百货类 SKU 也需达到 10 万件至 20 万件以上。这种庞大的 SKU 数量对库存管理和拣选系统提出了极高的要求。高 SKU 数量意味着仓储空间需求大，库存管理复杂，拣选过程容易出错，进而影响订单履行的准确性和效率。

（3）响应时间短。消费者对配送时间的期望较高，通常要求 24 小时内完成本地配送，1~3 天完成外地配送。这对物流系统的效率提出了高要求，尤其是在高峰期，如何在短时间内完成大量订单的处理和配送，是 B2C 电商面临的重大挑战。

（4）订单随机性强。订单的地域和时间分布具有高度随机性，尤其是在节假日促销期间，订单量和配送需求的随机性更加明显。例如，"双 11"期间，订单量在短时间内集中爆发，导致物流系统负荷剧增，配送中心需要具备弹性应对能力，能够快速调整资源，处理突发的订单高峰。

4.2.2.4 应对 B2C 订单特点和难点的策略

（1）智能化仓储管理。智能化仓储管理是提升订单履行效率的重要手段。通过引入自动化设备和智能系统，电商企业可以实现仓储过程的自动化和智能化，减少人工操作，提高拣选和搬运的效率。

（2）大数据和人工智能应用。大数据和人工智能技术在订单履行中的应用，能够帮助电商企业预测订单量、优化库存管理和配送路径，提升订单处理的效率和准确性。

（3）多仓储布局和区域配送中心。多仓储布局和区域配送中心的建设，能够有效缩短配送距离，提升配送速度，减少配送成本。亚马逊在全球范围内建立了庞大的仓储网络，包括区域性配送中心和全球枢纽仓库。这种多仓储布局使亚马逊能够更接近消费者，缩短配送时间。

（4）优化配送路径和运输方式。通过优化配送路径和选择合适的运输方式，电商企业能够提升配送效率，降低配送成本，同时满足消费者对快速配送的需求。

（5）提升订单处理自动化水平。订单处理的自动化水平直接影响订单履行的效率和准确性。通过引入自动化设备和系统，电商企业可以减少人工操作，提高订单处理的速度和准确性。

（6）增强逆向物流管理。逆向物流的高效管理，对于提升消费者满意度和优化物流系统至关重要。通过优化逆向物流流程，电商企业能够降低退换货成本，提升客户体验。

4.2.3　C2C模式的订单履行

4.2.3.1　C2C 订单履行的内涵与重要性

C2C（Consumer-to-Consumer）模式指的是消费者与消费者之间通过在线平台进行商品交易的模式。这种模式通过提供一个虚拟市场，使得个体卖家可以直接向个体买家销售商品或服务。典型的 C2C 平台包括 eBay、淘宝网和闲鱼等。C2C 模式充分体现了互联网的去中介化特征，降低了交易成本，扩大了市场覆盖范围，极大地促进了二手交易和个性化商品的流通。

C2C 订单履行涉及从卖家接收订单到买家收到商品的全过程，包括商品的发布、订单的生成与处理、商品的包装与发货、物流配送、订单跟踪以及售后服务等环节。高效的订单履行不仅能够提升用户体验，增强平台的竞争力，还能促进交易的频繁发生，推动平台生态系统的健康发展。

4.2.3.2　C2C 电子商务企业的订单履行管理系统

C2C 订单履行管理系统主要包括订单接收与处理、商品发布与管理、物流配送、订单跟踪与售后服务等环节。以下将详细介绍这些环节及其在实际应用中的具体实现方式。

（1）订单接收与处理。C2C 订单的接收通常通过在线平台完成。买家在平台上浏览商品、下单购买，系统自动生成订单并通知卖家。卖家接收到订单后，需要及时处理订单信息，包括确认商品库存、安排发货等。

（2）商品发布与管理。卖家通过平台发布商品信息，包括商品描述、图片、价格、库存等。平台需要提供友好的商品发布界面，支持多媒体内容的上传和编辑，同时确保商品信息的真实性和准确性。

（3）物流配送。物流配送是 C2C 订单履行的核心环节，直接影响买家的购物体验和平台的信誉。大多数 C2C 平台依赖第三方物流公司进行配送，降低物流成本，提高配送效率，部分通过与多家物流企业合作，形成物流联盟，提升物流资源的整合和利用效率。

（4）订单跟踪与售后服务。订单跟踪与售后服务是提升 C2C 交易满意度的重要环节。通过提供实时的订单状态更新和完善的售后服务体系，平台能够增强用户信任，提升客户黏性。

4.2.3.3 C2C 电子商务订单的难点

（1）信任问题。信任是 C2C 交易中的核心问题。由于买卖双方多为陌生人，交易过程中存在欺诈、虚假信息和不实描述等风险。eBay 在早期通过建立反馈评价系统，鼓励买卖双方互相评价，从而建立起一定的信任机制。然而，信任问题依然是 C2C 平台面临的长期挑战。

（2）物流配送复杂。C2C 订单的物流配送较为复杂，主要体现在以下几个方面：一是多样化的配送需求。不同商品对配送方式和时间有不同的要求，例如易碎品需要特殊包装和运输方式，而大型商品则需要更为复杂的运输安排。二是分散的发货地。C2C 平台上的卖家分布广泛，物流路线复杂，难以实现统一的配送标准和效率。三是高退货率。C2C 交易中，买家退货率较高，尤其是在二手交易和个性化商品交易中，退货的物流成本和管理难度更大。

（3）库存管理难度大。C2C 平台上的卖家通常为个体卖家，缺乏专业的库存管理系统。商品库存的实时更新和管理难以实现，容易导致卖家因缺货无法及时发货或因库存积压导致商品滞销。

（4）售后服务较弱。C2C 交易中的售后服务较为薄弱，个体卖家通常缺乏系统化的售后服务体系。商品质量问题、退换货处理和客户投诉的管理成为 C2C 平台需要重点关注的方面。

（5）法律与合规问题。C2C 交易中，商品质量、安全标准和知识产权等法律问题频发。平台需要制定严格的规则和机制，确保交易符合法律法规，保护买卖双方的合法权益。

4.2.3.4　C2C 订单履行的主要技术应用及发展方向

随着技术的不断进步和用户需求的变化，C2C 订单履行系统也在不断演进。以下将探讨当前 C2C 订单履行的主要技术应用及未来的发展趋势。

（1）主要技术应用。

一是区块链技术。区块链技术在 C2C 订单履行中的应用，能够提升交易的透明度和安全性。通过区块链技术，平台可以实现订单信息的不可篡改和透明化，增强买卖双方的信任。如 eBay 正在探索区块链技术用于验证商品的真实性和来源，减少假货和欺诈行为。

二是物联网（IoT）。物联网技术在物流配送中的应用，能够实现商品的实时监控和追踪。通过在商品上安装智能标签，平台可以实时获取商品的位置和状态信息，提升物流管理的精确性。

三是人工智能（AI）与大数据分析。人工智能和大数据分析技术在订单预测、库存管理和物流优化中的应用，能够提升订单履行的智能化水平。通过分析历史订单数据和用户行为，平台可以准确预测订单需求，优化库存布局和配送路径。如闲鱼利用 AI 算法分析用户购买行为，优化推荐系统和库存管理，提升订单处理效率。

四是自动化仓储与机器人技术。自动化仓储和机器人技术在 C2C 订单履行中的应用，能够提高仓储和拣选的效率，减少人工操作的错误率。通过引入自动化设备，平台可以实现订单的快速处理和配送。

（2）发展方向。

一是智能物流系统。未来，C2C 订单履行将更加依赖智能物流系统，通过整合人工智能、物联网和大数据技术，实现物流操作的高度自动化和智能化。智能物流系统能够实时监控订单状态，优化配送路线，提升物流效率和服务质量。

二是绿色物流。随着环保意识的提升，绿色物流将成为 C2C 订单履行的重要发展方向。通过优化配送路线、采用新能源运输工具和推广环保包装材料，C2C 平台能够减少物流过程中的碳排放，推动可持续发展。

三是无人配送技术。无人配送技术，如无人机和自动驾驶配送车，将逐步应用于 C2C 订单履行中。无人配送能够提高配送效率，降低配送成本，同时扩大配送覆盖范围，特别是在偏远地区。

四是全渠道整合。随着线上线下融合的发展，C2C 订单履行将实现全渠道整合。平台将通过整合线上和线下的物流资源，实现订单的多渠道配送，提升物流系统的灵活性和响应能力，满足消费者多样化的配送需求。

五是区块链与智能合约。区块链与智能合约技术的结合，将进一步提升 C2C 订单履行的透明度和安全性。通过智能合约，平台可以自动化执行交易规则，确保交易的公平性和合规性，减少人为干预和欺诈行为。

六是增强现实（AR）技术与虚拟现实（VR）技术。增强现实技术和虚拟现实技术的应用，能够提升 C2C 平台的用户体验。通过 AR 和 VR 技术，买家可以更直观地查看和评估商品，提升购物决策的准确性，减少退货率。

4.3　数智化电子商务物流订单处理

4.3.1　数智化电子商务物流订单处理过程

订单处理是配送服务的第一个环节，也是配送服务质量得以保证的根本。其中，订单的分拣和集合是订单处理过程中的重要环节。订单处理是实现企业顾客服务目标最重要的影响因素。改善订单处理过程，缩短订单处理周期，提高订单满足率和供货的准确率，提高订单处理全程跟踪信息，可以大大提高顾客服务水平与顾客满意度，同时也能够降低库存水平，降低物流成本，使企业获得竞争优势。一般地，电子商务物流订单处理过程包括五个部分，即订单准备、订单传递、订单登录、按订单供货、订单处理状态跟踪，如图 4-5 所示。

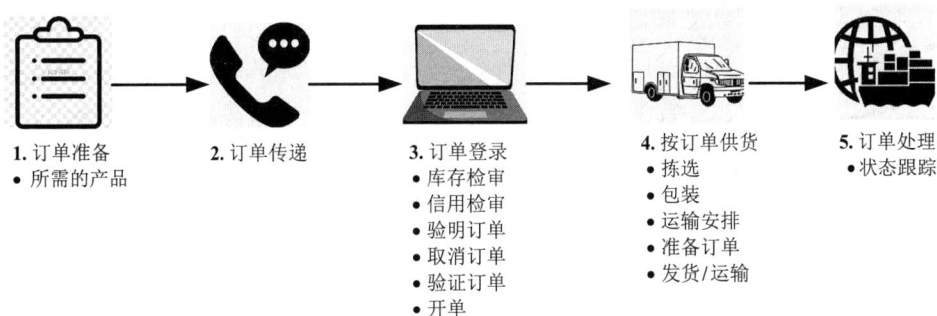

1. 订单准备
• 所需的产品

2. 订单传递

3. 订单登录
• 库存检审
• 信用检审
• 验明订单
• 取消订单
• 验证订单
• 开单

4. 按订单供货
• 拣选
• 包装
• 运输安排
• 准备订单
• 发货/运输

5. 订单处理
• 状态跟踪

图4-5　订单处理过程

4.3.1.1 订单准备及汇总

订单准备阶段是客户寻找所需产品或服务的过程。这一阶段的有效性直接影响后续订单处理的效率。数智化技术的应用可以通过以下方式优化订单准备：一是利用数据挖掘和机器学习算法，分析客户的历史购买记录和浏览行为，提供个性化的产品推荐，降低客户的搜索成本，提高客户的购买决策效率；二是通过增强现实技术，客户可以在下单前虚拟试用产品，增加购买的信心，从而提升订单转化率。

4.3.1.2 订单传递

订单传递是将客户的订货信息传递给供应商的过程。传统的订单传递方式往往存在沟通不畅、信息延迟等问题，而数智化技术的应用可以改善这些不足：一是通过EDI系统，客户的订单信息可以实时、准确地传递给供应商，减少人工输入的错误，提高订单处理速度；二是利用区块链的去中心化特性，确保订单信息的透明性和不可篡改性，增强各方参与者的信任感。

4.3.1.3 订单登录

订单登录是对接收到的订单信息进行确认和录入的过程。有效的订单登录能够及时反馈订单状态，降低后续处理的复杂性。数智化技术在这一环节的应用包括：一是通过人工智能和机器学习，自动识别和处理订单信息，减少人工审核的时间，提高订单处理的准确性；二是利用NLP技术，自动识别客户的需求，快速录入订单信息，提升订单处理效率。

4.3.1.4 按订单供货

按订单供货是基于客户需求进行备货和发货的过程。此环节的效率直接影响客户的满意度。数智化技术在此环节的应用包括：一是通过物联网（IoT）设备实时监控库存状态，自动生成补货订单，优化库存管理；二是利用机器人技术和自动化拣货系统，提高拣货的速度和准确性，降低人力成本。

4.3.1.5 订单处理状态跟踪

订单处理状态跟踪是指实时监控订单的流转状态。这一环节对客户体验至关重要。数智化技术的应用包括：一是通过GPS和条形码扫描技术，实时更新订单状态，让客户随时掌握订单的配送进度；二是建立自助服务平台，让客户能够随时查询订单状态，提升客户满意度。

4.3.2　数智化订单实时处理

4.3.2.1　交互系统界定

在数智化电子商务物流环境下，订单处理不仅涉及订单的生成与传递，还包括供货商选择和第三方物流配送中心的高效协同。数智化订单实时处理系统旨在实现电子商务运营商、供货商和第三方物流配送中心之间的无缝互动，确保订单从生成到完成的全过程高效、透明和智能化。图4-6展示了电子商务订单智能实时处理系统的多agent结构，其中包括三个主要功能模块：人机交互模块、供应商选择模块和第三方物流配送中心选择模块。在电子商务订单智能处理过程中，不同功能模块不仅实现了各子任务智能处理目标，还通过合作、协同共同完成电子商务订单智能实时处理的目标。

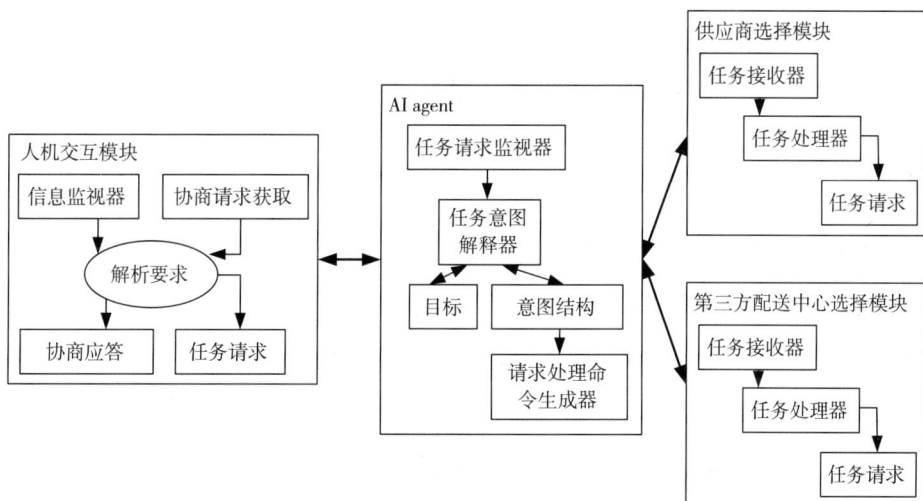

图4-6　电子商务订单处理系统

目前，供应商选择模块、第三方物流配送中心选择模块和人机交互模块的研究已经取得了显著成果。然而，这些功能模块仍然相对独立，缺乏实时交互能力。电子商务订单智能处理系统有效解决了不同模块间的实时交互问题，提供一个集成的交互支撑系统，确保订单处理过程中的各个环节能够高效协同。

4.3.2.2　功能模块的交互需求

在订单实时处理中，电子商务运营商、供货商和第三方物流配送中心作为主要参与者，各自具有不同的交互需求。这些需求主要集中在以下两个方面：一是订单处理的实时性。订单处理需要在极短的时间内完成，以满足客户对快速配送的需求；二是信息共享与独立性。各功能模块需要在保持独立操作的同时，实现信息的高效共享，以提升整体订单处理的效率和准确性。

具体而言，各功能模块的交互需求如下。

（1）人机对话模块。

实时预处理：在客户提交订单后，人机对话机器人实时解析订单内容，区分供货商和物流配送相关的信息，包括要订购的商品数量、送货时间及送货地点等。

信息传递：人机对话机器人将解析后的订单信息即时传递给供货商选择模块和第三方物流配送中心选择模块。

订单状态反馈：人机对话机器人实时获取供货商和物流配送中心的处理结果，并将订单状态反馈给客户，提升客户的信任度和满意度。

（2）供货商选择模块。

实时接收订单信息：能够实时接收人机对话模块传递过来的订单信息。

供货能力评估：根据自身的供货能力和库存状况，快速制定供货计划。

与物流配送中心协同：在制定供货计划的同时，考虑物流配送中心的配送能力，确保供货与配送的协调性。

（3）第三方物流配送中心选择模块。

实时接收订单信息：能够实时接收供货商选择模块传递过来的订单信息。

配送能力评估：根据自身的配送能力和当前的物流资源状况，快速制定配送计划。

优化配送路径：利用大数据和人工智能技术，优化配送路径，提升配送效率和降低配送成本。

4.3.2.3　电子商务订单实时处理的交互流程分析

电子商务订单实时处理的交互流程主要包括以下三个阶段：订单生成、订单处理和订单确认。图4-7展示了电子商务订单实时处理的交互流程。

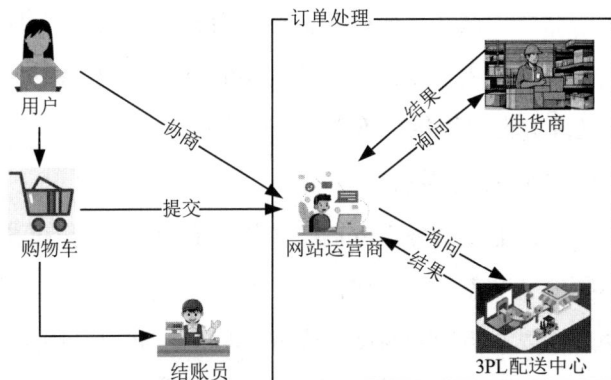

图4-7　电子商务订单实时处理的交互流程

（1）订单生成。用户通过电子商务平台选择商品并添加到购物车，确认后生成订单。订单生成后，系统将订单信息提交给人机对话模块。人机对话模块解析订单信息，并将订单分为供货商订单信息和第三方物流配送订单信息，分别传递给相应的模块进行处理。

（2）订单处理。订单处理阶段分为预选订单处理和协商订单处理两个子阶段。阶段一：预选订单处理。人机对话模块将初始订单信息同时发送给供货商选择模块和第三方物流配送中心选择模块。这两个模块并行处理订单，根据自身的能力和处理逻辑制定供货计划和配送计划，并将处理结果反馈给人机对话模块。阶段二：协商订单处理。如果预选处理阶段发现供货或配送存在问题，人机对话模块会与客户协商调整订单要求，如修改配送时间、调整商品规格等。协商后的订单信息再次发送给供货商选择模块和第三方物流配送中心选择模块，进行进一步处理和协调。

（3）订单确认。在人机对话模块与客户达成一致后，系统向供货商选择模块和第三方物流配送中心选择模块发送确认信息，确认订单的处理计划有效。供货商选择模块和第三方物流配送中心选择模块根据确认信息执行供货和配送计划，完成订单的履行。

4.3.3 数智化订单处理方法

数智化订单处理方法旨在通过智能化技术和系统优化，实现订单处理的高效、准确和智能化。主要包括实时智能处理问题和智能实时处理 Blackboard 结构两种方法。

4.3.3.1 实时智能处理问题

在电子商务环境下，订单处理的关键在于如何结合实际的物流配送安排情况，实时确定客户订单的满足程度，最终决定是否接受或调整客户订单。实时智能处理方法结合了人工处理中的经验和知识，利用数智化技术实现基于经验和规则的智能化处理。图 4-8 展示了电子商务实时智能处理的流程，主要包括获取信息、解析信息、供货点定位、第三方物流配送中心选择以及与客户协商。

（1）获取信息。系统通过电子商务平台实时获取订单信息，包括客户需求、库存状态、配送资源等关键数据。

（2）解析信息。利用自然语言处理（NLP）技术和数据分析工具，解析订单内容，提取关键信息如商品名称、数量、配送地址等。

（3）供货点定位。基于订单需求和供货商的库存状况，利用地理信息系统（GIS）和大数据分析，确定最佳供货点，优化供货安排。

（4）第三方物流配送中心选择。根据订单的配送需求和物流配送中心的实时配送能力，选择最适合的配送中心，优化配送路径和资源分配。

（5）与客户协商。当供货或配送能力无法完全满足订单要求时，系统通过智能客服与客户进行实时协商，调整订单需求，如修改配送时间、调整商品规格等，确保客户满意度。

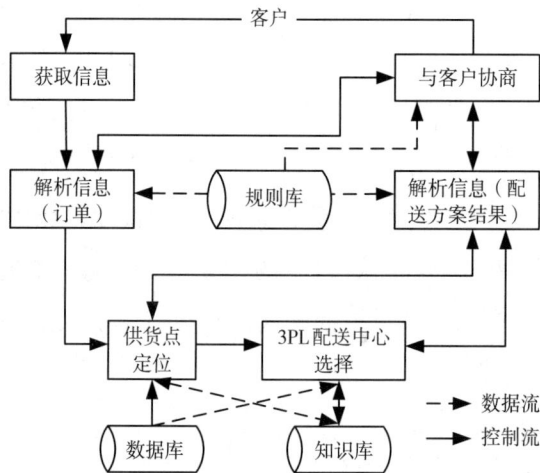

图4-8　电子商务实时智能处理的流程

每个处理任务不同，处理的方式也不同。为此电子商务订单实时智能处理需要的推理和实现方式不同，采用怎样的结构和方法组织电子商务订单实时智能处理中基于知识或规则的处理任务，是解决问题的核心。

4.3.3.2　智能实时处理 Blackboard 结构

电子商务订单的智能实时处理不仅涵盖多种复杂知识与规则的应用，还严格要求处理的时效性。结合人工智能领域的 Blackboard（黑板）结构与方法，设计并实现一个基于 Blackboard 结构的电子商务订单处理系统，该系统能够有效整合并处理人工经验与专业知识，同时确保订单处理的实时性要求得到满足。通过这一优化设计，能够更加高效地管理和执行电子商务订单的智能实时处理流程。

针对电子商务订单智能实时处理过程的 4 个关键处理以及各环节之间的关系，设计两级 Blackboard 结构如图 4-9 所示，一级 Blackboard 结构为管理和调度电子商务订单智能实时处理的 4 个子任务。在一级 Blackboard 中，获取到任务处理请求后，根据任务调度规则调度相应的任务。在处理中关键任务调度控制的设计是一级 Blackboard

处理的核心，有助于将复杂问题分解为相对简单的子问题，并控制子任务的激活和调度。

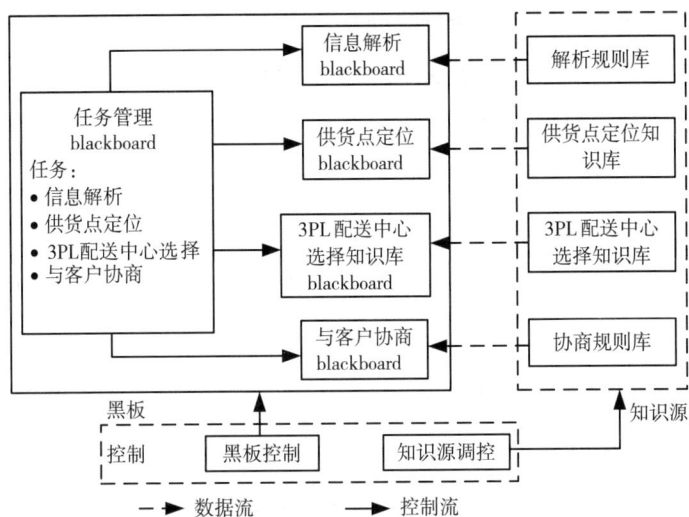

图4-9 电子商务订单智能实时处理Blackboard结构

两级 Blackboard 结构的第二级 Blackboard 结构是各子任务处理的结构，控制子任务处理中知识源的调度与任务处理过程的控制。处理的核心是控制机制中的知识源调度，用以解决子任务处理中的方法以及该方法相关的知识源的调度。

Blackboard 结构具有以下明显优势。

（1）灵活性。能够动态调度和激活不同的子任务，适应复杂多变的订单处理需求。

（2）协同性。各功能模块通过共享 Blackboard 进行信息交流，提升整体处理效率和准确性。

（3）扩展性。便于集成新的知识源和处理模块，适应未来订单处理需求的变化。

4.3.4 数智化订单实时处理的流程优化

数智化订单实时处理不仅依赖于先进的技术，还需要通过流程优化提升整体效率。以下介绍几种常见的流程优化方法。

（1）流程再造与优化。通过流程再造和优化，简化订单处理流程，消除不必要的环节，提高订单处理的效率。一方面，重新设计订单处理流程，去除冗余环节，优化流程步骤，提升整体效率。例如，整合供货商选择和物流配送选择模块，减少信息传递的中间环节。另一方面，在现有流程基础上进行细节优化，如引入自动化工具、优化任务分配等，提高流程的整体性能。

（2）订单优先级管理。通过设定订单优先级，合理分配资源，确保高优先级订单能够及时处理和配送。首先，根据订单的紧急程度、客户等级和配送要求，设定不同的订单优先级。例如，亚马逊将 Prime 会员的订单设定为高优先级，确保其订单能够优先处理和配送。其次根据订单优先级，合理分配仓储、拣选和配送资源，优化资源利用效率，提升订单处理速度。

（3）异常处理与风险管理。在订单处理过程中难免会遇到异常情况，如库存不足、配送延误等，因此要通过建立完善的异常处理和风险管理机制确保订单处理的连续性和稳定性。如利用 AI 算法监测库存水平和配送进度，及时发现缺货或延误问题。通过大数据和 AI 技术评估订单处理过程中的潜在风险，提前制定应对措施。

（4）持续改进与绩效评估。通过持续记录订单状态提供售后服务支持，如退换货处理、客户反馈等，实现订单处理流程的持续优化。采用精益管理和六西格玛等方法，不断优化订单处理流程，提升流程效率和质量。例如，通过分析订单处理数据，识别流程瓶颈，进行针对性改进。建立绩效评估体系，定期评估订单处理的效率和质量，发现问题并及时改进。一般通过 KPI 指标监控订单处理速度、准确率和客户满意度来确保订单处理的高效和优质。

【本章小结】

本章探讨了数智化电子商务物流中的订单管理与履行。首先介绍了电子商务订单的概念及其特点，包括数字化、实时性、自动化、可追溯性和可扩展性，阐述了订单在交易、安全、售后和供应链管理中的重要性。接着分析了订单履行的全过程，从订单接收与确认、库存检查、订单处理、包装与贴标，到配送与交付以及售后服务，强调了每一环节在提升客户满意度和运营效率中的关键作用。然后，探讨 B2B、B2C 和 C2C 三种模式下的订单履行特点与挑战，指出 B2C 订单履行面临的难点，并提出应对策略。最后总结了数智化技术在订单实时处理中的应用。

【课后习题】

一、单项选择题

1. 亚马逊 FBA 服务的主要宗旨是（　　）。

A. 提高仓储成本　　　　　B. 简化卖家的物流管理

C. 增加卖家的工作量　　　D. 降低商品价格

2. 以下哪项属于电子商务订单的特点（　　）。

A. 手动处理　　　　　B. 可追溯性

C. 限于本地交易　　　D. 不可扩展性

3. 在 B2C 订单履行中，（　　　）是主要的难点。

A. SKU 数量少　　　　B. 订单随机性低

C. 响应时间短　　　　D. 低物流成本

4. 第三方物流（3PL）在电子商务订单履行中主要负责（　　　）。

A. 产品设计　　　　　B. 市场营销

C. 仓储与配送　　　　D. 客户服务

5.（　　　）技术不直接应用于数智化订单实时处理。

A. 人工智能　　　　　B. 物联网

C. 区块链　　　　　　D. 传统纸质记录

二、判断题

1. 亚马逊的 FBA 服务适用于所有类型的产品。（　　　）

2. 数智化电子商务订单具有高度的实时性和自动化特征。（　　　）

3. 在 B2C 订单履行中，库存管理的复杂性较低。（　　　）

4. 第三方物流（3PL）只能提供仓储服务，不涉及配送。（　　　）

5. 区块链技术可以提升 C2C 订单履行的透明度和安全性。（　　　）

三、简答题

1. 简述电子商务订单的定义及主要特点。

2. B2B、B2C、C2C 三种模式下的订单履行有何区别与联系？

3. B2C 订单履行面临哪些主要挑战？企业可以采取哪些策略应对这些挑战？

4. 第三方物流（3PL）在电子商务订单履行中扮演什么角色？

5. 数智化技术如何优化电子商务订单的实时处理过程？

四、讨论题

2024 年 12 月，京东物流凭借其"数智化运输履约决策平台"的创新设计与技术实力，赢得了 2024 年德国 IF 产品设计奖与德国红点设计大奖。这一荣誉不仅彰显了京东物流在科技创新领域的卓越成就，也进一步体现了其在降低社会物流成本方面的持续努力。该平台融合了前沿技术，如人工智能、大数据、5G 等，旨在优化订单管理与履行流程，提升物流效率与客户满意度。调研京东数智化运输履约决策平台的技术架构，探讨该平台是如何融合人工智能、大数据、5G 等前沿技术的；进一步分析这些技术在订单接收、库存检查、订单处理、包装与贴标、配送与交付以及售后服务等各个环节发挥的作用。

【案例讨论】

沃尔玛物流履约服务全面开放：电商物流市场的新变局

作为全球零售业的巨头，沃尔玛近期宣布了一项重大决策：从2024年9月10日起，其物流履约服务（WFS，Walmart Fulfillment Services）将向所有商家全面开放。这一举措不仅将对沃尔玛自身的业务发展产生深远影响，更将重塑现有的电商物流格局。

1. 沃尔玛物流履约服务的优势与挑战

沃尔玛的物流履约服务是一项全方位物流服务，涵盖了仓储、分拣、配送以及退货等多个环节。该服务的一大亮点在于其高效率与低成本。通过引入自动化仓储系统和智能分拣技术，WFS实现了订单处理速度的大幅提升，同时显著降低了人力成本。此外，WFS通过规模化经营，进一步降低了单位商品的物流成本。

使用WFS的商家可以享受到一系列好处。首先，WFS提供的"由沃尔玛承运"标签能够显著提升产品的信誉度和转化率，进而提升商家的销售额和市场占有率。 其次，WFS提供的完善售后服务体系，如代卖家处理退货等，减轻了卖家的运营负担，提升了消费者的购物体验。

然而，WFS并非完美无缺。其一大限制在于对产品的严格要求，如产品必须能够运送到美国本土的沃尔玛履约中心、不能是易腐烂或受管制的产品、产品最大重量和长度限制等。这些条件可能将一些特殊商品排除在外，限制了WFS服务的适用范围。此外，WFS目前只能承运Walmart.com上的订单，无法支持其他平台的订单配送，这在一定程度上限制了卖家在多渠道销售中的灵活性。

2. 沃尔玛全面开放物流履约服务的背景与影响

在2024沃尔玛市场卖家峰会上，沃尔玛宣布了全面开放物流履约服务的决策。这一举措意味着，卖家将能够利用沃尔玛的仓储、交付和订单退货服务来履约在沃尔玛以外平台的订单，包括Target、Etsy，甚至亚马逊。这一战略调整无疑将对现有的电商物流格局产生深远影响。

首先，对于卖家而言，沃尔玛的WFS提供了一个具有竞争力的替代方案。特别是对于那些长期依赖亚马逊FBA服务的卖家来说，WFS的开放将为他们提供更多选择，有助于降低物流成本、提高物流效率。此外，沃尔玛还宣布将向卖家开放其承运商网络，汇集货物以进行整车运输，进一步优化卖家的物流体验。

其次，对于消费者而言，沃尔玛的WFS将带来更加便捷、高效的购物体验。通过引入自动化和智能化的物流技术，WFS将大幅提升订单处理速度和配送准确性，缩短配送时间。同时，沃尔玛还将提供多样化的配送选项，以满足不同消费者的需求。

最后，对于电商物流市场而言，沃尔玛的WFS将推动市场竞争的进一步加剧。随着沃尔玛的加入，电商物流市场的竞争格局将更加多元化，这将促使各物流服务商不断提升服务质量、降低价格，以吸引更多卖家和消费者。

3. 沃尔玛与亚马逊在物流履约服务上的竞争

作为全球零售业的两大巨头，沃尔玛和亚马逊在物流履约服务上的竞争一直备受关注。近年来，亚马逊通过不断扩大其物流履约服务（FBA）的开放范围，为全球卖家提供了强大的物流支持，推动了跨境电商行业的快速发展。而沃尔玛则通过全面开放其WFS服务，正式向亚马逊发起了挑战。

在竞争策略上，沃尔玛和亚马逊各有千秋。亚马逊凭借其庞大的物流网络和先进的物流技术，为卖家提供了高效、便捷的物流服务。同时，亚马逊还通过不断推出新的物流产品和服务，如Amazon SEND等，进一步丰富了其物流服务体系。而沃尔玛则凭借其在零售领域的深厚底蕴和强大的供应链管理能力，为卖家提供了更具竞争力的物流解决方案。特别是在价格方面，沃尔玛宣布将费率保持在比竞争对手平均低15%的水平，这一价格策略无疑将吸引大量希望降低物流成本的卖家。

然而，在竞争过程中，沃尔玛也面临着一些挑战。首先，沃尔玛需要逐步在全球范围内建立物流中心，以支持其跨境电商业务的发展。特别是在关键市场设立仓库和配送中心，缩短配送时间，提高物流效率。其次，沃尔玛需要进一步提升其物流技术的自动化和智能化水平，以应对日益增长的订单量和消费者需求。最后，沃尔玛还需要加强与优质第三方物流公司的合作关系，共同拓展物流服务的覆盖范围和效率。

4. 沃尔玛开放物流履约服务的未来展望

基于亚马逊的经验模式，沃尔玛在开放物流履约服务的过程中需要综合考虑多个方面的因素以实现其物流服务的长远发展。

首先，沃尔玛需要注重全球化与本地化的并重发展。一方面，沃尔玛需要逐步在全球范围内建立物流中心以支持其跨境电商业务的发展；另一方面，沃尔玛也需要注重本地化服务，特别是在其主要市场如美国通过提供更加贴近当地消费者需求的物流服务增强与当地消费者的连接。

其次，沃尔玛需要进一步加强高效物流系统的建设。通过投资于自动化和智能化的物流技术如自动化分拣系统、搬运机器人、智能仓储管理系统等先进技术的应用将大大提高物流处理的速度和准确性。同时沃尔玛还需提供多样化的配送选项以满足不同消费者的需求。

再次，沃尔玛需要严格把控物流服务质量并注重客户体验的提升。通过制定并执行严格的物流服务质量标准确保消费者在购物过程中获得一致且高质量的服务体验。同时建立有效的客户反馈机制及时收集并分析消费者在使用物流服务过程中的意见和建议并加以改进和优化。

最后，沃尔玛需积极与优质的第三方物流公司建立合作关系共同拓展物流服务的覆盖范围和效率。通过提升综合物流解决方案的服务水平降低卖家的运营成本和提高其客户满意度，进而吸引更多卖家加入其平台，共同打造繁荣的电商生态。

（资料来源：供应链星球公众号）

讨论：

1. 沃尔玛全面开放物流履约服务将对现有电商物流市场格局产生哪些影响？

2. 沃尔玛与亚马逊在物流履约服务上的竞争策略有何异同？

3. 沃尔玛在开放物流履约服务过程中，应如何平衡全球化与本地化、质量控制与客户体验等关键因素？

第5章
数智化电子商务运输

【学习目标】

了解电子商务运输的基本概念和特点及其在数智化背景下的演变；掌握智能运输系统的内涵、要素组成与作业流程；熟悉无人车和网络平台运输的发展现状及未来趋势。

【能力目标】

掌握智能运输系统的核心技术及其在物流运输中的应用，具备运用智能运输系统的核心技术解决实际物流问题的能力，能够结合实际设计智能运输方案。

【思政要求】

认识数智化技术在推动"一带一路"倡议下国际货物运输的便捷化、高效化中的关键作用，理解其对于促进全球经济一体化、增强国际贸易合作的重要意义。

【导入案例】

数智化运输如何助力乡村振兴

随着中国乡村振兴战略的深入推进，如何有效利用现代科技手段提升农村经济活力，成为各级政府和企业关注的重点。数智化运输作为推动农村经济发展的重要力量，正在通过先进的技术和创新的物流模式，打破地理和信息的限制，促进农产品的高效流通，提升农村居民的生活质量。贵州省凯里市作为农村物流创新的先行者，通过构建数智化运输体系，成功将本地农产品远销全国，成为乡村振兴的典型案例。

下司镇马场村位于贵州省凯里市，是当地重要的草莓生产基地。然而，过去由于交通不便和物流体系落后，草莓等易腐农产品难以顺利销往省外市场。传统的运输方式不仅效率低下，运输过程中草莓易受损坏，导致大量产品在运输途中变质，严重影响了农民的收入和农产品的市场竞争力。

为解决上述问题，凯里市依托"云仓＋服务中心＋站点＋基地＋农户"的一体化运营模式，建立了"乡村集货、云仓集单、数据互通、统仓共配"的数智化快递供应链体系。同时，积极推进农产品产地信息化冷链建设，利用先进的数智化技术，实现了农产品从采摘到配送的全程可控。

2023年4月11日，贵州银田冷链仓储有限公司的工作人员将1万公斤新鲜草莓送入冷库。通过智能系统自动设置冷库温度，确保草莓在储存和运输过程中的新鲜度。凯里中通快递公司利用冷藏、冷装、冷运技术，将草莓迅速运送至杭州等地，保证草莓在数千公里的运输过程中依旧保持鲜嫩。

公路运输是凯里市农产品运输的主要方式。数智化快递公司上线了数字化运输系统，通过智能App为司机提供最优路线，并实时监控车辆的位置、行驶速度和行程进度。4月6日，凯里韵达快递的货车司机潘茂坤利用韵达App完成车辆安检后，启动智能运输系统，将30吨贡米从凯里运输至贵阳中转站。智能系统不仅优化了运输路线，还通过大数据分析提升了运输效率和安全性。

为方便村民取货，凯里市在43个村庄的58个站点门口设置了智能快递柜。村民通过手机APP实时查看包裹状态，并在方便的时间到指定快递柜取件。铜鼓村的吴易美站点负责人介绍，通过数智化系统的支持，站点每天处理300件以上的包裹，极大地提升了物流效率和客户满意度。

凯里市商务局局长汤莉表示，凯里市围绕"构建贵州东部交通枢纽和现代物流中心"目标，构建了"畅通内外、统筹城乡、综合协调、安全高效"的综合交通运输体系。通过实现"30分钟周边、30分钟县域、30分钟镇际、30分钟镇到村"的交通发展目标，为数智化快递进村入户打下了坚实的基础。

自数智化运输体系实施以来，凯里市特色农产品网络零售额在2022年达到6亿余元。草莓和贡米等农产品成功销往广东、浙江、江苏、福建等地，2022年销售量突破1000吨。此外，数智化运输不仅促进了农产品的外销，还极大地方便了当地居民的网络购物需求。潘朝高村民表示，自从快递进村后，可以通过手机轻松购物，包裹直接寄到村里，极大地提升了生活便利性。

凯里市的成功经验表明，数智化运输系统不仅能够提升农产品的市场竞争力，还能通过优化物流流程，降低运输成本，增加农民收入，推动乡村经济的全面发展。同时，智能快递柜的推广和智能运输系统的应用，也提升了农村居民的生活质量和消费体验。

（资料来源：中国纪检监察报：数智化让快递加速跑，2023年4月17日）

思考： 数智化运输系统在乡村振兴中扮演了哪些关键角色？请结合案例进行分析。

5.1 电子商务运输概述

5.1.1 运输的概念及特点

运输（Transport）是物流的基本环节之一，也是耗时最长的一个环节，它在物流中承担着重要角色，主要通过创造空间上的位移来实现产品的价值。《物流术语》（GB/T 18354—2021）将运输的定义为："利用载运工具、设施设备及人力等运力资源，使货物在较大空间上产生位置移动的活动。其中包括集货、分配、搬运、中转、装入、卸下、分散等一系列操作。"

电子商务背景下，物流运输借助现代信息技术和互联网技术，构建货运供应企业与运输服务企业之间的信息联系与资源共享，最大程度地节约物理资源、降低运输成本。电子商务环境下的物流运输具有以下明显特点。

（1）信息化。电子商务物流运输是信息化时代的产物，客户希望能够随时掌握物流运输的动态。因此，物流运输的信息化是必须的，以确保信息传递的及时和准确。

（2）动态性。物流运输过程中，货物的位置、状态和需求都在不断变化，为了满足不同的需求，物流企业需要采用相关的智能技术，实时掌握货物的信息，调整运输计划。

（3）自动化。为了提高物流运输的效率，许多设备和操作都是自动化的。这包括货物的分拣、搬运以及配送工作，大大减少了人力的付出，并提高了物流运输的效率。

（4）网络化。电子商务物流运输依赖于网络的支持。网络化的发展是电商物流运输的主力，通过网络的力量进行业务的拓展，是现代社会中非常重要的一个方面。

（5）智能化。电商物流运输的智能化是其高级应用，涉及大量的运营和决策过程。智能化的发展使得物流运输更加优秀，提高了物流运输的现代化水平。

（6）国际化。随着全球多元化的发展，国际物流运输需求不断增加，涉及跨国贸易、通关、汇率等多个方面的问题，因此，跨国运输也是我国物流业不可忽略的方面。

这些特点共同构成了电子商务运输的独特方式，使其在现代物流运输中占有重要地位。

5.1.2　运输的功能和作用

5.1.2.1　运输的基本功能

在物流系统中，运输主要发挥着两大基本功能，即物品的空间位移与暂时储存。

（1）空间位移。物流运输最基本、最核心的就是对物品的运输，从而实现物品的空间位移活动，这个功能是物流系统中非常重要的环节。在物流运输中，空间位移功能不仅涉及运输工具的选择，运输路线的规划，还涉及运输的安全、效率、成本等因素。通过各种运输方式，确保货物能够准时到达货主需求的地方。无论是原材料、半成品、成品等，运输都是必不可少的。虽然在运输过程中不会产生新的产品，但是它可以通过实现物品的空间位移活动，改变物品的位置，实现产品的价值。

（2）暂时储存。物流运输的另一个基本功能是利用运输工具作为临时储存设施，对货物进行暂时储存。此举旨在优化供应链中的供需平衡，削减库存持有成本。物流企业通过运输途中的货物缓存策略，不仅能够有效保障运输作业的效率与安全，还极大地提升了运输作业的灵活性。具体而言，通过暂时储存，企业能够根据市场需求波动和供应链变化，灵活调整货物的运输计划。同时，通过科学规划物流设施布局与合理利用运输工具，可以进一步减少货物的在途时间，降低运输成本。

5.1.2.2　运输的作用

电子商务运输的作用主要体现在以下几个方面。

（1）确保商品交付。电子商务运输确保商品能够安全、及时地送达消费者手中，这是电子商务交易的核心环节。没有现代化的物流支持，电子商务活动将无法顺利进行。

（2）提升服务水平。物流服务水平的高低直接影响到顾客的满意度。高效的物流系统可以减少运输延误和损坏，提高客户满意度，从而增强电子商务的市场竞争力。

（3）优化资源配置。电子商务通过物流系统实现资源的优化配置，包括时间、空间和货物流动。这不仅提高了物流效率，也降低了运营成本，使资源得到最有效的利用。

（4）推动电子商务创新。随着电子商务的发展，对物流服务的需求也在不断变化，推动物流技术的创新和升级。例如，电子商务物流系统通过信息化和自动化手段，提高了订单处理的速度和准确性，满足了电子商务快速响应市场变化的需求。

（5）增强企业竞争力。良好的物流服务不仅能提升客户满意度，还能增强企业的品牌形象。通过提供超出预期的服务，企业可以在竞争激烈的市场中占据优势地位。

总之，电子商务运输不仅是商品从卖家到买家的转移过程，更是电子商务成功的关键因素之一，对提升客户满意度、优化资源配置、推动技术创新以及增强企业竞争力都有着不可或缺的作用。

5.1.3　运输的形式

5.1.3.1　铁路运输

铁路运输是指利用轨道这一工具实现对货物的搬运，是一种高效、大批量的物流运输方式。我国铁路网的分布错综复杂，是最常用的运输方式之一，它适用于长距离运输和大宗货物运输。优点是运行速度快、运输量大、运输成本低且不受天气限制；缺点是建设周期长，初期投资大、灵活性较差。

5.1.3.2　水路运输

水路运输是利用河流、湖泊、海洋等水域进行货物运输的方式。运输的货物多种多样，主要是运输大型、重型产品，进行货物的大批量运输，对于国际贸易和跨境物流具有重要意义。其优点主要是运输能力大、运输成本低；缺点是受天气因素影响较大，运行速度较慢。

5.1.3.3　航空运输

航空运输是指利用飞机等飞行器来运输货物，是一种快速、高效的物流运输方式，适用于紧急货物运输、高价值货物运输和远距离国际运输。目前，大多数物流企业为了提高运输效率都采用了航空运输，例如京东、顺丰。航空运输的优点是运输速度快、货物破损率低；缺点是受天气因素影响较大、运输量小。

5.1.3.4　公路运输

公路运输是最常见和广泛使用的物流运输方式之一。它通过道路网络将货物从一个地点送到另一个地点，主要是进行支线运输，适用于短距离、小批量的运输。货物可以使用卡车、货车、集装箱车等工具进行运输。它的优点是机动灵活，货物损耗少，投资成本低；缺点是运输能力小、运输距离短。

5.1.3.5 管道运输

管道运输是通过管道的运输工具进行运输，主要运输气体、液体等，例如我国的西气东输、南水北调，都是利用的管道运输。它的优点是运输量大，受天气因素影响较小；缺点是灵活性较差，初期投资大，建设周期长，适用性较差。

在选择运输方式时，企业为了考虑成本以及时效性，不会单一地考虑一种运输方式，而是采用多种运输方式相结合的方法，例如公路与铁路相结合、公路与水路相结合等。但是，由于公路运输的时效性，在多种运输方式共用的前提下，公路运输都是多种运输方式中的最后一个环节，从而保证了整个运输环节的顺利进行。

多式联运与联合运输从表面上来讲就是多种运输方式相互连接的运输方法。我国国家标准《物流术语》（GB/T 18354—2021）对多式联运的定义为"货物由一种运载单元装载，通过两种或两种以上运输方式连续运输，并进行相关运输物流辅助作业的运输活动"。然而，联合运输与多式联运稍加不同，联合运输也是合理运输的形式活动之一，它是将不同的运输方式（至少两种以上）、几个运输企业，或产、供、运、销部门有机地衔接起来，对全部运输过程进行合理的统筹规划。

虽然多式联运与联合运输都是多种运输工具的结合，但是它们本质上还是有区别的，如表5-1所示。

表5-1 多式联运与联合运输的区别

区别	多式联运	联合运输
运输方式的组成	至少有两种运输方式，必须包含国际运输	组合更加灵活
提单类型	多式联运单据	各自运输方式的单独提单
责任范围	多式联运经营人	各个运输阶段的责任人
运输合同的复杂性	较为复杂	相对简单
运输效率	效率更高	依赖于各种运输方式的有效衔接

5.2 智能运输

智能运输（Intelligent Transport）作为数智化电子商务物流的重要组成部分，正在深刻改变着现代物流和运输管理的方式。本节将详细阐述智能运输的内涵、特点、系统构成及其在电子商务物流中的应用。

5.2.1 智能运输的内涵及特点

5.2.1.1 智能运输的内涵

智能运输是指利用物联网、大数据、人工智能（AI）等先进技术，实现运输过程的信息化、自动化和智能化管理。智能运输系统通过实时监控、数据分析和智能决策，优化运输路线、提高运输效率、降低运输成本，并提升整体物流服务质量。其核心在于将传统运输管理模式转变为数据驱动、智能化决策的现代运输体系。

数智化运输是智能运输与数字化运输的融合与延伸。数字化运输侧重于将传统运输过程中的各项数据进行数字化处理和管理，而智能运输则在此基础上，通过先进技术实现运输过程的智能决策和优化。两者相辅相成，共同推动运输管理的现代化和智能化。

5.2.1.2 智能运输的特点

与传统运输方式相比，智能运输具有以下五大特点。

（1）实时监控与管理。通过 GPS、传感器等技术，实现对车辆、货物及运输环境的实时监控，确保运输过程的透明化和可控化。如许多物流公司通过安装车载传感器，实时监控车辆的位置、速度和温度，确保易腐货物在运输过程中的安全。

（2）数据驱动决策。利用大数据分析和 AI 算法，对历史数据和实时数据进行深度挖掘，支持科学的运输决策和路线优化。如亚马逊利用大数据分析预测配送需求，优化仓储布局和运输路线，提高配送效率。

（3）自动化操作。实现运输过程中的自动化操作，如自动调度、自动分拣、无人驾驶等，提高运输效率，降低人为错误。特斯拉的无人驾驶卡车在高速公路上实现自动驾驶，大幅提升了运输效率。

（4）互联互通。通过物联网技术，将运输过程中的各个环节和参与方进行连接，形成一个高度集成的运输生态系统。例如，菜鸟网络通过物联网技术连接仓储、运输、配送环节，实现物流信息的全流程共享。

（5）智能预测与预警。利用预测技术和智能算法，提前识别潜在风险，提供应急预警和解决方案，保障运输安全。京东物流通过大数据分析预测天气变化，提前调整运输计划，避免因恶劣天气导致的运输延误。

5.2.1.3 发展智能运输的意义

（1）提高运输效率。智能运输通过运用物联网、大数据和人工智能等技术，实现了信息的快速准确传递，使得运输计划能够更加精确和高效地执行。例如，智能调度系统通过分析历史数据、交通情况和天气预报等信息，帮助物流企业进行更为精准的路线规划和货物调度，极大地提升了配送效率和时效。

（2）提升运输安全性。智能运输采用先进的监控系统和传感器等技术，能够实时监测运输车辆和货物的状况，及时发现和解决潜在的风险，有效降低了事故的发生概率并保障了货物的安全。例如，通过物联网技术，物流企业可以实时监控运输车辆的位置和状态，从而对运输进程进行实时把控。

（3）节能环保。智能运输通过优化路线、降低车辆空载率等手段，有效减少能源的消耗，降低对环境的污染。例如，通过大数据分析技术，物流企业可以实现运输计划的优化，减少能源浪费。

（4）降低运输成本。智能运输通过自动化、可视化和可控化的管理方式，降低了人力成本和运营成本。例如，自动化仓储管理通过机器人和自动化设备实现货物的自动存取、分拣和搬运，减少人工操作，提高仓库的运作效率。

（5）提升客户满意度。智能运输装备可以实现实时的物流跟踪，客户可以实时了解自己的货物状态，从而更好地满足客户需求，提高客户的满意度。

5.2.2　智能运输系统

智能运输系统（Intelligent Transport Systems，ITS，又名智能交通系统）起源于汽车和公路交通运输的发展。早在 20 世纪 30 年代，美国通用汽车公司和福特汽车公司就倡导和推广过"现代化公路网"的构想。而 20 世纪 60 年代产生的城市路口交通控制和后来的高速公路监控系统，可以说是公路交通运输管理局部智能化的开始。随着物联网、大数据和人工智能技术的快速发展，ITC 逐渐演变为集成化、智能化的运输管理系统，广泛应用于全球各地的智能城市和智慧物流中。

5.2.2.1　智能运输系统的内涵

根据物流术语（GB/T 18354—2021），ITS 是指在较完善的交通基础设施上，将先进的科学技术（信息技术、计算机技术、数据通信技术、传感器技术、电子控制技术、自动控制理论、运筹学、人工智能等）有效地综合运用于交通运输、服务控制和车辆制造，加强车辆、道路、使用者三者之间的联系，从而形成的一种保障安全、提高效率、改善环境、节约能源的综合运输系统。ITS 与传统运输系统的比较如表 5-2 所示。

表5-2　ITS与传统运输系统的比较

特点	智能运输系统（ITS）	传统运输系统
数据采集	自动化采集，实时更新	人工记录，数据更新滞后
信息处理	数据集成，智能分析	信息孤岛，缺乏集成
决策支持	基于大数据和AI的智能决策	依赖经验和手工计算
运输调度	自动调度，响应快	手动调度，响应慢
客户服务	信息透明，客户可实时跟踪和查询	信息不透明，客户难以实时跟踪
安全管理	事前预警，实时监控	事后管理，反应迟钝

5.2.2.2　智能运输系统的组成

智能运输系统是一个复杂的综合性的系统，从系统组成的角度可分成以下一些子系统。

（1）交通信息服务系统（ATIS）。ATIS是建立在完善的信息网络基础上的。主要负责收集、处理和提供交通信息，帮助用户了解路况、天气等信息，从而做出更好的出行决策。

（2）交通管理系统（ATMS）。ATMS为交通管理者服务，负责交通信号控制、交通监控和交通规划，通过实时数据调整交通流量，提高道路使用效率，在道路、车辆和驾驶员之间提供通信联系。

（3）公共交通系统（APTS）。APTS的主要目的是采用各种智能技术促进公共运输业的发展，使公交系统实现安全便捷、经济、运量大的目标。

（4）车辆控制系统（AVCS）。AVCS的目的是开发帮助驾驶员实行本车辆控制的各种技术，从而使汽车行驶安全、高效。AVCS包括对驾驶员的警告和帮助，障碍物避免等自动驾驶技术。

（5）货运管理系统（TMS）。是以高速道路网和信息管理系统为基础，进行智能化管理的系统。综合利用卫星定位、地理信息系统、物流信息及网络技术有效组织货物运输，提高货运效率。

（6）电子收费系统（ETC）。利用计算机联网技术与银行进行后台结算处理，达到车辆通过路桥收费站不需停车而能交纳路桥费的目的。ETC可以使车道的通行能力提高3~5倍。

（7）紧急救援系统（EMS）。EMS是一个特殊的系统，通过ATIS和ATMS将交通监控中心与职业的救援机构联成有机的整体，为用户提供车辆故障现场紧急处置、现场救护、排除事故车辆等服务。

智能运输系统（ITS）由多个层次和模块组成，如图5-1所示。

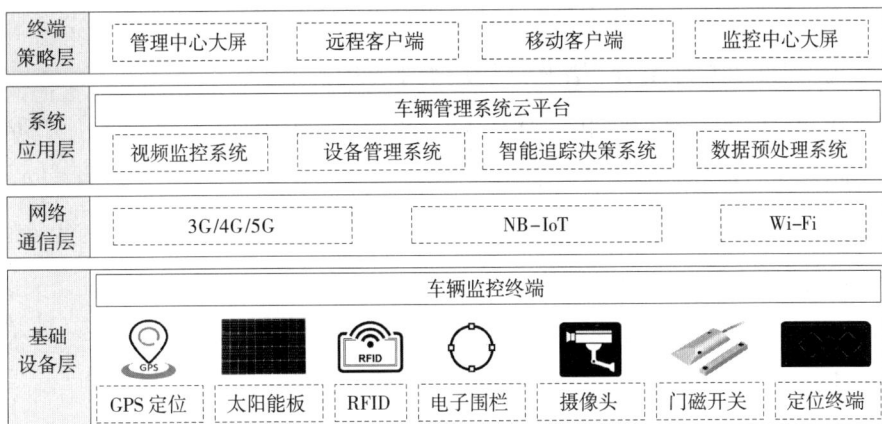

终端策略层	管理中心大屏	远程客户端	移动客户端	监控中心大屏

图5-1　智能运输系统架构

（1）基础设备层。此层级集成了各类感知设备，如传感器、GPS装置及RFID标签等，它们负责在运输流程中全面采集关键数据。例如，车辆装配的GPS设备能实时反馈车辆位置与速度信息，而传感器与RFID技术则监测货物状态及周遭环境参数，为系统提供详尽的数据基础。

（2）网络通信层。该层依赖于3G/4G/5G、NB-IoT等先进的网络技术，确保数据的即时传输与系统的无缝互联。特别是5G技术的引入，凭借其超高速的数据传输能力和极低的延迟，进一步增强了ITS的实时响应能力，为数据的即时处理与决策支持提供了坚实保障。

（3）系统应用层。借助车辆管理系统云平台与大数据中心，对采集到的数据进行存储、管理和分析，支持智能决策和优化。物流大数据可以处理海量的运输数据，进行实时分析和预测。在此基础上开发出一系列运输管理应用方式，涵盖路线优化、运输调度、车辆维护保养及客户服务等多个维度，以满足不同用户的多样化需求。

（4）终端策略层。作为与用户直接交互的界面，此层级通过管理大屏、移动应用程序、网页平台等多种渠道，为用户提供直观、便捷的监控、操作与管理工具。用户不仅能实时追踪运输状态，还能通过这些平台执行相关指令，实现对运输过程的精细化管理和个性化定制服务。

5.2.2.3　智能运输系统的功能

ITS的主要功能包括：实时跟踪车辆位置、货物状态和运输环境，确保运输过程的透明化；基于实时数据和历史数据，自动优化运输计划和路线，提高运输效率；利用大数据和AI技术，预测运输需求和潜在风险，做好应对准备；实时监控车辆状况和驾驶行为，预防交通事故和货物损失；提供实时的运输信息查询和反馈机制，提升客户满意度；通过智能管理，优化车辆和人力资源的配置，降低运营成本。

当前我国 ITS 在电子商务物流中的应用主要包括：

（1）智能仓储与运输一体化。通过智能仓储系统与 ITS 的无缝连接，实现仓储与运输的协同优化，提升整体物流效率。

（2）无人驾驶与自动配送。结合无人驾驶技术和自动配送系统，实现全自动化的最后一公里配送，满足电子商务对快速配送的需求。

（3）智能逆向物流。通过 ITS 优化退货运输过程，提高退货效率，降低退货成本，提升客户体验。

（4）个性化配送服务。基于大数据分析，提供个性化的配送方案，满足不同客户的特殊需求。

（5）绿色物流。通过优化运输路线和使用环保车辆，减少碳排放，推动绿色电子商务物流的发展。

5.2.3 智能运输作业流程

智能运输作业流程是指在智能运输系统支持下，从运输需求的产生到货物最终交付的全过程。该流程涵盖了运输计划、调度执行、运输监控、运输优化等多个环节，通过智能化手段实现高效、精准的运输管理。

5.2.3.1 运输需求生成

运输需求生成是智能运输作业的起点，包括订单生成、货物信息录入、运输要求确定等。利用电子商务平台的数据，自动生成运输需求，确保信息的准确性和实时性。一是通过自动化订单处理，系统自动获取订单信息，减少人工录入错误；二是利用大数据分析预测运输需求，提前做好运输资源的准备。

5.2.3.2 运输计划制订

在运输需求生成后，系统根据订单信息、车辆资源、运输路线等因素，制订最优的运输计划，包括路线规划、车辆分配、时间安排等。可以利用 AI 算法和实时交通数据，优化运输路线，减少运输时间和成本；根据运输需求和车辆状况，智能分配运输资源，提高资源利用率。

5.2.3.3　运输调度与执行

运输计划制定后，系统进行运输调度，指挥车辆按照计划执行运输任务，包括任务下达、司机指引、车辆导航等。系统根据实时情况（如交通拥堵、天气变化等）动态调整运输计划，确保运输任务顺利完成；同时，通过提供实时导航服务，指导司机按照最优路线行驶，提升运输效率。

5.2.3.4　运输监控与管理

在运输执行过程中，系统实时监控车辆位置、货物状态、运输环境等信息，确保运输过程的可控性和安全性。例如，系统通过 GPS、传感器等设备，实时监控运输过程中的各项数据，及时发现并解决问题；利用智能算法，识别运输过程中的异常情况（如车辆故障、货物损坏等），及时发出预警并采取应对措施。

5.2.3.5　运输数据分析与优化

运输过程完成后，系统对运输数据进行分析，评估运输过程中的各项指标，发现优化空间，提升未来的运输效率和质量。如利用大数据技术，挖掘运输过程中的关键数据，发现影响运输效率和成本的因素，并根据数据分析结果，持续优化运输流程和管理策略，实现运输管理的持续改进。

5.2.3.6　运输反馈与改进

通过客户反馈和运输数据分析，识别运输服务中的不足，制定改进措施，提升整体运输服务水平。如通过移动应用收集客户的配送体验反馈，及时调整服务策略，并根据反馈和数据分析结果，制定并实施持续改进措施，不断提升运输服务质量。

5.3　智能运输模式

5.3.1　无人车

无人车是无人驾驶汽车的简称，是一种无须人工干预，能够自主感知周边环境和进行导航的智能移动机器人。无人车主要依靠车内的以计算机系统为主的智能驾驶仪来实现无人驾驶的目的。

无人车一直受到汽车企业以及电商、快递、外卖巨头等企业的关注，成为主要研发并逐渐投入使用的运输设备。目前京东、菜鸟、百度、美团等大型互联网公司正积极推动智能无人物流车技术。特别是新型冠状病毒感染期间，京东旗下的无人配送车曾亮相武汉街头，阿里巴巴旗下的首款物流机器人"小蛮驴"也正式亮相，如图5-2和图5-3所示。

图5-2　京东智能配送机器人　　　　图5-3　阿里巴巴"小蛮驴"无人车

5.3.1.1　无人车的系统组成

无人驾驶车主要由车辆本体、线控系统、传感器、计算单元和通信系统等部分组成，无人车的系统组成如图5-4所示。

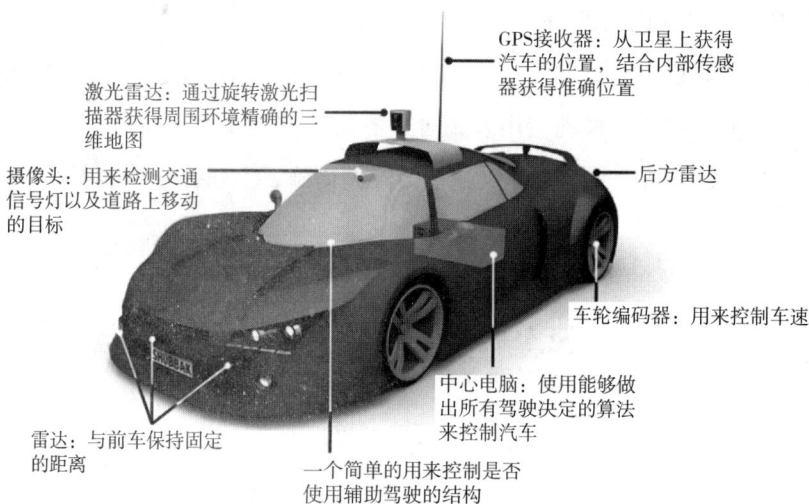

激光雷达：通过旋转激光扫描器获得周围环境精确的三维地图

摄像头：用来检测交通信号灯以及道路上移动的目标

GPS接收器：从卫星上获得汽车的位置，结合内部传感器获得准确位置

后方雷达

车轮编码器：用来控制车速

中心电脑：使用能够做出所有驾驶决定的算法来控制汽车

雷达：与前车保持固定的距离

一个简单的用来控制是否使用辅助驾驶的结构

图5-4　无人车的系统组成

（1）车辆本体。无人车的基础载体，通常为电动或混合动力车辆，具备自动驾驶所需的硬件接口和扩展能力。

（2）线控系统。替代传统的机械控制，通过电子信号实现对车辆的加速、刹车和转向控制，确保无人车的灵活操作。

（3）传感器。包括激光雷达、摄像头、毫米波雷达、超声波传感器和 IMU 等，提供全面的环境感知数据。

（4）计算单元。无人车的"大脑"，包括高性能处理器和专用 AI 芯片，负责数据处理、路径规划和决策执行。

（5）通信系统。支持车联网（V2X）通信，实现与其他车辆、交通基础设施和控制中心的数据交互，提升无人车的协同能力。

5.3.1.2　无人车的关键技术

无人车技术的快速发展依赖于多种关键技术的综合运用。根据功能模块的划分，无人车的核心技术主要包括环境感知技术、导航定位技术、路径规划技术和决策控制技术。

（1）环境感知技术。环境感知技术是无人车的"眼睛"和"耳朵"，负责对周围环境进行实时感知与分析。该技术主要通过多种传感器进行信息收集，具体包括以下途径：一是借助 GPS/IMU、激光雷达（LIDAR）、摄像头、雷达和声呐等传感设备，有效检测周围的道路、交通信号、行人及其他车辆。这些设备共同作用，实现对环境的全面感知。二是通过多种传感器的协同工作，无人车能够实现对环境信息的多维度分析。例如，视觉传感器在目标识别、道路跟踪和地图创建中发挥着不可替代的作用，而激光雷达则在距离测量和障碍物检测中具有优势。三是通过通信网络获取外部环境信息，实现对道路、车辆和停车场等信息的动态收集与更新。这种信息的实时交换为无人车的决策提供了重要支持。

（2）导航定位技术。导航定位技术是无人车确定自身地理位置的核心模块，分为自主导航和网络导航两种形式。自主导航能够在没有外部辅助的情况下独立完成导航任务，依靠本地存储的地理空间数据进行自主计算。自主导航技术通常包括以下三类：一是相对定位。主要依靠里程计、陀螺仪等内部感受传感器，通过测量无人车相对于初始位置的位移来确定无人车的当前位置。二是绝对定位。主要采用导航信标、主动或被动标识地图匹配或全球定位系统进行定位。三是组合定位。主要通过结合相对和绝对定位的方法，优化定位精度。例如，使用 GPS 结合地图匹配与惯性导航技术。网络导航主要利用无线通信网络与交通信息中心进行信息交互，实现动态导航。移动设备通过网络连接到 Web GIS 服务器，获取实时地图数据和复杂计算服务，具有存储容量无限制和计算能力强等优点。

（3）路径规划技术。路径规划是无人车实现自主驾驶的重要基础，旨在为车辆在复杂环境中找到安全、有效的行驶路线。路径规划可分为两种：一是全局路径规划。在已知地图的情况下，利用已知障碍物位置和道路边界信息，确定可行和最优的路径。全局路径规划算法通常结合优化和反馈机制，确保选择的路径是最优的。二是局部路径规划。在全局路径规划生成的可行驶区域指导下，依据传感器感知到的局部环境信息，实时决策当前前方路段的行驶轨迹。局部路径规划适用于动态变化的环境，能够快速响应突发情况。路径规划算法包括可视图法、栅格法、人工势场法、概率路标法、随机搜索树算法、粒子群算法等。这些算法各具优势，适用于不同的应用场景和需求。

（4）决策控制技术。决策控制技术是无人车的大脑，负责根据感知系统获取的信息进行判断和决策。该技术主要包含以下几个关键部分。一是决策算法。无人车在决策与控制过程中，可运用强化学习、深度神经网络（DNN）、贝叶斯网络等前沿技术。这些算法能够在复杂多变的驾驶环境中自主学习并优化决策策略，显著提升决策的精准度和灵活性。二是行为控制模型。无人车的行为控制策略可细分为反应式、反射式及综合式三种模式。反应式控制是一种闭环反馈机制，它根据车辆当前位置与目标路径的偏差动态调整方向盘转角和车速，确保车辆精准抵达目的地。反射式控制则是一种基础性的即时反应机制，专门用于快速应对行驶过程中突发的紧急情况。而综合式控制则在反应式控制的基础上融入了机器学习模块，将部分决策行为转化为基于传感器数据的即时反应行为，这种融合策略能够进一步增强系统的响应速度和决策效能，提升整体驾驶的安全性和智能化水平。

5.3.1.3　无人车在物流中的应用

随着人工智能、物联网等新兴技术的快速发展，无人车在电子商务物流领域的应用日益广泛。《"十四五"现代物流发展规划》明确提出，鼓励智慧物流技术与模式创新，无人配送逐渐成为物流领域的重要组成部分。无人车通过提升物流效率、降低人力成本、优化配送服务质量，为物流行业带来了深远变革。以下从快递配送、商超零售和物流园区三个主要场景详细探讨其应用。

场景一：无人车在快递配送中的应用。

快递配送是无人车落地应用最早、最广泛的领域之一，特别是在"最后一公里"的配送场景中，无人车的效率优势尤为显著。以下为一些成功实践案例。

顺丰采用投资与合作并行的策略，推动无人车在快递领域的应用。例如，与千挂科技及白犀牛等无人驾驶技术公司合作，在无锡、杭州等地投放无人车开展末端配送。苏州吴江中转场投放的 180 台无人车，累计派件量已超 500 万件，显著提升了派送效率，同时有效减轻了快递员的配送压力。

菜鸟推出的"小蛮驴"无人车，通过视觉感知与智能调度技术，实现了"最后三公里"高效配送服务。最新发布的L4级无人车"菜鸟GT"已在公开道路上大规模运营，单车日均派件超1500件，单件成本低至0.1元。这些技术和实践成果不仅为行业设立了标杆，也为无人车的规模化应用提供了有力支持。

京东自研第六代智能配送车已在全国30余座城市投入使用，覆盖社区、商圈等多样化场景。这些无人车依托高精度地图和智能算法，实现了自主路径规划、动态避障与高效调度，提升了用户的快递体验。

美团推出的"魔袋20"无人车具备L4级自动驾驶能力，能够一次完成多单外卖配送任务，在满足高峰需求的同时显著降低了配送成本。

场景二：无人车在商超零售中的应用。

商超零售领域对即时配送需求迫切，无人车凭借灵活性和成本优势在此场景中发挥了重要作用。以下为主要模式。

直送模式。该模式中，无人车直接面向消费者完成配送。例如，消费者在电商平台下单后，菜鸟的无人车能够快速将超市商品送至指定地址，满足即时需求。这种模式以配送速度快、用户体验好为核心竞争力。

第三方模式。这一模式适用于3~5公里范围内的短途配送。例如，达达快送联合京东物流和白犀牛，为大型超市提供无人配送生态服务，通过智能调度系统优化配送路线，降低物流成本。

平台合作模式。此模式通过联合多方资源，打造无人配送生态。例如，京东物流推出的无人配送车"领养计划"，允许配送员"领养"无人车，用于完成标准化配送任务，而配送员则专注于揽收动态订单或其他高附加值服务。该模式充分利用了无人车和人力的优势，实现了配送灵活性的提升。

京东物流推出的无人配送车领养计划，允许配送员"领养"无人车，以配合自己的工作。无人车负责标准配送工作，配送员则可进行动态揽收或其他个性化服务，进一步提升配送灵活性。

场景三：无人车在物流园区的应用。

物流园区内的运输场景具有固定线路、高频次的特点，非常适合无人车的技术应用。以下是具体实践。

短途运输。在园区内进行原材料与成品的短途运输，是无人车的重要应用场景。

例如，从仓库到生产线的物料配送，通过无人车减少人工干预，实现运输的自动化与效率提升。

物资配送。物流园区内的各类物资配送任务常需要灵活高效的解决方案。例如，苏州工业园区采用无人车执行物资配送任务，显著减少了人工调度的复杂性，同时提升了运营效率。

编队行驶运输。在一些大型园区中，无人车通过编队行驶模式完成物料运输。该模式不仅减少了人工驾驶需求，还提升了运输的安全性与稳定性。

员工接驳服务。无人车可用于园区内部的通勤服务。例如，员工从园区入口到各厂区的接驳，通过无人车提供定点定时的运输服务，既减少了内部交通压力，又提升了员工通勤的便利性。

无人车的推广与应用正在推动物流行业的深刻变革。从"最后一公里"快递配送，到商超零售即时配送，再到物流园区的智能化运输，无人车技术为提升物流效率、降低成本提供了可靠支持。随着技术成熟度提高和商业模式优化，无人车将在未来电子商务物流中占据更重要的地位。

5.3.2　网络平台运输模式

网络平台运输作为电子商务物流的重要组成部分，通过先进的技术手段和创新的商业模式，正在深刻改变传统物流行业的运作方式。随着数智化技术的不断深入，网络平台运输在提升运输效率、优化资源配置、降低运营成本等方面发挥着越来越重要的作用。

5.3.2.1　网络平台运输发展概况

网络平台运输的发展经历了从车货匹配到无车承运人试点，再到网络货运平台的演变过程。这一过程中，政策法规的逐步完善和技术手段的不断创新，推动了网络平台运输的快速发展。具体发展可分为以下三个阶段。

（1）车货匹配阶段（2014年以前）。这一阶段主要通过互联网技术实现车货信息的初步匹配，但由于缺乏有效的监管和标准化流程，市场竞争激烈，许多平台在资本的洗礼下纷纷倒闭。早期的配货平台虽然促进了信息的共享，但由于缺乏信用评价体系和交易保障，用户信任度较低，平台运营困难。

（2）无车承运人试点阶段（2016—2019年）：2016年，国家引入无车承运人的概念，并展开了为期三年的试点工作。无车承运人是以承运人身份与托运人签订运输合同，承担承运人的责任和义务。这一阶段，平台通过整合社会零散运力提高了运输效率和安全性，有效促进了货运市场的资源集约整合和行业规范发展。

（3）网络货运平台阶段（2020年至今）：2019年9月，交通运输部、国家税务总局联合印发《网络平台道路货物运输经营管理暂行办法》，标志着无车承运人正式更名为"网络平台道路货物运输经营者"（简称"网络货运平台"）。2020年，网络货运平台进入全面发展阶段，新机遇伴随着新挑战，行业洗牌再次拉开帷幕。随着政策的进一步明确和市场需求的增长，网络货运平台在技术创新、服务模式和运营效率方面取得了显著进展。

5.3.2.2　网络平台运输的内涵

网络平台运输是指在互联网环境下，利用在线平台让车主、货主直接沟通，消除运输过程中的各种中介环节的新型物流服务模式。在大数据、物联网、人工智能等信息技术的支持下，网络货运平台提升了信息检索能力与车货匹配效率，减少了因信息不对称导致的资源浪费和运输成本，提高了车辆的满载率，如图5-5所示。

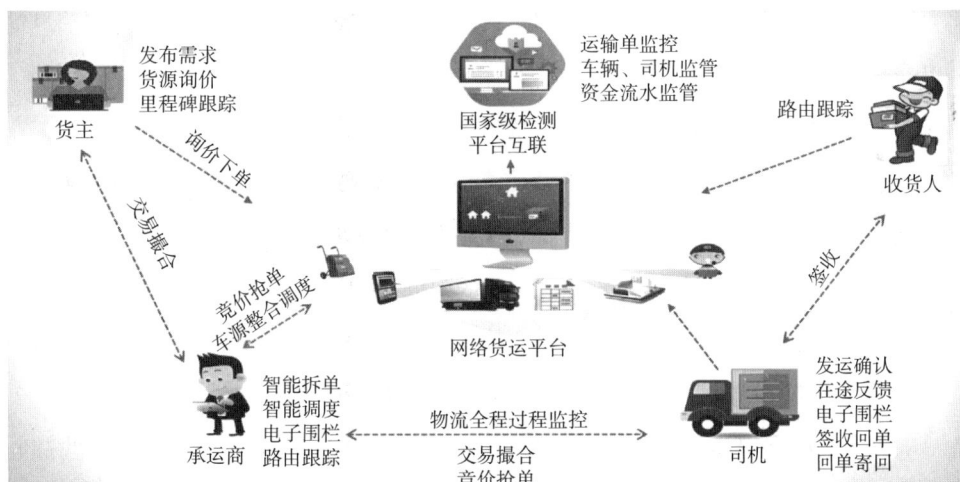

图5-5　锐特CHAINPARK网络货运平台

具体而言，网络平台运输呈现出以下两个特点。

（1）平台模式多样化。网络平台可以分为纯平台模式和线上＋线下整合模式。纯平台模式指的是仅构建一个线上平台，为车主、货主提供信息查询和匹配服务。例如，中国配货网和中国物通网等平台，通过线上系统实现车货信息的发布和匹配。线上＋线下整合模式则是在全国各地区设立服务网点，形成一个庞大的线下运力资源网络，同时开发线上App，提供全面的车货匹配服务，这种模式不仅提升了匹配效率，还增强了平台的服务覆盖面和用户黏性。

（2）功能模块完善。网络平台具备多种功能，包括业务功能、在线支付功能、货物在途管理和交易评价功能。业务功能为车主和货主提供详细的运输信息，如车辆类型、货源类型、运输路线等；在线支付功能支持多种支付方式，降低了交易风险；货物在途管理功能通过实时跟踪，确保运输过程的透明和可控；交易评价功能通过信用体系的建设，提升了平台的信任度和用户体验。

5.3.2.3　网络平台运输的作用

网络平台运输在数智化背景下发挥着多方面的重要作用，不仅满足了车主和货主对物流信息的需求，还在节省时间及成本、整合物流资源、推进节能减排等方面展现出显著的优势。

（1）满足车主、货主对物流信息的需求。车货匹配平台使货运信息透明化，极大减少了因信息不匹配导致的资源浪费和运输成本居高不下的现象。通过智能化匹配算法，车辆与货物可以实现高效匹配，车主与货主在最短时间内取得联系，达成交易。据统计，截至 2023 年 12 月底，全国共有 3069 家网络货运企业，全国网络货运平台整合运力达 798.9 万辆车，驾驶员数量达到 647.6 万人，极大满足了市场对物流信息的需求，提升了整体物流效率。

（2）节省供需双方时间及成本。车货匹配平台实现了运输过程的去中介化，车主和货主无须再依赖中介寻找合适的货源或车源，节省了大量中介费用。平台通过规范车货配载市场的收费标准和行为，降低了交易成本。同时，车主和货主通过平台发布信息，在线沟通匹配，减少了人工寻找资源的时间成本和人力成本，提高了经济效益。有数据显示，数智化转型后的网络货运平台帮助物流企业实现了显著的降本增效，成为行业内的重要竞争优势。

（3）整合物流资源。网络平台运输促使车源企业和货源企业专注于各自的核心业务，通过新技术实现智能匹配，降低了运营成本。平台整合了社会零散运力，形成了一个规模庞大的运力池，为物流企业提供了稳定而优质的运输资源。数智化转型的网络货运平台，如车满满，通过打造高效的车货匹配平台和构建企业运力池，帮助物流企业优化资源配置，提升了整体运营效率。此外，平台还提供增值服务，如电子发票、运输跟踪等，进一步提升了平台的综合效益。

（4）推进节能减排，改善环境。通过网络平台的高效匹配，车货供需双方能够在最短时间内实现成功匹配，优化了交通运输资源的配置，降低了车辆的空载率。据统计，优化配置后的运输效率提升显著，车辆空载率下降，有助于节能减排。例如，车满满等网络货运平台通过实时数据分析和智能调度，有效减少了车辆的空驶和等待时间，降低了燃油消耗和碳排放，为环境保护做出了积极贡献。

（5）推动数智化转型，实现智能物流。网络平台运输是物流行业数智化转型的重要驱动力。通过大数据、人工智能和物联网技术，网络平台能够实现对运输过程的全面监控和智能调度，提高了物流运营的智能化水平。例如，车满满利用数智化技术，帮助物流企业整合货源和运力，支持多场景的运营模式，如抢单、竞价和派单，满足不同客户的需求。此外，平台通过车辆轨迹采集和实时监控，实现了运输过程的全程可视化，提升了运输管理的透明度和效率。

5.3.2.4　网络平台运输的未来发展趋势

数智化技术将继续引领网络货运平台的发展，推动物流行业的全面变革。

（1）持续降本增效。数智化技术的深入应用，将进一步提高车辆利用效率，预计未来网络货运车辆利用率将提升至60%以上。通过精准的车货匹配和智能算法，降低车辆空驶率，实现运输成本的进一步下降。同时，数字化管理将持续降低人力和仓储成本，提升整体经济效益。

（2）创新服务模式。网络货运平台将不断创新服务模式，满足客户多样化的需求。例如，拓展多式联运服务，整合多种运输方式，提供综合物流解决方案；加强司机增值服务，提升平台的吸引力和用户黏性；创新金融服务，提供便捷的融资渠道，提升资金使用效率。

（3）推动行业规范与智能化发展。数智化技术将促进物流行业的规范化和智能化发展。通过建立完善的信用体系和监管机制，规范市场秩序，提高行业整体素质。同时，利用人工智能、大数据和物联网技术，实现物流操作的自动化和智能化，提升物流效率和服务质量。此外，数智化技术还将推动绿色物流的发展，通过优化运输路线和推广新能源车辆，促进物流行业的可持续发展。

5.3.2.5　网络货运数字化的具体应用——以车满满为例

网络货运作为数智化电子商务物流的重要组成部分，通过数字化技术的广泛应用，显著提升了运输效率、降低了运营成本，并推动了物流行业的智能化转型。下面以车满满为例，深入探讨其在网络货运数字化方面的具体应用。

（1）车满满简介。车满满成立于2015年，是中国领先的网络货运平台之一，专注于通过数字化技术优化公路货运服务，如图5-6所示。

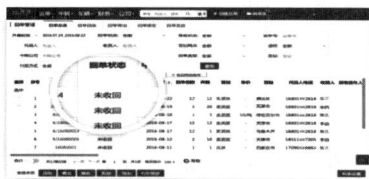

图5-6　车满满网络货运平台界面

车满满通过整合社会运力资源，提供高效、透明的车货匹配服务，致力于解决传统货运行业"小、散、乱"的痛点。平台依托先进的物联网、大数据、人工智能（AI）和区块链技术，构建了一个智能化的物流生态系统。车满满不仅为托运人和承运人提供了便捷的服务，还通过持续的技术创新，推动了物流行业的数字化转型，实现了显著的降本增效。

（2）车满满网络货运数字化技术应用。在数智化技术的推动下，车满满在网络货运平台的数字化应用方面取得了显著成效。其具体应用主要体现在大数据智能处理与存储、运力供需端智能匹配、运输可视化管理以及区块链技术的融合等方面。以下将详细论述这些技术的应用原理及其在车满满平台上的具体实现。

第一，大数据智能处理与存储。大数据智能处理与存储技术通过收集、存储和分析海量的运输数据，实现对物流各节点信息的全面数字化嵌入。车满满利用云计算和5G技术，对海量货运数据进行实时处理和智能分析，以支持业务和财务管理的高效运作。车满满严格按照相关法律法规，记录并保存用户注册信息、身份认证信息、交易信息等数据，确保数据的真实性、规范性和完整性。平台通过建立大数据中心，利用机器学习算法对运输数据进行深度挖掘，实现智能预测和决策支持。例如，车满满通过分析历史运输数据和实时交通信息，优化运输路线，减少运输时间和成本。采用大数据智能处理与存储的车满满平台，业务和财务管理的响应速度提高了50%以上，显著提升了经济效益。通过精准的数据分析，车满满能够实现更高效的资源配置和成本控制，为物流企业带来强大的竞争优势。

第二，运力供需端智能匹配。运力供需端智能匹配技术依托人工智能算法，通过对托运人和承运人需求的深度分析，实现高效的车货匹配和运输调度。车满满打造的"物流大脑"利用大数据分析，结合实时运输数据，规划最优运输路线，提升运输效率。车满满平台根据托运人发布的货源信息和承运人提供的运力资源，运用AI算法进行智能匹配。平台综合考虑运输路线、车辆状态、驾驶员资质等多维度因素，自动匹配最合适的承运人，并进行专业化的运输管理。例如，在高峰期，车满满通过预测订单需求，提前调配运力资源，确保运输任务的及时完成。智能匹配和调度系统的应用，使车满满平台的车货匹配效率提高了40%，运输成本降低了25%。同时，平台通过综合指标筛选最优匹配承运人，保障了运输服务的高质量和可靠性，提升了客户满意度和平台信誉。

第三，运输可视化管理。运输可视化管理技术通过物联网设备和无线通信技术，实现运输全过程的信息采集和实时监控。车满满利用多维度数据，如货物状态、温度、车辆行驶轨迹等，构建可视化的运输管理系统，提升运输安全和效率。车满满平台在车辆上安装传感器和GPS设备，实时采集货物状态和车辆行驶数据。这些数据通过无线通信技术上传至云端，形成全面的运输可视化管理体系。平台通过数据可视化工具，展示运输过程中的关键指标和异常情况，实时监控运输安全。例如，若货物温度异常，平台会立即发出预警，并提供相应的解决方案。运输可视化管理的实施，使车满满平台能够及时发现并处理运输过程中的异常情况，降低了货物丢失和损坏的风险。通过实时监控和预警系统，运输安全保障水平提高了30%，运输效率提升了20%。

第四，区块链技术的融合。区块链技术以其去中心化、数据不可篡改和透明共享的特性，增强了网络货运平台的数据安全性和透明度。车满满通过区块链技术，实现多方协同治理和数据共享，解决物流金融等融资难题。车满满平台利用区块链技术，建立了一个安全可信的数据共享机制。平台将货主、承运人、金融机构等多方的数据上链，确保数据在共享过程中的安全性和透明度。通过加密技术和哈希值存证，车满满实现了"数据可用但不可见"的共享效果，防止数据被篡改。例如，平台上的每一笔交易记录都被记录在区块链上，确保交易的透明和可追溯。区块链技术的应用，增强了车满满平台的数据安全性和透明度，提升了用户对平台的信任度。同时，通过区块链实现的多方协同治理，解决了物流金融中的融资难题，促进了跨平台货主及运力资源的共享。平台的信用体系和数据透明化，进一步推动了行业的规范化发展。

车满满作为中国领先的网络货运平台，通过大数据智能处理与存储、运力供需端智能匹配、运输可视化管理和区块链技术的融合，充分展示了网络货运数字化的具体应用。这些数智化技术的应用，不仅提升了运输效率，降低了运营成本，还增强了运输安全和数据透明度，推动了物流行业的智能化和信息化转型。

5.4 大数据在国际货物运输中的应用

在信息化与全球化的深度交织中，大数据作为新一轮科技革命的核心驱动，为国际货物运输提供了全新的发展视角与技术路径。随着"一带一路"倡议的推进，数智化转型加快国际货物运输业务正向高效化、智能化和协同化迈进。

5.4.1 我国国际货物运输发展现状

近年来，我国国际货物运输行业在政策、技术与市场的多重推动下，取得了显著的成就，为全球供应链网络的稳定运行提供了有力保障。主要表现如下。

5.4.1.1 基础设施建设加速推进

在"一带一路"倡议的推动下，我国积极参与沿线国家的基础设施建设，形成了海陆空全方位、多层次的国际运输网络。这些基础设施的完善，不仅提升了货物运输的效率和安全性，还促进了区域经济的协调发展。例如，中欧班列已通达欧洲24个国家的196个城市，运输效率和时效性显著提升，为区域经济发展注入了新动能；国际航线覆盖60余个国家，水路运输航线辐射100多个国家和地区，为多元化的国际物流服务奠定了坚实基础。

5.4.1.2 物流服务水平全面提升

随着国际贸易的增长，物流服务需求日益多样化和高端化。在智能化技术的支撑下，我国物流企业通过精准运输管理和高效配送体系，不断优化客户体验。例如，信息化平台的使用实现物流数据实时共享，提高了供应链透明度。另外，无人驾驶车辆、智能仓储、机器人分拣等技术的应用提升了供应链效率并降低成本，使我国国际货运在时效性和可靠性方面取得了显著进步。

5.4.1.3　国际合作与政策支持力度加强

政府在政策层面大力支持国际货物运输的发展，通过优化通关流程、简化行政审批和提供财政支持，营造了良好的发展环境。如"十四五"规划明确提出中欧班列集结中心建设与中韩陆海联运效率提升，进一步拓展"一带一路"沿线国家的物流网络。"一带一路"沿线国家通关流程优化与跨国合作协议的签订，为国内企业参与国际货运提供了更多便利，进一步促进了国际货运网络的拓展和深化。

5.4.2　数智化背景下我国国际货物运输发展存在的问题

尽管取得了诸多进展，我国国际货物运输业在数智化转型中仍面临以下挑战。

5.4.2.1　行业数据共享机制不完善

当前，运输管理部门、物流企业以及上下游产业链之间缺乏有效的数据共享协作机制，导致信息孤岛现象严重。不同企业之间的数据难以互通，数据共享的缺失不仅增加了企业管理成本，还制约了整体行业效率的提升。例如，货运代理企业无法及时获取港口的实时数据，导致船舶调度不够科学，运输效率低下。

5.4.2.2　大数据标准规范体系尚未形成

在信息采集过程中，企业的数据采集标准不统一，导致数据难以有效衔接，甚至出现数据重复或缺失的情况。这不仅影响了数据分析的准确性和全面性，也制约了大数据在物流管理中的应用。此外，大数据的商业价值高，数据安全和隐私保护问题亟待解决，不法分子可能通过非法手段获取敏感数据，带来安全隐患。

5.4.2.3　企业对大数据技术重视不足

尽管大数据技术在物流管理中的应用潜力巨大，但许多中小型物流企业在信息化管理方面仍处于基础阶段，对大数据的应用和挖掘意识不足。缺乏对大数据技术的投资和应用，直接导致企业在国际竞争中处于不利地位，难以实现与国际先进企业的接轨。

5.4.3　大数据技术在国际货运中的应用

针对上述问题，大数据技术的应用为我国国际货运行业提供了有效的解决思路，推动行业迈向智能化、精细化和高效化。

5.4.3.1 建立数据共享平台，促进信息互通

通过建立统一的数据共享平台，整合政府部门、物流企业以及上下游产业链的数据资源，实现数据的互联互通和共享，不仅可以打破信息孤岛，提高数据利用率，还能通过数据的集中管理和分析，提升运输管理的科学性和准确性。如港口数据共享平台可以实时提供船舶到港信息、货物装卸情况和港口设备运行状态，帮助货运代理企业优化船舶调度和货物配送，提高港口运营效率。

5.4.3.2 引入大数据分析，优化运输决策

利用大数据分析技术，对运输过程中的各类数据进行深度挖掘和分析，支持科学决策。通过对历史运输数据、实时物流数据和市场行情的分析，可以预测运输需求、优化运输路线和调配运输资源。例如，结合天气数据和交通状况，可以动态调整运输路线，避免运输延误和资源浪费；通过对客户订单数据的分析，可以精准预测货运需求，合理安排运输计划，提升服务水平。

5.4.3.3 实现智能化运输管理，提升运营效率

大数据技术与物联网（IoT）、人工智能（AI）等技术的结合，可以实现智能化的运输管理。通过实时监控运输车辆和货物的位置、状态和环境条件，及时发现和解决运输过程中出现的问题，提高运输过程的透明度和可控性；利用 GPS 和传感器技术，实时跟踪货物运输状态，确保货物安全和运输时效；通过大数据分析，优化车辆调度和运输路径，降低运输成本，提高运营效率。

5.4.3.4 加强大数据安全管理，保障行业运行稳定

在大数据应用过程中，数据安全和隐私保护至关重要。通过建立完善的数据安全管理体系，采用先进的加密技术和访问控制机制，确保数据在采集、传输和存储过程中的安全性。此外，制定严格的数据使用规范和隐私保护政策，防止数据泄露和滥用，保障企业和客户的合法权益。如建立数据加密传输通道，确保运输过程中的敏感数据不被非法获取；通过权限管理，控制不同部门和人员对数据的访问权限，防止内部数据泄露。

5.4.3.5 制定行业标准，规范大数据应用

建立和完善大数据应用的行业标准和规范，确保数据采集、处理和应用的统一性和规范性。通过制定统一的数据格式、数据接口和数据质量标准，确保不同系统之间的数据能够无缝对接和互操作。同时，制定大数据应用的技术标准和安全规范，指导企业在大数据应用过程中遵循科学的方法和安全原则，提升整个行业的技术水平和安

全保障能力。通过制定统一的物流数据交换标准，确保不同物流企业之间的数据能够高效共享和利用；建立大数据安全评估体系，对企业的大数据应用进行安全评估和认证，保障数据应用的安全性和可靠性。

通过以上分析可见，大数据技术不仅是解决当前国际货运难题的关键工具，更是推动我国国际物流行业高效化、智能化发展的重要引擎。未来，通过政策支持、技术创新和人才培养的多维度推进，我国将在全球物流领域占据更加重要的地位。

【本章小结】

本章首先介绍了电子商务运输的基本概念和特点，包括信息化、动态性、自动化、网络化、智能化和国际化。接着阐述了运输的基本功能和运输在电子商务中的重要作用。随后介绍了不同运输形式，并讨论了多式联运与联合运输的区别。在此基础上，详细介绍了智能运输的内涵、特点、系统构成及其在电子商务物流中的应用。最后介绍了无人车和网络平台运输两种智能运输模式的发展现状及未来发展趋势。通过本章的学习，读者可以全面了解数智化电子商务运输的基本理论和实践应用，掌握智能运输系统的关键技术和操作流程。

【课后习题】

一、单项选择题

1. 运输的基本功能不包括（　　　　）。

A. 空间位移　　　　B. 暂时储存　　　　C. 产品制造　　　　D. 运输调度

2.（　　　　）方式最适合长距离大宗货物运输。

A. 铁路运输　　　　B. 水路运输　　　　C. 航空运输　　　　D. 公路运输

3. 智能运输系统的核心技术不包括（　　　　）。

A. 物联网　　　　B. 大数据　　　　C. 人工智能　　　　D. 传统手工操作

4. 无人车的关键技术不包括（　　　　）。

A. 环境感知技术　　　　　　　　　B. 导航定位技术

C. 路径规划技术　　　　　　　　　D. 人工驾驶技术

5. 网络平台运输的主要作用不包括（　　　　）。

A. 满足车主、货主对物流信息的需求

B. 节省供需双方时间及成本

C. 整合物流资源

D. 提高产品制造效率

6.（　　）不是运输可视化管理的关键。

A. 物联网设备　　　　B. 无线通信技术　　　　C. 大数据分析　　　　D. 人工调度

7. 大数据在国际货物运输中的应用不包括（　　）。

A. 建立数据共享平台　　　　　　B. 引入大数据分析

C. 实现智能化运输管理　　　　　D. 提高产品制造效率

8.（　　）形式受天气因素影响最大。

A. 铁路运输　　　　B. 水路运输　　　　C. 航空运输　　　　D. 公路运输

二、判断题

1. 电子商务运输的特点之一是信息化。（　　　　）

2. 运输的基本功能包括空间位移和暂时储存。（　　　　）

3. 智能运输系统通过物联网技术实现运输过程的自动化。（　　　　）

4. 无人车技术可以完全替代人工驾驶。（　　　　）

5. 网络平台运输可以节省供需双方的时间及成本。（　　　　）

6. 大数据技术在国际货物运输中主要用于提高产品制造效率。（　　　　）

三、简答题

1. 简述电子商务运输的主要特点。

2. 运输的基本功能有哪些？

3. 智能运输系统的核心技术是什么？

4. 无人车在电子商务物流中的主要应用场景有哪些？

5. 网络平台运输的主要作用是什么？

四、讨论题

"一带一路"倡议促进了沿线国家的经济合作与互联互通，其中电子商务运输作为连接各国市场的重要纽带，发挥着至关重要的作用。然而，在跨国运输过程中，面临着诸多挑战，如高昂的运输成本、物流信息不对称、运输安全风险等。智能运输系统为解决这些问题提供了新的思路和手段。请通过调研，分析"一带一路"沿线国家在电子商务运输方面的合作现状、面临的主要挑战，探讨智能运输系统在"一带一路"电子商务物流中的应用与优势。

【案例讨论】

网络货运大数据如何助力企业实现数智化运输

随着大数据技术的飞速发展，物流行业迎来了前所未有的变革机遇。物流各环节如运输、仓储、装卸、搬运和包装等都会产生大量的数据，如何有效利用这些数据成为推动智慧物流发展的关键。

网络货运平台作为连接货主与货车司机的重要桥梁，其核心任务是实现车货的高效匹配。然而，当前网络货运平台普遍面临匹配效率低和匹配智能化程度低的问题。通过大数据技术的应用，这些问题正逐步得到解决，从而助力企业实现数智化运输，提高物流效率，降低运营成本。

1. 车货匹配平台面临的主要问题

（1）车货匹配效率低。货主和司机在寻找合适的合作对象时，往往需要通过翻阅、比较多个交易对象，耗费大量时间和精力。这种低效的匹配过程不仅影响用户体验，还降低了平台的使用频率。

（2）车货匹配模式智能化程度低。目前大多数车货匹配 App 的智能匹配功能较为简易，无法精准捕捉和响应用户的个性化需求。平台通常依赖用户手动筛选或简单的条件筛选，缺乏深度的数据分析和智能推荐，导致匹配结果的准确性和满意度不高。

2. 大数据如何变革车货匹配

（1）优化匹配算法。通过大数据分析，平台能够处理海量的订单和车辆数据，利用机器学习和人工智能技术，实时优化匹配算法，实现车货的精准匹配。这不仅提高了匹配效率，还能根据历史数据和实时需求，动态调整匹配策略，满足不同用户的个性化需求。

（2）智能运输路线规划。数字货运平台利用大数据技术对运输路线进行优化，结合交通状况、天气信息和车辆特性，制定最优的配送路径。这不仅缩短了运输时间，还有效降低了运输成本和能源消耗，提升了整体运输效率。

（3）行为预测与风险管理。大数据分析能够预测司机和货主的行为模式，识别潜在的风险和异常情况。通过对历史数据的分析，平台可以提前预警，及时调整运输计划，减少运输过程中的问题发生，提高物流系统的稳定性和可靠性。

3. 大数据构建的可视化平台

（1）实时监控与预警。构建大数据可视化平台，实现对车辆调度、库存状态和运输过程的实时监控。通过仪表盘展示关键指标，及时发现和处理异常情况，确保物流运作的顺畅和高效。

（2）全流程数据整合。网络货运平台整合来自供应链上下游的各种数据，包括订单信息、运输状态、车辆位置等，实现信息的全面互通和共享。通过数据的集中管理和分析，提升供应链的协同效率和响应速度。

（3）个性化服务与决策支持。大数据平台为企业提供个性化的物流方案和智能决策支持。通过数据分析，平台能够为不同企业和用户量身定制运输解决方案，优化资源配置，提升服务质量和客户满意度。

讨论：

1. 数智化运输系统在优化车货匹配效率方面有哪些具体的技术应用？

2. 在数智化运输体系中，企业可能面临哪些数据安全和隐私保护的挑战？应如何应对这些挑战？

3. 数智化运输系统如何促进物流行业的可持续发展？

第6章
数智化电子商务仓储

【学习目标】

了解电子商务仓储的概念、核心功能以及不同电子商务仓储模式的特点及适用场景；理解数智化仓储的基本概念、发展现状及未来趋势；熟悉数智化仓储系统的组成、功能及核心技术。

【能力目标】

掌握优化数智化仓储系统的基本流程和管理方法，能够根据业务需求设计合理的数智化仓储系统架构，能够运用相关技术工具（如WMS系统、大数据分析）进行仓储管理和系统决策。

【思政要求】

认识数智化仓储在国家现代化物流体系中的核心地位，以及对提升物流效率、降低物流成本、增强国家竞争力的重要作用，树立服务国家经济发展的责任感和使命感。

【导入案例】

中国智慧仓储物流的现状与未来

仓储物流作为物流行业的重要组成部分，在全球经济一体化和供应链管理的大背景下，已经从传统的人工仓储逐步演变为基于现代信息管理系统的智慧仓储。智慧仓储不仅提升了物流效率，还通过自动化和智能化技术降低了运营成本，成为现代物流体系中的关键环节。

1. 中国智慧仓储物流的发展现状

（1）市场前景广阔。中国仓储物流的快速发展主要得益于电子商务的迅猛增长。根据国家邮政局的数据，2021年全国快递服务企业业务量累计完成1083.0亿件，同比增长29.9%，业务收入累计完成10332.3亿元，同比增长17.5%。电商行业占据了仓储物流市场的最大份额，租赁仓储物流面积占比高达55%，其次是第三方物流，占比38%，制造业仅占7%。

从智能仓储市场规模来看，受益于物流行业规模的迅速增长和仓储环节降本增效的需求，市场规模从2017年的712.5亿元增至2021年的1145.5亿元，年复合增长率（CAGR）达12.6%，预计2026年智能仓储物流市场规模将达到2665亿元（图6-1），显示出国内市场的巨大潜力。

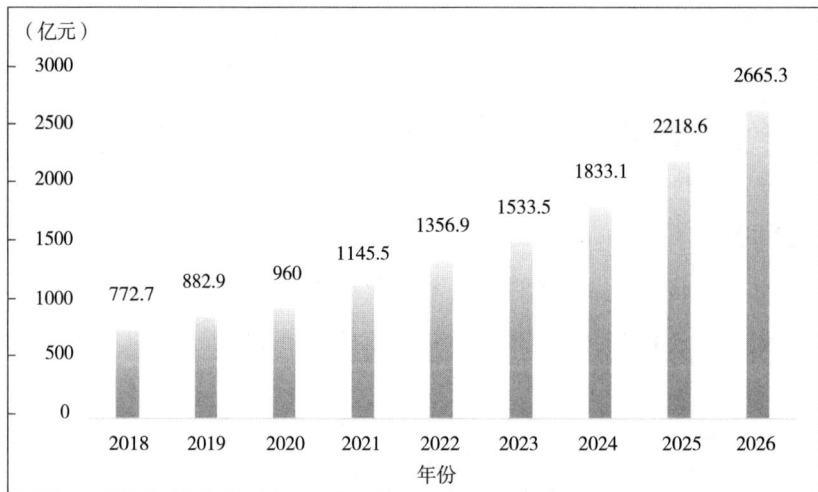

图6-1　国内智能仓储物流市场规模

（2）竞争力有待提升。尽管市场前景广阔，但中国智慧仓储物流的竞争力仍有待提升。欧美日等发达国家和地区在物流自动化方面起步较早，拥有品牌知名度、硬软件技术和行业经验等多方面的先发优势。例如，2021年全球物流系统集成商前20强均位于美国、欧洲和日本等发达国家和地区。

从物流仓储费用占GDP的比重来看，我国物流仓储成本占GDP的比重远高于国际发达城市，2021年我国物流仓储费占GDP的比重为5%，而美国和日本分别为2.1%和3%。此外，我国人均仓储物流设施面积仅为0.7平方米（图6-2），远低于美国的3.8平方米和日本的4平方米。

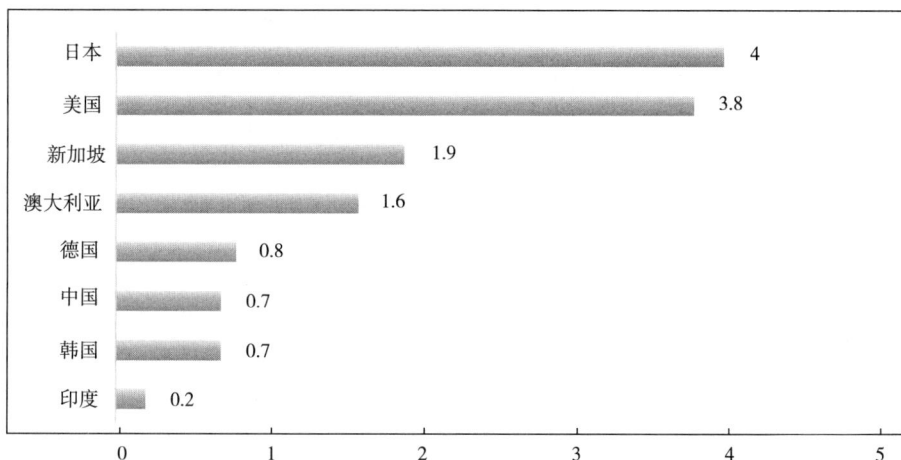

图6-2　2021年部分国家人均仓储设施面积（平方米/人）

从智能仓储设备的渗透率来看（图6-3），目前仍有约49.17%的企业未使用任何仓储物流自动化设备，已使用的自动化设备渗透率也普遍较低，其中AGV渗透率最高，达29.04%，智能分拣设备和智能装卸设备渗透率仅为11.88%。这导致我国物流总费用占GDP比例仍处于14.6%的高位，供应链各环节运作效率较低。

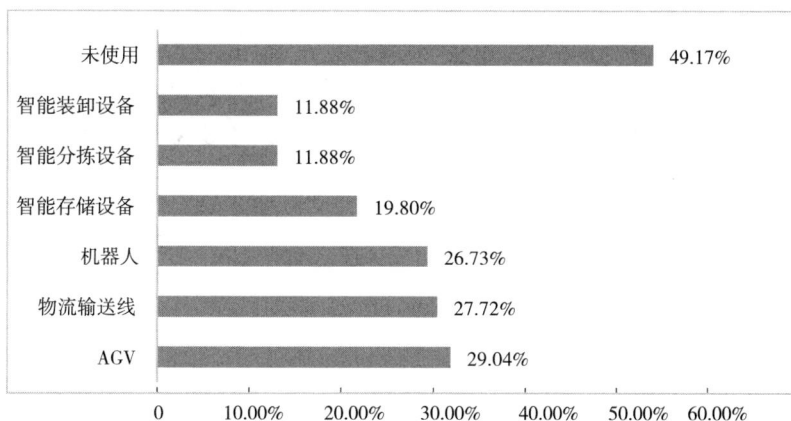

图6-3　中国智能仓储设备的渗透率

2.中国智慧仓储物流的发展机遇

（1）政策机遇。随着我国供给侧改革的持续推进和经济结构的不断调整，智能化、自动化的仓储物流体系已成为国家重点推进项目。国家国务院、工信部等部门陆续推出一系列政策促进智能仓储行业发展，智能分拣、智能存储、无人车、移动机器人、穿梭车等关键概念均被提及。在政策的大力扶持下，智能仓储物流系统在企业中的渗透率有望进一步提升，智能仓储物流行业将迎来高速发展。

（2）资本投融资热潮。受电商、物流、新零售等多个下游行业的蓬勃发展的刺激与带动，2021年物流行业迎来融资高峰，物流智能化领域增长趋势较快。2021年物流智能化领域融资次数最高，达59次，占比34.3%，融资金额约336.4亿元。资本的持续加码有利于促进各大厂商加大研发投入，加速新产品和新业务布局。

3. 智慧仓储物流的发展路径

（1）完善硬件，提升效率。硬件设施是行业发展的基础。因此，要完善仓储物流硬件设施，积极采用软件技术、互联网技术、自动分拣技术、射频识别、语音识别技术等技术，提升仓储物流效率。

（2）契合优势，开辟市场。目前，国内智能仓储供应商在中低端产品市场上由于价格及服务优势，竞争优势明显，并且通过行业项目积累了大量客户资源。因此，要凭借此优势，一方面对先前存量市场实现进口替代，另一方面跟随中国龙头制造企业的市场拓展开辟增量市场。

（3）打通流程，精准预测。现阶段的仓储物流发展需求中电子商务占比较大，这类需求存在着客户的订单随机性高，业务需求波动大，这给仓储物流系统的资源配置带来巨大挑战。因此，要开展透明化全流程管理，建立大数据分析库，对未来业务的精准预测，提高物流的速度、效率和质量，降低物流成本。

（资料来源：http://www.sclri.com/xingyeshijiao/202307/549.html）

思考：中国智慧仓储物流在提升竞争力方面面临的主要挑战是什么？如何通过技术创新和政策支持来应对这些挑战？

6.1 电子商务仓储概述

仓储作为电子商务物流体系的重要组成部分，扮演着至关重要的角色。本节将系统阐述电子商务仓储的概念、特点、功能以及不同的仓储模式。

6.1.1 电子商务仓储的概念与作用

6.1.1.1 电子商务仓储的定义

根据《物流术语》（GB/T 18354—2021），仓储（Warehousing）是指利用仓库及相关设施设备进行物品的入库、储存、出库的活动。在电子商务环境下，仓储不仅承担传统的存储功能，还需要适应快速变化的市场需求和多样化的物流要求。

电子商务仓储（E-commerce Warehousing）是指在电子商务交易过程中，电子商务企业通过仓库及相关设施设备对商品进行接收、储存、管理和配送的活动，它是网络经济和现代物流一体化的产物。

电子商务仓储的概念有狭义与广义之分。狭义是指通过云仓（Cloud Warehouse）对物料进行储存和保管。云仓是基于互联网和大数据技术，提供共享仓储资源和信息的平台，能够实现多方资源的优化配置和高效利用。广义是指货物在从生产地向消费地转移过程中，在特定地点、特定场所、特定时间的停滞和管理。

与传统仓储相比，电子商务仓储具有更高的自动化和信息化水平，能够快速响应订单需求，实现精准的库存管理和高效的物流配送。同时，电子商务仓储更注重客户体验，强调订单的快速处理和准确配送，以满足消费者对时效性和服务质量的高要求。

6.1.1.2 电子商务仓储的地位和作用

电子商务仓储是随着社会分工和商品交换的发展而逐步形成的重要环节。它不仅提供了社会再生产各环节之间的"物"的停滞，还构成了上一步活动和下一步活动联系的必要条件。

（1）调整生产和消费的时间间隔。许多商品的生产和消费存在时间间隔与地域差异，仓储通过储存商品，发挥时间效应，促进商品流通与贸易。

（2）保证商品质量。仓储环节对即将进入市场的商品进行检验，防止伪劣商品混入市场，确保储存商品的数量和质量。

（3）加速商品周转和流通。仓储不仅具有储存功能，还承担加工业务，如分拣、包装等，使仓储过程与生产过程有机结合，增加商品价值，缩短商品进入市场的时间。

（4）调节运输工具运载能力。仓储可调节不同运输工具的运载能力差异，解决运输工具衔接时间不一致的问题，确保货物顺利流转。

（5）减少货损货差。仓储在货物接收、保管、装卸过程中进行检查和整理，避免因海关、气象等原因导致的货损，提供暂时堆存和分票服务，确保货物安全。

6.1.2 电子商务仓储的功能

6.1.2.1 存储

存储是仓储的最基本任务，是仓储产生的根本原因。随着产品生产的机械化、专业化、规模化发展，产品产量和类型剧增，产品不能及时销售出去，就产生了仓储，尤其是在面对"6·18""双11"时，必须保证货品的充足，避免断货。

6.1.2.2 保管

生产出的产品在消费之前必须保持其使用价值，否则将会被废弃。这项任务就需要由仓储来承担，在仓储过程中对产品进行保护、管理，防止损坏而丧失价值。如水泥受潮易结块，使其使用价值降低，因此在保管过程中就要选择合适的储存场所，采取合适的养护措施。

6.1.2.3 加工

根据客户的要求对保管物的外观、形状、成分构成、尺度等进行加工，使仓储物发生所期望的变化。通过对基本产品使用各种标签和包装配置，可以降低存货水平。降低风险与降低库存水平相结合，往往能降低物流系统的总成本，即使在仓库包装成本要比制造商的工厂处包装更贵。

6.1.2.4 整合

整合功能是仓储活动的一个经济功能，将多个企业的产品或者原料整合成一个单元，进行一票装运，也可以将多个商家向同一客户的供货进行整合，使商家享受到低于其单独运输成本的服务。

6.1.2.5　分类和运转

分类就是将客户的组合订单分类，按照客户要求，安排适当的运力运送到指定的客户。仓库从各个商家运来的货物，有的货物不需要在仓库停留而是直接转到配送车辆上，由于货物不需要在仓库进行存储，从而降低了搬运费用，发挥了仓储的运转功能。

6.1.2.6　交易中介

保管人利用存放在仓库的大量货物，以及其与各类货物使用部门的广泛业务联系，充当现货交易中介，以加速仓储物的周转和吸引新的仓储业务，提高仓储效益。同时还能充分利用社会资源，加快社会资金周转，减少资金沉淀。

6.1.3　电子商务仓储模式

电子商务仓储模式的选择直接影响着物流效率、运营成本和客户体验。随着电商平台物流战略的差异和业务侧重点的不同，电商企业采用了多种仓储模式。主要包括单仓模式、子母仓模式、平行仓模式、区域仓模式和门店仓模式。

6.1.3.1　单仓模式

单仓模式是电子商务初期较为常见的仓储模式，是指电商企业在某一地建立一个集中仓库，所有商品均存储于此，负责满足全国或特定区域的订单发货需求。该模式的主要优点有：管理集中、库存统一、运营成本相对较低，适用于订单量较少、SKU种类较少的小规模电商企业。缺点有：配送时效较低，尤其对远距离订单；快递费用较高，客户体验较差；随着订单量增长，仓库容量和管理难度增加。

6.1.3.2　子母仓模式

子母仓模式是指通过建立一个母仓和多个子仓，实现库存的区域性分布和集中管理。母仓负责全品类商品的深度库存，子仓则存放部分畅销商品或高频订单商品，覆盖特定区域，提升配送效率。该模式的优点有：提高配送效率，缩短配送时间；分散库存风险，提升供应链弹性；适合中等规模电商企业，兼顾集中管理与区域配送。缺点有：运营管理较复杂，需要有效的调拨机制；库存分布不均，可能导致部分商品缺货；调拨成本较高，需精细化管理。

6.1.3.3　平行仓模式

平行仓模式是在全国主要城市建立多个平行仓，确保各仓库内的商品库存同质化，任何一个仓库都可以独立完成全国范围内的订单发货。该模式强调库存的均衡分布和高效调拨，以实现快速配送和高库存利用率。该模式的优点有：高配送效率，订单可由任一仓库就近发货；提高库存利用率，减少库存积压；适应大规模电商业务，支持高频订单和多样化SKU。缺点有：库存管理复杂，需精确的供应链计划；高运营成本，多个仓库需独立管理；需要先进的信息系统支持，确保库存同步和调拨高效。

6.1.3.4 区域仓模式

区域仓模式是在全国主要城市设立区域性仓库，每个区域仓仅覆盖特定区域的订单发货需求。此模式通过区域化管理，实现物流资源的优化配置和配送效率的提升。该模式的优点有：高配送效率，区域仓库覆盖范围内的订单可快速发货；降低配送成本，减少长距离运输；适合大规模电商，支持区域性促销和活动。缺点有：库存分布受限，部分商品可能出现区域性缺货；需要精细化的区域库存管理，避免库存积压；灵活性较低，无法实现跨区域调拨。

6.1.3.5 门店仓模式

门店仓模式是指将线下实体门店作为线上订单的发货点，构建从点到面的发货网络。该模式通过整合线上线下资源，实现即时配送和灵活的库存管理，优点有：极高的配送效率，订单可由最近的门店快速发货；降低配送成本，利用现有门店资源；支持即时配送和退换货服务，提升客户体验。缺点有：门店库存有限，难以满足多样化的商品需求；需整合线上线下库存管理系统，增加管理复杂性；适用范围有限，需具备较高的信息化程度和门店密集度。

不同模式的比较如表6-1所示。

表6-1 电子商务仓储模式比较

仓储模式	覆盖范围	配送效率	运营成本	适用场景	典型案例
单仓模式	全国（或特定区域集中）	较低	较高	初期电商、小规模运营、SKU较少	红孩子
子母仓模式	全国覆盖，但子仓有区域限制	中等	中等	中等规模电商、SKU适中、部分畅销品	卓越网
平行仓模式	全国覆盖，各仓可向全国发货	高	较高	大规模电商、SKU多样、快速配送需求	亚马逊
区域仓模式	全国覆盖，通过不同区域仓实现	高	中等	大规模电商、区域性促销、快速配送	京东
门店仓模式	限定城市或城市内部分区域	非常高	较低	O2O电商、门店密集、即时配送	品胜

6.2　数智化仓储系统

6.2.1　数智化仓储的内涵及特征

数智化仓储是融合了数字技术和智能技术的仓储管理模式，它代表了仓储管理向更高层次的发展。

6.2.1.1　数智化仓储的定义

数智化仓储是指通过应用物联网（IoT）、大数据、人工智能（AI）、云计算等先进技术，实现对仓库中各项资源的数字化、智能化监控与管理，从而提高仓储作业的效率和准确性，降低运营成本。数智化仓储不仅包括传统的入库、储存、出库等基本功能，还集成了自动化分拣、智能调度、实时监控等高级功能，以实现仓储管理的最优化。与传统仓储相比，数智化仓储在管理手段和技术应用上更加先进和智能化，如表6-2所示。

表6-2　数智化仓储与传统仓储的比较

流程	数智化仓储	传统仓储
收货	智能摄像头自动识别入库车辆信息，并对其进行更合理的线路规划，以及闲置月台的编号	人工进行车辆信息的登记，人工核实货物以及采购信息，并根据记录查询闲置月台
卸载	叉车卸载，AGV车辆自动往返，快速放置货物到指定位置	人工操作叉车将货物逐一搬至指定位置，整个流程效率较低，重复性高
入库	堆垛机整齐摆放货物，并入库至立体仓库	寻找空位将货物存放至空货架上，并记录货架上所标识的商品编号
分拣	通过输送带、码垛机将货物存放至立体货架等指定位置，并根据各项系统完成识别和抓取工作	需要人工查找仓库内不同位置的特定货物，并且需要考虑先后顺序
出库	分拣机器人将需要出库的货物挑选，并运送至不同的输送带至月台	人工操控叉车将货物运送至月台出

6.2.1.2　数智化仓储的特征

（1）智能化。数智化仓储通过引入AI、机器学习等技术，使仓储管理系统具备自我学习、自我优化的能力，能够根据实时数据做出智能决策，提高管理效率。

（2）自动化。利用自动化设备和系统，如自动化立体仓库、自动导引车（AGV）、自动分拣系统等，实现仓储作业的自动化，减少人工干预，提高作业效率。

（3）实时性。通过物联网技术，实时采集仓库中的各项数据，如库存状态、货物位置、设备状态等，实现实时监控和管理。

（4）精确性。利用 RFID、二维码等自动识别技术，精确追踪货物的流转情况，确保库存数据的准确性。

（5）可视化。数智化仓储系统通常配备可视化界面，使管理者能够直观地了解仓库的运行状况，便于做出及时、准确的决策。

6.2.1.3 数智化仓储的优势

（1）新技术融合。数智化仓储可以将物联网技术、集成自动化、AI、大数据等各项技术深度融合，实现信息集成，优化流程，促使物流仓储的各个环节高效运营，降本增效。

（2）积累数据资产。数智化物流仓储行业中的产品应用商、设备制造商对于智能化设备的数据资产不断累积，将推动企业端加速数字化转型和智能化设备底层算法不断完善，有效减少错误执行率。

（3）信息、产品沟通交流。数智化仓储能够实现智能化设备与人之间的信息交互功能，提高仓库运营效率。在数智化仓储中，条形码、射频器、传感器等设备的使用是最为直接可实现信息交互、信息集成的方法。

（4）数智化运营。数智化运营指的是物流仓储的使用者，在使用这些智能化设备时，将有效地节省人工成本的投入，利用智能化设备替代传统人员劳动力，在减少成本支出时，提高仓库运营效率。例如 AGV 小车可不间断工作 5 小时以上，快充 20 分钟即可继续工作 2~3 小时，在时效性上以及成本投入上都要大大低于原有人工成本。

6.2.2 数智化仓储系统的结构与功能

6.2.2.1 数智化仓储系统的内涵

数智化仓储系统的起源可以追溯到 20 世纪 60 年代，当时德国企业 Demag 推出的第一个智能无人仓库系统，即全自动仓库系统（AS/R 系统，也称巷道堆垛机式仓库）。这一系统的出现标志着仓储管理从传统的人力操作向自动化操作转变。

进入 21 世纪，随着互联网和电子商务的迅猛发展，仓储场景发生了重大变化。

2003年穿梭车式自动立体库（AVS/R系统）的诞生，使得仓储系统在高密度存储和灵活吞吐方面有了显著提升。近年来，智能机器人在物流仓储业的应用也越来越广泛，2008年Kiva系统（也称移动货架式机器人仓库）的出现进一步推动了仓储系统的智能化发展。

数智化仓储系统通过集成物联网（IoT）、大数据、云计算和人工智能（AI）等技术，实时监控并分析仓库的进货、存储、出货等环节，实现物资的高效存储、快速出入库和精准管理。它通常由立体货架、堆垛机、输送设备、信息识别系统、自动控制系统、计算机监控和管理系统及其他辅助设备组成，通过可编程逻辑控制器和底层设备通信协议，协调各类物流设备实现自动化出入库作业，作业场景如图6-4所示。

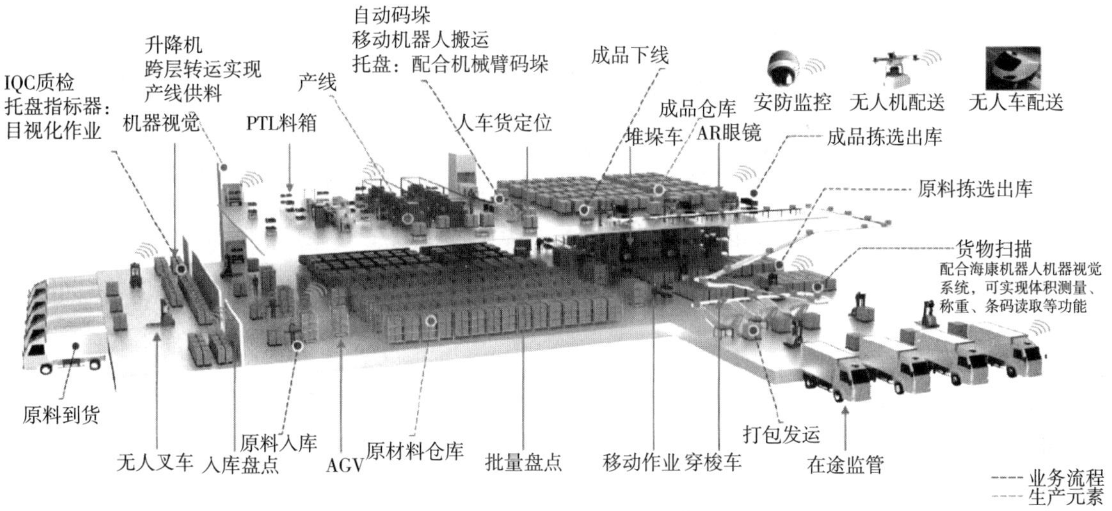

图6-4 数智化仓储系统作业场景

6.2.2.2 数智化仓储系统的结构

数智化仓储系统的总体架构分为应用层、平台层、网络层和感知层，如表6-3所示。通过分层架构设计，系统各层职责清晰，灵活协同，支撑起数智化仓储的高效运转。

感知层包括RFID电子标签、AGV小车、智能料箱等物联网设备，用于实现对商品、货架、叉车等仓储要素的数字化采集。网络层包括以太网、Wi-Fi、5G等多种通信技术，保障仓储场景下的网络可靠覆盖，确保数据的高效传输。平台层搭建IoT平台和WMS系统，对各类设备接入进行标准化管理，并支持大数据分析、AI算法等数字化应用。应用层围绕商品全生命周期管理提供一系列业务应用，包括订单管理、库存管理、拣货路径优化等，实现精细化管理商品生命周期，优化业务流程，提升管理决策水平。

表 6-3　数智化仓储系统分层架构

系统层级	核心组件	主要功能
应用层	订单管理、库存管理、拣货 路径优化、数据可视化等	精细化管理商品生命周期，优化业务流程，提升管理决策水平
平台层	IoT 平台、WMS 系统、大数据分析、AI算法引擎等	对接感知层设备数据，支撑智能分析和调度，赋能上层业务应用
网络层	以太网、Wi-Fi、5G 等有线无线网络	互联各类物联网设备，保障数据高效传输和网络服务质量
感知层	RFID 电子标签、AGV小车、智能料箱等	实现仓储场景下人、货场、设备等要素的数字化采集和感知

6.2.2.3　数智化仓储系统的功能

数智化仓储系统具有多项核心功能，包括仓储信息自动抓取、仓储信息自动识别、仓储信息自动预警、仓储信息智能管理等。

（1）仓储信息自动抓取。该功能是指对贴有电子标签的货物、库位、库架信息自动抓取，包括货物属性、库位及库架分类等，无须通过人工一一辨认。通过 RFID 技术和传感器网络，系统能够实时采集和记录货物的位置、数量和状态，实现仓储信息的自动化采集。

（2）仓储信息自动识别。通过与后台服务器的连接，在自动抓取信息基础上，实现信息自动识别，快速验证出入库货物信息、库内货物正确堆放信息等。通过物联网技术和大数据分析，系统能够实时监控和验证货物的状态和位置，确保仓储信息的准确性和一致性。

（3）仓储信息自动预警。通过信息系统程序设定，对问题货物进行自动预警，提前应对，避免潜在风险。系统能够根据预设的规则和算法，实时监控仓储数据，及时发现和预警库存异常、货物过期、设备故障等问题，帮助管理人员快速响应和处理。

（4）仓储信息智能管理。自动生成各类单据，为供应链决策提供实时信息，支持智能调度和决策支持。通过智能 WMS 系统和大数据分析，系统能够自动生成库存报告、出入库单据、订单处理报告等，支持仓储管理的决策和优化。智能管理不仅提高了仓储管理的效率和准确性，还降低了运营成本，提升了供应链的整体效率。

6.2.2.4　数智化仓储系统的核心技术

数智化仓储系统的实现依赖于多种先进技术的融合和应用，主要包括机器人与自动化技术、物联网（IoT）、人工智能（AI）与大数据等。

（1）机器人与自动化技术。在数智化仓储中，机器人技术主要应用于自动化搬运、分拣和存储等环节。自动导引车（AGV）、自动穿梭车（RGV）、分拣机器人和码垛机器人等设备，能够自主完成货物的搬运、分拣和存储任务，极大地提升了仓储作业的效率和准确性。

（2）物联网（IoT）。通过连接仓储内的各种设备和传感器，实现实时数据采集和信息共享。如图6-5所示，RFID标签、传感器网络和智能设备，使得仓储管理系统能够实时监控货物的状态和位置，优化库存管理和作业流程。

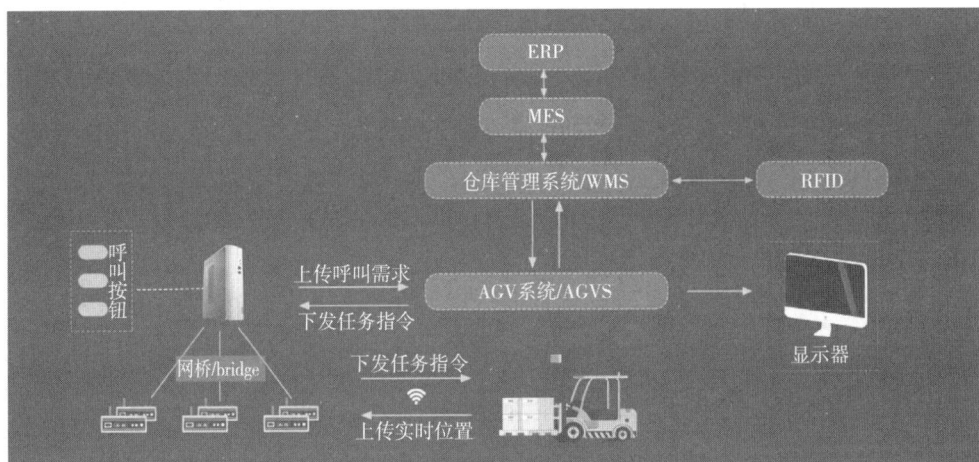

图6-5　数智化仓储系统中的物联网技术

（3）人工智能（AI）与大数据。AI技术在数智化仓储中的应用包括需求预测、库存优化、智能调度和决策支持等。大数据技术通过对仓储数据的收集、分析和挖掘，提供智能决策支持，帮助企业优化仓储管理策略，提高运营效率。

6.2.2.5　数智化仓储系统的主要应用

数智化仓储系统在实际应用中表现出显著的优势，主要包括自动化存储与检索系统（AS/RS）、智能仓库管理系统（WMS）和实时库存追踪与管理等。

（1）自动化存储与检索系统（AS/RS）。通过自动化设备实现货物的自动存储和检索，提高了存储密度和作业效率。该系统可以根据仓储管理系统的指令，自动完成货物的上架、下架和搬运任务，减少了人工操作的误差和时间成本。

（2）智能仓库管理系统（WMS）。集成了仓储作业的各个环节，实现了仓储管理的全流程信息化和智能化。通过实时监控库存状态、优化库存配置和自动调度作业任务，智能WMS系统能够提高仓储管理的效率和准确性，降低运营成本。

（3）实时库存追踪与管理。利用RFID技术和传感器网络，实时追踪和管理库存状态，实现库存的精确管理和动态调整。实时库存追踪不仅提高了库存管理的准确性，还能及时发现和处理库存异常，避免库存积压和缺货现象。

6.2.2.6 技术整合与系统互操作

数智化仓储系统的成功实施依赖于数据集成、系统互操作和信息安全与隐私保护。

（1）数据集成。通过数据集成，实现仓储管理系统与供应链其他环节（如采购、销售、运输）的信息共享和协同运作。数据集成不仅提高了信息流的畅通性，还优化了供应链的整体运作效率。

（2）系统互操作。通过标准化的数据接口和协议，实现不同系统之间的无缝互操作，确保各个系统能够高效协同工作。例如，智能 WMS 系统与 ERP 系统、TMS 系统的集成，使得仓储管理与企业资源计划和运输管理紧密衔接，提升了供应链的整体效率。

（3）信息安全与隐私保护。在数智化仓储系统中，信息安全和隐私保护至关重要。通过采用先进的加密技术、访问控制和数据备份策略，确保仓储数据的安全性和完整性，防止数据泄露和滥用，保障企业和客户的合法权益。

6.2.3 数智化仓储系统管理流程

数智化仓储系统的管理流程涵盖了仓储作业的各个环节，通过智能化技术和自动化设备，实现仓储作业的高效、精准和实时管理。数智化仓储系统的管理流程，主要包括智能接收与检验、智能存储与检索、智能拣选与包装、智能配送等环节。

6.2.3.1 智能接收与检验

（1）自动化接收系统。数智化仓储系统借助自动化接收系统，实现货物的快速接收与分类。当物料到达仓库后，自动导引车（AGV）或自动穿梭车（RGV）将货物运送至接收区。自动化接收系统利用 RFID 技术和传感器，实现对货物的自动识别和数据录入，大幅提高了接收效率和准确性。

（2）智能检验与质检。在接收区，通过人工智能和机器视觉技术，对到货货物进行智能化检验和质量控制。自动化检测设备能够快速识别货物的外观缺陷、数量和规格，自动记录检验结果，并将数据实时上传至仓储管理系统。智能检验不仅提高了质检的准确性和效率，还能及时发现和处理问题货物，确保仓库库存的质量。

（3）数据集成与库存更新。接收和检验完成后，系统自动将货物信息与仓储管理系统（WMS）进行数据集成，实现库存的实时更新。智能 WMS 系统根据接收的货物信息，自动调整库存状态，并生成相关报表和数据分析，为仓储管理的决策和优化提供支持。

6.2.3.2　智能存储与检索

（1）动态存储优化。数智化仓储系统通过智能算法，对货物的存储位置进行动态优化和调整。系统根据货物的特性、库存水平和订单需求，智能分配最优的存储位置，提高仓库空间的利用率和作业效率。动态存储优化不仅减少了货物存储的时间和空间成本，还提升了货物的检索速度和准确性。

（2）自动化检索系统。利用自动化搬运设备和智能导引技术，实现货物的自动化检索和搬运。自动化分拣机器人和 AGV 能够根据仓储管理系统的指令，快速准确地完成货物的提取和搬运任务。自动化检索系统不仅提高了检索的效率和准确性，还减少了人工操作的误差和作业时间。

（3）实时库存管理与监控。通过物联网和大数据技术，实现对仓库内货物的实时库存管理和监控。系统能够实时跟踪货物的位置、数量和状态，自动生成库存报告和数据分析，支持仓储管理的实时决策和优化。实时库存管理与监控不仅提高了库存管理的精度和时效性，还能及时发现和解决库存异常，确保仓库运营的稳定性和高效性。

6.2.3.3　智能拣选与包装

（1）智能拣选系统。数智化仓储系统通过智能拣选系统，实现订单的高效拣选和处理。智能拣选系统结合 AI 和大数据技术，根据订单需求，自动规划最优的拣选路径和作业流程，提高拣选的效率和准确性。智能拣选系统不仅减少了拣选时间和人力成本，还提高了订单处理的速度和准确性，提升了客户满意度。

（2）自动化包装系统。利用自动化包装设备，实现货物的快速、精准包装。智能包装系统能够根据货物的特性和订单需求，自动选择合适的包装材料和包装方式，确保货物的安全和完整。自动化包装系统不仅提高了包装效率和质量，还降低了包装成本，提升了物流配送的可靠性和安全性。

6.2.3.4　智能配送

智能配送路径优化。通过 AI 和大数据技术，对无人机配送路径进行智能化优化和调整。系统能够根据实时的交通状况、天气信息和订单需求，规划最优的无人机配送路径和运输方式，提高配送的效率和时效性。智能配送路径优化不仅减少了配送时间和成本，还提升了物流配送的灵活性和响应能力，满足了客户对时效性和服务质量的高要求。

6.3 无人仓库

无人仓库是无人化物流发展的一个重点领域，也是目前最受各方关注的技术。所谓无人仓库，即以机器人等智能化设施设备来代替仓库内所有传统的人工作业；广泛的定义，就是在大数据、云计算以及物联网等高科技的基础上，加以人工的辅助来实现整个仓储作业流程的方式，实现人机高效协助。

6.3.1 无人仓的系统组成

无人仓系统主要由自动化立体库（AS/RS 系统）、仓储机器人、输送系统和人工智能算法与自动感知识别技术组成。

6.3.1.1 自动化立体库（AS/RS 系统）

自动化立体库包括自动存储以及分拣的功能，在无人仓里面扮演着一个不可替代的角色。自动化立体库系统是基于大数据、控制技术及计算机通信技术等发展起来的综合应用系统，是现代物流观念与现代计算机及自动控制技术相结合的产物，一般的自动化立体库主要由货物、货架、穿梭车、输送系统和控制系统等组成，立体仓库实现高效智能的快速存取。自动化立体库里以各种自动化机器为主，如自动分拣的小黄人、多层穿梭车。如图 6-6 所示，京东在全国各地的"亚洲一号"库里面使用了多层穿梭车机器人、AGV 搬运机器人，机器人的使用可实现多通道同时作业、自动导引载货物等，解决了传统人工带来的作业节奏不均衡等问题。

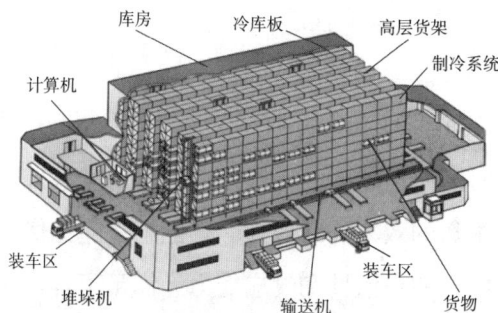

图6-6 AS/RS系统

6.3.1.2　仓储机器人

机器人作业是无人仓最大的特征。物流仓储工作靠各种各样的机器人来支撑，如搬运机器人、堆码机器人、分拣机器人、ARM 机器人、RGV 机器人等，不同类型仓储机器人的主要功能如表 6-4 所示。在京东物流亮相的无人仓当中，整个仓储作业流程的每一个环节，如入库、码垛、分拣等，都根据机器人的功能和特性进行了分工作业。机器人不分日夜地作业，高效率、高准确率地完成物流仓储中的相关工作。

表6-4　无人仓中常见智能机器人设备比较

机器人类型	主要功能
搬运机器人	能够沿规定的导航路径行驶，具有安全保护以及各种移载功能的运输车
堆码机器人	机械与计算机程序有机结合，用来对货物进行堆叠、装箱等操作的机器设备
分拣机器人	具备传感器、物镜和电子光学系统的机器人，可以快速进行货物分拣
ARM	在自动化仓储中，用于搬运和拣选，包括入库、拣货、包装到运输的机器人
RGV	用于各类高密度储存方式的仓库，可提高整个仓库储存量，并且在操作时叉车无须驶入巷道，安全性高

6.3.1.3　输送系统

输送系统类似于无人仓库的"血管"，连接机器人和自动化立体库等物流系统，从而实现货物在无人仓里高速运转。相对于自动化立体库和机器人系统等一些新兴技术来说，输送系统应用的历史更加悠久、更加广泛、技术也更加完善。如今在无人仓里可以对原有的输送系统加以装饰，在以前的基础上安装了自动检测、自动识别以及感知技术等，使输送系统更加有效地与各种机器人配合。另外在京东无人仓的输送系统中，输送线的末端和拣选机器人的前端都安装了视觉检测工作站，从而保证了高效率以及高准确率的作业。

6.3.1.4　人工智能算法与自动感知识别技术

无人仓库的核心是数据感知、机器人融入和算法指导生产。人工智能算法负责仓库的智能化管理，包括数据感知、任务调度和路径规划等。机器人在智能算法与自动感知识别技术的支持下获取所有商品以及设备的信息，从而进行采集和识别。同时系统会根据传送回来的信息生成决策和指令，机器人再根据这些决策和指令分别对货物的入库、上架、拣选、补货、出库等各个环节进行自动作业。随着海量订单的出现以及用户要求自动做出调整以及优化作业。

6.3.2 无人仓中的智能设备及其应用

无人仓的高效运作依赖于多种智能设备的协同工作。下面详细介绍无人仓中主要的智能设备及其应用，包括智能搬运设备（AGV）、智能堆码设备（码垛机器人）和智能分拣设备（自动分拣机）。

6.3.2.1 智能搬运设备（AGV）

自动导引车（Automated Guided Vehicle，AGV）是无人仓中关键的智能搬运设备，能够在无须人力干预的情况下自动完成货物的搬运和运输任务，如图 6-7 所示。AGV 通过预设路径或动态路径规划系统，在仓库内自由移动，实现货物的高效搬运、运输和配送。

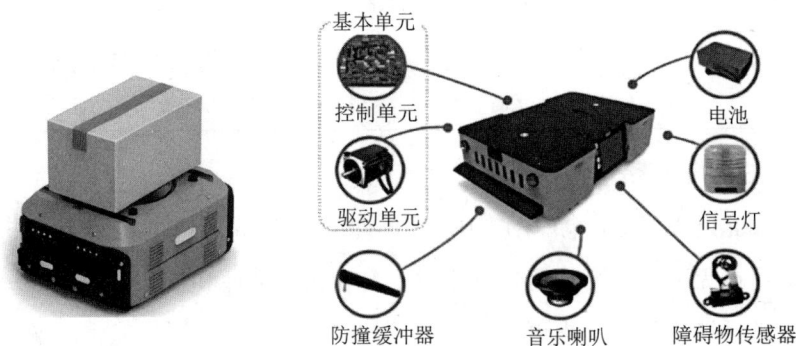

图6-7 智能搬运设备AGV

AGV 控制系统是 AGV 运行的核心，主要由地面控制系统、车载控制系统及导航导引系统组成。

（1）地面控制系统。其主要功能是对 AGV 系统（AGVS）中的多台 AGV 单机进行任务管理、车辆管理、交通管理、通信管理等。

任务管理类似于计算机操作系统的进程管理，负责任务的分配、调度和管理，包括启动、停止及取消任务。车辆管理根据搬运任务请求，分配 AGV 执行任务，计算最短行走路径，并指挥 AGV 的行进过程，及时下达装卸货和充电命令。交通管理根据 AGV 的尺寸、运行状态及路径状况，提供自动避让措施，防止车辆互相等待导致的死锁，并提供解决方案。通信管理负责地面控制系统与 AGV 单机、监控系统及其他设备的通信。

（2）车载控制系统。即 AGV 单机控制系统，在收到上位系统的指令后，负责 AGV 单机的导航、导引、路径选择、车辆驱动等功能。

　　导航是指通过导航器件测量 AGV 在全局坐标中的位置和航向。导引根据当前位置、航向及预设轨迹计算速度和转向指令。路径选择根据上位系统指令预先选择运行路径，并向地面控制系统反馈运行结果。车辆驱动根据导引和路径选择的信息控制车辆的运行。

　　（3）导航导引系统。AGV 之所以能够实现无人驾驶，导航和导引起到了至关重要的作用。能够用于 AGV 的导航导引技术主要有：直接坐标法，是指通过定位块将行驶区域划分为小区域，利用光电或电磁计数实现导引。电磁导引，指在行驶路径上埋设金属线并加载导引频率，AGV 通过识别频率实现导引。磁带导引，指在路面上铺设磁带，通过感应信号实现导引，路径灵活易变。光学导引，指利用地面上的色带，通过摄像机识别图像信号实现导引。激光导引，是利用安装激光反射板，激光扫描器确定位置和航向，实现高精度导引。惯性导航，是结合陀螺仪和地面定位块计算位置和航向，实现导引。GPS 导航，通过卫星定位实现室外远距离导引，适用于开放环境。

　　AGV 的应用场景主要分为仓储方向、加工制造业方向及港口物流方向。以下重点介绍其在仓储方向的应用。

　　仓储是 AGV 最早应用的领域。仓储搬运 AGV 可在仓储作业各环节发挥作用。在入库环节，首先，各收货月台根据收货单收货后由输送机输送至入库站台。然后，由系统调度 AGV 小车将所需货架搬运至入库口。操作员扫描货物标签，并根据指示灯提示将货物放入指定货格，同时扫描该货格标签以在系统内关联存货信息，至此该件货物上架完毕。操作员以同样的方式进行下一货物的上架操作，直至该货架需入库操作全部完成，由 AGV 小车将上架完毕的货架搬运至指定存储位。对于离开某一入库口的小车，如下一入库口对该货架也有调度需求，则小车运行至下一入库口；如暂无需求，则将货架运至相应的存储位。

　　在拣选环节，首先由拣选准备区操作人员按照拣选单顺序在订单货架中分配订单箱，并将订单箱对应订单号进行打码贴标。AGV 小车将已贴标完成的货架运至拣选口的适当位置。其次，AGV 小车识别待拣选的货架并将其运至指定拣选口。拣货员根据指示灯以及屏幕显示拣选足量的指定货物放入相应订单箱，直至该货架中订单箱拣选任务全部完成。最后，由 AGV 小车将已进行拣选操作的存储货架归位，然后将完成的订单货架运至打包处指定位置，该拣选环节结束，进行下一拣选任务的操作。

　　在出库环节，打包好的货物由操作人员放置于自动分拣线上，分拣线按不同的输送线路自动将货物分拣至不同的工区，每个工区（即一个输送线路）的货物集中存放，由 AGV 小车运送至穿梭车立体仓库的入库站台，经转送装置放置于穿梭车上进行入库操作。为了便于进行连续出库，将每个输送线路货物分层存放在货架中，等待至出库时点，配送车辆到达后，由穿梭车立体仓库系统进行连续快速出库，即每层货物分别装车出库。

AGV 在数智化仓储中的最新应用是在电商行业中，作为配送中心的分拣设备，应用于快速分拣领域。将大量的集中快递通过快速条码扫描，连接电商物流数据平台，通过调度分配机器人在工作场地内进行自主定位和无人导航，以最优路径将包裹运送到指定分选点，分拣出口下设集中打包站。当包裹积累到一定量后打包并运送到上车点，实现包裹的自动分拣。通过机器人分拣系统与工业相机的快速读码及智能分拣相结合，可实现包裹称重 / 读码后的快速分拣及信息的记录交互等工作。机器人分拣系统可大量减少分拣过程中的人工需求，提高分拣效率及自动化程度，大幅提高分拣准确率。

6.3.2.2 智能堆码设备（码垛机器人）

码垛机器人是用于自动化堆码和搬运货物的机器人，如图 6-8 所示，能够按照预设模式和高度将货物堆放到指定位置，从而提高仓储空间利用率。

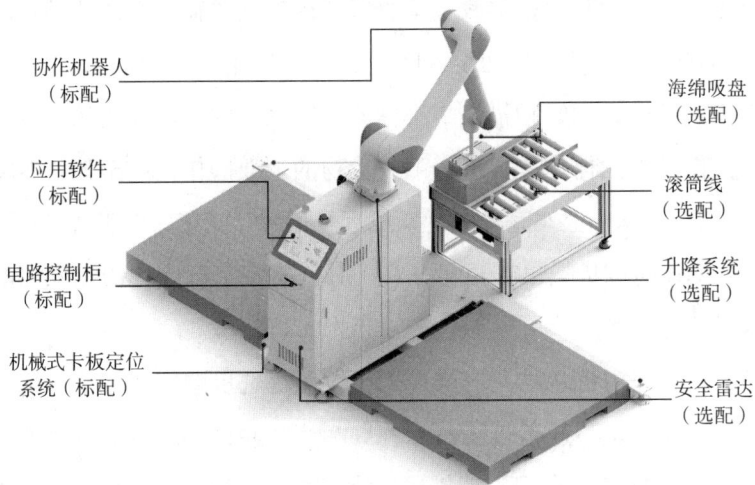

协作机器人（标配）
应用软件（标配）
电路控制柜（标配）
机械式卡板定位系统（标配）
海绵吸盘（选配）
滚筒线（选配）
升降系统（选配）
安全雷达（选配）

图6-8 码垛机器人

（1）码垛机器人的系统组成及其功能。

①码垛机器人本体。常为 4~6 轴机器人，由固定底座、连杆、连杆臂、腕部及执行器组成。其自动运行包括进箱、转箱、分排、成堆、移堆、提堆、进托、下堆和出垛等步骤。

②控制系统。多采用基于 PC 的开放式控制系统，确保机器人高速、精准、稳定地运行。

③传感系统。采用视觉、力觉、触觉、温湿度传感器等多传感器融合技术，对目标对象和周围环境进行建模和决策控制，可实现机器人对不同类型、不同重量包装件的识别，测量三维参数，监测外观缺陷，并根据判断结果执行相应操作。

（2）码垛机器人的应用场景。

①生产线。集成在任何生产线中，为生产现场提供智能化、机器人化、网络化的服务，实现多种作业码垛。

②物流系统。负责完成托盘上的物料码垛，具备长时间连续作业能力，码垛速度、精度以及负重能力优于人工。随着国内劳动力成本的上升，物流行业对码垛机器人的需求显著增加。近年来，通过高效、可靠的夹具设计，码垛机器人实现了整层码垛，单台作业效率超过了 2500 件 / 小时。

6.3.2.3　智能分拣设备（自动分拣机）

自动分拣机是一种用于自动化分拣货物与运输的输送设备，是无人仓中不可或缺的设施。它根据预设规则和信息，自动将货物分配到不同的配送路线或区域，提升物流配送效率。

（1）自动分拣机的系统组成及其功能。

①控制装置。作为分拣系统的指挥中心，负责分拣信号的传递和控制，指示启动分拣装置将商品送入指定道口。

②自动识别装置。是物料能够实现自动分拣的基础系统，主要采用条形码系统和无线射频识别系统（RFID）。条码扫描器安装在分拣机的不同位置，自动读取物料上的条码信息，并将位置信息自动传输到后台管理系统。

③分类装置。根据控制装置的分拣指示，改变商品在运输装置上的运输方向进入分拣道口。

④输送装置。主要是传送带或输送机，负责将待分拣商品通过控制和分类装置，连接多个分拣道口。

⑤分拣道口。是已分拣商品进入集货区域的通道，使商品从主运输装置滑向集货站台，在集货站台，由工组人员将该道口的所有商品集中，进行入库储存。

（2）自动分拣机的作业流程。一般物流自动分拣机工作流程主要分为合流、分拣信号输入、分拣 / 分流和分运四个环节。

①合流。按拣选指令从不同货位拣选出物料，通过前处理设备汇集到主输送线上。

②分拣信号输入。对于到达主输送线上的物料，通过自动识别装置读取物料的条码信息，计算机处理后生成分拣信号。

③分拣 / 分流。物料信息被读入计算机系统后，在主输送线上继续移动，系统检测其位置并在到达分拣道口时，指示分类装置将其导入指定道口。

④分运。物料进入分拣道口后，最终由人工或机械搬运工具运至相应区域，完成分拣过程。

6.4 数智化仓储在中国发展的制约因素

目前我国自动化与智能仓储正在快速发展，其投资主要由几家大型电商企业引领，如京东的"亚洲一号"仓库建设、一号店物流仓储中心建设，凡客诚品连续几年不断加大物流仓储投资，阿里布局智能物流网络系统，苏宁继续加大仓储物流投资等，都预示着我国数智化物流的发展正进入一个新的时期。但是，受制于需求、人力成本、基础设施等因素，我国数智化仓储的发展必须解决如下问题。

6.4.1 人工成本低和智能化成本高的冲突

目前来看，与英美等发达国家相比，中国的人工成本相对较低。据圆通转运中心有关负责人透露，在公司包食宿的前提下，目前一个快递员或仓库的分拣员每月能赚到 5000~6000 元。而相比之下，一个 Kiva 机器人的价格大概为 30 万元人民币，在亚马逊特雷西的物流中心就有 3000 个机器人在工作。假设每一个单品能赚 60 元，但是 60 元的利润之中单单拣选环节就需要占用一台 30 万元的奢华设备 15~30 分钟，估计全世界目前只有亚马逊这种大级别的财团才能享用得起如此高精尖的设备。因此，虽然智能化的仓储设备能大大提高工作效率，但随之带来的巨大成本支出在低价的人工面前显得竞争力不足，甚至不切实际。"如果人工成本便宜得多，那么我们暂时不需要引入过于智能的仓储设备，因为多加几个人也能达到同样的工作效率，而且总成本可能更低。"圆通转运中心负责人如是说。因此，加快相关技术的发展，降低研发和制造成本，是数智化仓储系统在中国普及的重要前提。

6.4.2　库存规模与技术需要相互匹配

库存规模的大小与配套的技术和设施是密切相关的。试想，对于一个小型的转运中心，每天的物流量不多，利用目前现有的传送带、条形码、RFID 等技术，半天时间即能完成当天货物的分拣工作，剩下的时间可迅速进行异地转运或当地配送。因此，在我国，对于类似的规模较小但数量众多的下级物流网点来说，一方面，以目前的工作量确实不需要能够提高数倍工作效率的数智化仓储设施，传统的成熟技术已经足以支持每日的工作；另一方面，物流量的大小也反映了物流网点的经营效益，规模小的网点在经济上不足以支撑高价的数智化仓储基础设施。因此，考虑实际的库存规模来配套相应水平的库存技术，是国内较多的物流公司目前选择的方案。

以圆通公司为例，圆通总部按区域设置总加盟商，然后总加盟商下面继续划分给更小的加盟商分包，一直分包到最基层网点。每一层级都设置了相应规模的物流网点和仓库。以目前的业务规模推算，在圆通的物流网点中，第三级（含省会城市和主要城市）及其以下的转运中心的仓库规模都没有达到配备智能化设备的要求。而在全国，类似的较小型仓库占据很大比重，也是整个配送过程中影响配送效率的最后关键一环。因此，对于物流企业来说，应该先集中精力发展企业自身规模与实力，实现物流过程的系统化，然后才是数智化技术与设施的采用。

6.4.3　全套基础设施建设困难

一方面，物流自动化是个系统工程，从分拣到配送要实现全流程自动化，前提是订单和货物流信息的快速处理和无缝对接。但这个前提多数物流企业目前还没有真正实现。另一方面，高端技术的落地必然需要相应的基础设施支撑，就如同 AGV 的移动需要在地面上事先铺好导轨，货架的智能移动需要后台优化算法的支配，因此智能化仓储的完全实现需要整套基础设施的改造，尤其是管理流程的优化与再设计。但目前，由于管理水平或成本的限制，我国物流公司更多的是将整个物流环节割裂开来，只在个别环节上实现了一定程度的智能化，比如利用智能机械手拆码垛，其他环节仍采用传统的技术或者人工处理，这种改进对系统效率的提升非常有限。

6.4.4 "高峰"时段硬件失灵

目前,中国物流效率的提高能否单纯依靠仓储的全面自动化、物流设备智能化来实现呢?物流中心就像高速公路,设计完善的高速公路是一个庞大的闭环系统,有入口有出口,有岔路有分流,硬件设施先进。然而,在中国,每到节日或取消收费时段,蜂拥而至的车辆会迅速让整条高速公路瘫痪,再先进的"硬件"都失去了意义。此时要是有紧急物资被堵在半路,只能在高速公路上砸开一个缺口将货运出去,除此别无他法。在我国"6·18""双11"这样的特殊销售周期和时段,单日订单量超过美国订单峰值成百上千倍,电商企业面对洪水般涌来的订单,首要任务是"把货发出去"。这时候,在一些特殊的环节,最好用的还是那些脑筋灵活、手脚麻利的熟练拣货员。电商规模之巨大、品类之复杂、需求之紧急,可以让一个精耕细作的机器人系统瞬间瘫痪。

6.5　中国数智化仓储未来发展预测

随着"互联网+物流"模式的迅猛推进,中国物流行业的物联网发展正步入一个持续快速发展的黄金机遇期。在此背景下,数智化仓储的发展也将迎来新的机遇与挑战。

第一,制造业的转型升级与智能制造的蓬勃发展,将直接驱动物流领域内物联网技术的持续快速应用与革新。2022年,国务院及各部委相继发布了多个关于"十四五"发展规划的重要指导性文件。例如,国务院办公厅印发了《"十四五"现代物流发展规划》,商务部发布了《电子商务"十四五"发展规划》,其中智慧仓储体系建设被列为关键内容;国家邮政局发布了《邮政业发展"十四五"规划》;工业和信息化部则发布了《"十四五"机器人产业发展规划》等。这些国家层面的政策与文件对中国物流业物联网技术的深化应用以及数智化仓储的快速发展起到了巨大的推动作用。随着中国智能制造与电子商务的不断深化,工业4.0、物联网、云计算、5G通信和大数据技术在物流领域的广泛应用,传统供应链在采购、仓储、配送分拣、运输、协同等各个环节将经历深刻变革,逐步重塑为高度智能化、服务导向的数智化供应链。这一转型将极大地推动数智化仓储技术的快速发展与广泛应用,为物流行业的智能化升级注入强劲动力。

第二，在电子商务物流领域，大型电商物流配送中心将继续向高度智能化和网络化方向发展，电商智能拣选系统继续保持快速增长；部分电商物流中心将使用各类物流机器人系统。在综合电商平台物流信息系统领域，大数据、云计算与物联网深度融合，物流互联网将成为引导电商物流配送、优化全国物流资源、建立智能物流骨干网的神经中枢，云仓储系统将得到较大发展。包括阿里、京东、顺丰、苏宁在内的电商巨头们纷纷推进数智化仓储物流体系建设，并出台了仓储物流体系建设规划，正是这一动态的具体体现。

第三，在商贸物流领域，随着新零售的快速发展，现代仓储业正在转型升级，数智化仓储技术也将得到应用与推广。预计智能穿梭车与货架系统将获得高速发展，按托盘进行货物定位与智能仓储管理快速增长，托盘与智能周转箱循环共用系统快速发展。这些都将促进商贸数智化物流仓储技术的应用，实现快速增长。

需要指出的是，基于互联网的新零售从2016年开始出现爆发式增长。根据商务部的监测，受疫情影响，"十四五"期间电商平台网购业务增长达15%左右，快递业务量增长超过50%，电商网购平台以外的新零售业务增长量已经超过了网购业务增长量，商贸物流的这一变化必将促进新零售环境下数智化仓储技术在商贸物流中的应用。

第四，近两年中国仓储领域物联网产品继续保持较快发展，RFID、传感技术、射频技术、条形码技术等各项感知技术和自动识别技术的应用方兴未艾，仓储技术装备正在向智能化、可视化方向全面发展。

总之，未来的数智化仓储技术将继续保持高速发展，物联网技术应用的发展也将更理性、更健康。

【本章小结】

本章系统介绍了数智化电子商务仓储的相关内容，涵盖了电子商务仓储的概述，数智化仓储系统的组成及作业流程，以及智能无人仓库的系统组成和应用。首先，通过阐述电子商务仓储的概念、功能和不同模式，使读者对电子商务仓储有了全面的认识。其次，详细介绍了数智化仓储系统的内涵、结构、功能和核心技术，展示了现代仓储如何通过数智化技术提升仓储管理的效率和质量。最后，探讨了智能无人仓库的系统组成和应用，强调了机器人和自动化技术在无人仓中的关键作用。通过本章的学习，读者能够深入理解数智化电子商务仓储的现状、发展趋势及其在现代物流中的重要地位。

【课后习题】

一、单项选择题

1. （ ）不是电子商务仓储的基本功能。

A. 存储   B. 保管   C. 加工   D. 销售

2. 数智化仓储系统中，用于实现货物的自动存储和检索的系统是（ ）。

A. WMS   B. AS/RS   C. AGV   D. RFID

3. （ ）不是数智化仓储系统的核心技术。

A. 机器人与自动化技术   B. 物联网（IoT）

C. 人工智能（AI）与大数据   D. 区块链

4. 无人仓中，用于实现货物的自动搬运和运输任务的设备是（ ）。

A. 码垛机器人   B. AGV   C. 自动分拣机   D. 穿梭车

5. （ ）不是数智化仓储系统的特征。

A. 高效性   B. 信息化   C. 灵活性   D. 单一性

二、判断题

1. 电子商务仓储仅承担传统的存储功能。（ ）

2. 数智化仓储系统通过物联网技术实现实时数据采集和信息共享。（ ）

3. 无人仓系统中，AGV 控制系统包括地面控制系统和车载控制系统。（ ）

4. 数智化仓储系统的主要应用包括自动化存储与检索系统（AS/RS）和智能仓库管理系统（WMS）等。（ ）

5. 数智化仓储系统的发展不受政策和资本的影响。（ ）

三、简答题

1. 简述电子商务仓储的主要功能。

2. 数智化仓储系统的主要技术有哪些？

3. 无人仓系统中，AGV 的主要应用场景有哪些？

4. 数智化仓储系统如何实现仓储信息自动抓取？

5. 简述数智化仓储系统在智能拣选与包装环节中的应用。

四、讨论题

结合当前电子商务物流的发展趋势，讨论数智化仓储在提升物流效率、降低物流成本、增强国家竞争力的重要作用和可能面临的挑战。

【案例讨论】

京东物控WCS数智化转型

随着数字经济的迅猛发展，传统物流模式面临着效率低下、成本高和服务质量参差不齐等诸多挑战。特别是在电子商务、零售和制造业等多行业多业态的快速发展背景下，物流行业亟须通过数智化转型提升整体运营效率，满足市场需求的多样化和复杂化。京东物流作为国内领先的物流服务提供商，积极响应这一趋势，通过自主研发的智能仓储控制系统（Warehouse Control System，以下简称WCS），实现了仓储环节的全面数智化升级（图6-9），为行业树立了新的标杆。

图6-9 京东智能仓储控制系统

京东物控WCS系统是京东物流自主研发的智能集成系统，拥有多项自主知识产权。该系统不仅在传统WCS基础上进行了功能扩展，还集成了多种自动化设备，实现了设备的协同作业，推动了仓储环节的少人化甚至无人化应用。WCS系统的核心功能涵盖了入库、存储、包装、分拣等全流程的智能化管理，极大地提升了仓储作业的效率，为客户实现降本增效提供了有力支持。

1. 数智化转型的技术应用

（1）智能调度控制系统。京东物流通过构建全面的智能调度控制系统，实现了仓储作业的全流程智能化管理。WCS系统能够根据不同业务需求，灵活调度仓内的自动化设备，优化作业流程，突破了传统"人找货"的作业模式，实现了高效的资源利用和作业效率的显著提升。

（2）3DSCADA与实时监控。WCS系统结合京东物控3DSCADA，实现了对现场自动化设备和物联网（IoT）设备信息的实时采集与3D可视化监控。系统能够实时监控仓内的全场景作业情况，及时发现并报警设备异常，提供处理建议，保障仓储运营的有序高效。通过云端监控，管理人员能够实现对多地仓库的远程统一管理，提升了管理的透明度和精细化水平。

（3）智能存储与高效拣选。在京东物流亚洲一号大型智能物流园区，WCS 系统应用于天狼仓，显著提升了出入库作业效率。通过智能存储系统，仓库的存储能力达到了传统隔板货架的 2 倍至 3 倍，拣货人效提升了 2 倍至 5 倍。这不仅提高了仓库的空间利用率，还大幅提升了作业效率，满足了高峰期的大量订单处理需求。

2. 京东物控 WCS 系统的战略布局

（1）全国布局与规模扩展。截至目前，WCS 系统已在京东物流全国布局的 43 座亚洲一号智能物流园区中得到广泛应用。以东莞亚一为例，天狼仓通过自研的 WCS 天狼存储系统，显著提升了出入库作业效率和存储能力，确保在"6·18"大促等高峰期依然能够高效应对海量订单和货物。

（2）开放合作与伙伴支持。 京东物流不仅在自身仓储管理中应用 WCS 系统，还将数智化能力开放给合作伙伴，助力其提升运营效率。例如，在上海，大金空调通过应用 WCS 系统，实现了原材料的自动密集存储和智能化任务调度，大幅提升了仓储物流的整体运行效率，减少了仓储占地面积和作业人员数量，同时提高了拣选准确率。

（3）智慧供应链与全球布局。京东物流通过 WCS 系统推动智能一体化供应链建设，优化生产端到消费端的无缝连接。未来，随着全球化进程的推进，WCS 系统将助力京东物流构建跨境智慧物流网络，提升全球供应链的数字化和智能化水平，增强国际竞争力。

3. 成效与市场前景

京东物控 WCS 系统的应用显著提升了仓储作业效率和管理水平。具体成效如下。

（1）作业效率提升。相比传统人工作业方式，WCS 系统可提升作业效率 3 倍至 8 倍。

（2）存储能力提升。智能存储系统使仓库存储能力达到传统货架的 2 倍至 3 倍。

（3）人效提升。拣货人效提升 2 倍至 5 倍，显著减少了人力成本。

（4）管理透明化。通过 3DSCADA 系统，实现了仓储运营管理的透明化、精益化和智能化。

（5）应对高峰期能力增强。在"6·18"大促等高峰期，WCS 系统确保了海量订单的高效处理。

根据华创证券的研究报告，当前中国物流行业的自动化水平仅为 20% 左右，京东物控 WCS 系统的应用展示了数智化物流的巨大潜力，未来数智化物流将迎来爆发式增长，市场前景广阔。

（资料来源：https://finance.eastmoney.com）

讨论：

1. 京东物流 WCS 的数智化转型动机是什么？

2. 京东物流是如何通过 WCS 系统实现数智化转型的？策略有哪些？

3. 简述 WCS 系统在京东物流中的应用效果及意义。

第7章
数智化电子商务配送

【学习目标】

掌握电子商务配送的定义、基本特征及其典型运作流程；熟悉不同配送模式的优势和劣势及适用场景；掌握数智化配送的内涵、主要特征、决策过程及典型设施设备。

【能力目标】

掌握路径优化算法和大数据技术在数智化配送中的应用；能够结合实际，设计并实施基于数智化技术的配送方案。

【思政要求】

引导学生认识数智化电子商务配送在促进经济社会发展、提高人民生活质量方面的重要作用，增强学生对物流行业智能化转型的社会责任感。

【导入案例】

"智领'6·18'"——苏州数智化电子商务配送的成功实践

每年的"6·18"促销活动作为中国电商领域的重要节点，吸引了大量消费者的参与。今年的"6·18"促销活动延长至近一个月，各大电商平台纷纷取消预售制度，导致快递企业面临前所未有的订单量波动与配送压力。省邮政管理局监测数据显示，5月20日至6月16日期间，我省共揽投包裹19.84亿件，揽收快递包裹同比增长17.54%，投递快递包裹增长19.08%。如此庞大的物流需求，对快递企业的配送能力和效率提出了极高的要求。

1. 数智化转型应对挑战

面对突如其来的订单激增，快递企业若仅依赖传统的人工配送模式，难以在短时间内实现高效、精准的配送，可能导致物流拥堵、包裹延误甚至"爆仓"现象。然而，记者在实地考察中发现，各快递企业能够有条不紊地完成配送任务，未出现明显的延误和拥堵问题。这背后，正是快递行业深度推进数智化转型的成果。

2. 无人机配送：提升时效与覆盖

以苏州为例，今年多地开启了快递"无人配送"试点。4月，无锡低空物流无人机配送首飞成功；5月，苏州首条无人机航线进入常态化运行。无人机的应用不仅提升了快件转运配送的效率，还扩大了配送的覆盖范围。

以苏州东山白玉枇杷为例，5月正值枇杷采摘高峰，顺丰速运的枇杷快件数量比上年同期翻了一番，日均达到25万件。在无人机的助力下，枇杷的同城和跨城配送时效大大提升，实现了半日达、最快6小时送达苏浙沪地区，甚至在48小时内覆盖国内259个城市。这一成绩的取得，离不开每天10个架次无人机的高效运作。

3. 无人配送网络的建设与扩展

6月13日，记者来到顺丰速运吴江分拨中心，见证了无人机"大本营"的运作。一架丰翼科技新一代"方舟40"无人机在工作人员的简单操作下迅速起飞，进入预定航线飞往苏州大学未来校区。这条航线自5月8日起已进入常态化运营，每天约8个班次，有效支撑了枇杷等生鲜产品的快速配送需求。

此外，吴江分拨中心还获批了多条新的无人机配送航线，包括飞往三山岛等地，未来计划启用载重0.5~1.5吨的大型无人机，执行最长400公里的运输任务，逐步替代部分支线公路运输。这不仅提升了配送效率，还有效降低了运输成本和碳排放，推动了绿色物流的发展。

4. 无人快递车：智能配送的另一利器

除了无人机，吴江分拨中心还大力推广无人快递车的应用。6月13日下午两点钟，40辆白色无人快递车整齐排队"领取任务"。这些无人车通过智能调度系统，自动完成装载和配送任务，覆盖15公里内的24条配送线路。无人快递车不仅能够"眼观六路、耳听八方"，避开行人和障碍物，遵守交通信号，还能自动卸下转运篮筐，确保快件安全送达。

目前，吴江分拨中心共有62辆无人快递车常态化运行，成为新石器慧研（苏州）机器人有限公司与顺丰速运吴江公司合作的规模化落地项目。此项目得益于吴江区智能车联网工作领导小组的政策支持，推动了无人配送车在乡间、校园及城市的广泛应用。在苏州市相城区，无人快递车的应用更是进入了常态化运营阶段，41台无人配送车每日配送约1.4万件快件，成为江苏省首个快递无人配送示范区的重要组成部分。

5. 数智化系统的综合应用

除了无人机和无人快递车，顺丰速运吴江分拨中心还引入了"星河"AGV调度系统，实现了分拣中心的全自动化操作。该系统每天可自动搬运110个转运笼车，完全替代了人工叉车，大幅提升了分拣效率与准确性。同时，使用标准化的转运笼车，不仅环保可循环使用，还能无缝衔接无人车、无人机等自动化设备，构建起智慧快递的核心模块。

在运输过程中，人工智能"昆仑时效控制塔"通过实时监控和算法预测，优化配送路径和调度策略。例如，在"南京—杭州"快递车上，当系统检测到行驶速度可能导致延误时，立即提醒司机提速，并在车辆即将到达目的地的前15分钟下达优先卸车任务，有效确保了配送时效。

尽管数智化转型为快递行业带来了诸多益处，但仍面临一些挑战。不同快递企业在数智化转型的深度和广度上存在差异，主要由于算力资源紧张、定制化租赁成本高以及数据孤岛现象严重。国家邮政局发展研究中心信息科技处处长朱晓磊指出，数智化快递的发展需要从标准体系建设、科技研发中心建设、人才培养等方面多管齐下。同时，鼓励快递企业与国内领先的人工智能企业合作，促进全链条的智改数转，建立行业数据交换和共享机制，是推动数智化转型的关键路径。

（资料来源：https://www.sohu.com/a/786688634_539687）

思考：在"6·18"促销中，电商企业是如何利用数智化技术应对订单激增的挑战的？数智化在提升配送效率和服务质量方面具体发挥了哪些作用？

7.1 电子商务配送概述

7.1.1 电子商务配送的概念及特征

7.1.1.1 电子商务配送的概念

"配送"最早来源于日本对 Delivery 的意译,但根据各国在物流领域配送的发展状况,都对配送赋予了不同的定义。我国国家标准《物流术语》(GB/T 18354—2021)将配送的定义为:"在合理的经济范围内,根据客户要求,对物品进行分类、拣选、集货、包装、组配等作业,并按时送达指定地点的物流活动。"

具体来讲,配送包含了以下五项内容。

(1)配送不仅仅是简单的送货,而是接近用户资源配置的全过程。

(2)配送不是简单的送货,而是一种有计划、有组织的管理活动。

(3)配送是"配"与"送"的有机结合,有组织、有计划地"配"才能实现"低成本、快速度"地"送",进而有效满足顾客的需求。

(4)配送是一种"中转"形式。一般送货往往是直达型,是生产什么,有什么送什么。而配送则是企业需要什么送什么。

(5)以用户要求为出发点。配送是从用户利益出发,按用户要求进行的一种活动。

与一般配送不同,电子商务配送是指配送企业采用网络化的计算机技术和现代化的硬件设备、软件系统及先进的管理手段,针对社会需求,严格地、守信用地按用户的订货要求,进行分类、编码、整理、配货等理货工作,定时、定点、定量地交给没有范围限度的各类用户,满足其对商品的需求。

7.1.1.2 电子商务配送的特征

电子商务配送在现代物流体系中展现出独有的特征,主要体现以下四个方面。

(1)虚拟性。电子商务配送的虚拟性源于互联网的无形特性。通过计算机技术,配送活动从传统的实体空间拓展到虚拟网络空间,物流信息可以在不同地点、不同时间实现实时共享和协同管理。例如,通过虚拟配送中心,可以模拟和优化实际配送路径，提高配送效率。

（2）实时性。实时性是电子商务配送的重要特征之一。通过数字化和信息化手段，配送过程中的各项信息可以实时监控和更新，确保配送活动能够及时响应和调整。例如，利用 GPS 技术进行实时定位，监控配送车辆的位置和状态，及时调整配送路线应对突发情况。

（3）个性化。个性化配送是满足不同消费者需求的重要手段。电子商务配送能够根据消费者的偏好和要求，提供定制化的配送服务，如指定配送时间、配送方式等。这不仅提升了用户体验，也为企业创造了更多的价值。例如，通过大数据分析，可以预测消费者的购买行为，提前安排配送资源，实现精准配送。

（4）增值性。电子商务配送不仅仅是商品的简单运输，还包括一系列增值服务，如商品包装、产品组装、售后服务等。这些增值服务能够提升商品的附加价值，增强消费者的满意度和忠诚度。例如，某些电商平台提供的上门安装服务不仅提高了配送的便利性，也增强了消费者对品牌的信任感。

7.1.2　电子商务配送流程

电子商务配送流程是确保商品从卖家顺利转移到买家手中的关键环节，其高效运作对于提升客户体验和增强企业竞争力至关重要。电子商务配送流程主要包括以下环节。

7.1.2.1　订单接收与确认

电子商务配送始于订单接收。消费者通过电商平台下单后，系统生成订单信息，包括商品详情、数量、价格、配送地址等。商家需及时审核订单，确认订单信息的准确性和有效性。一旦确认无误，商家将准备进入发货阶段。

7.1.2.2　商品准备与包装

在订单确认后，商家根据订单信息从仓库中挑选商品，进行质量检查和数量核对。商品准备完毕，商家需选择合适的包装材料，确保商品在运输过程中不受损坏。包装时还需附上订单相关的发票、保修卡等文件，以便消费者收货后使用。

7.1.2.3　仓库管理与分拣

仓库管理在电子商务配送中起着至关重要的作用。商家需利用先进的仓库管理系统实现商品的快速定位、准确分拣和高效出库。通过自动化设备和智能化系统，商家可以实时监控库存状态，优化仓库布局，提高分拣效率，确保商品能够及时、准确地取出并进行后续操作。

7.1.2.4 物流渠道选择与运单生成

商家需根据订单要求和物流渠道的可用性，选择合适的物流服务提供商。这包括快递公司、物流代理等。选择好物流渠道后，商家会生成相应的运单，包括订单号、收货人信息、发货人信息、商品信息等。运单是物流过程中的重要凭证，需确保信息的准确性和完整性。

7.1.2.5 物流揽件与跟踪

商家将包装好的商品交给选择的物流渠道。物流渠道在揽收后会生成相应的快递单号，并更新物流信息。商家和消费者可以通过快递单号在物流公司的官方网站或手机应用上进行物流跟踪，了解包裹的运输状态和预计到达时间。实时跟踪服务有助于提升消费者的购物体验，增强其对商家的信任感。

7.1.2.6 物流配送与签收

物流公司根据运单信息进行配送，将包裹送达消费者指定的收货地址。在配送过程中，物流公司需确保包裹的安全性和及时性。当包裹到达收货地址后，配送人员会与消费者联系，安排送货时间。消费者需仔细检查商品的完整性和数量，并在确认无误后签收。签收后，订单即视为完成。

7.1.2.7 售后服务与退调处理

电子商务配送流程不仅止于签收，还包括售后服务和退调处理。商家需确保消费者在购买商品后能够享受到良好的售后服务，如商品咨询、退换货等。对于需要退货的商品，商家需按照退调流程处理，包括接收退货商品、检查商品状态、办理退款或换货等手续。同时，商家还需建立完善的账务处理系统，确保退调过程中的资金流转准确无误。

7.1.2.8 信息处理与系统集成

在电子商务配送过程中，信息系统扮演着中枢神经的角色。商家需利用先进的信息技术，实现订单处理、库存管理、物流跟踪等环节的自动化和智能化。通过整合生产商、批发商等客户的信息资源，商家可以优化供应链管理，提高配送效率。同时，商家还需与物流公司实现系统对接，确保物流信息的实时共享和协同管理。通过信息处理与系统集成，商家可以实现对整个配送流程的实时监控和优化调整，提升客户满意度和企业竞争力。

总之，电子商务配送流程是一个复杂而精细的系统工程，涉及订单处理、商品准备、仓库管理、物流渠道选择、物流跟踪、配送签收、售后服务等多个环节。商家需利用先进的信息技术和智能化系统，优化配送流程，提高配送效率和服务质量，以满足消费者的需求和期望。

7.1.3　电子商务配送模式

7.1.3.1　自营配送模式

自营配送模式即自营物流，指的是企业自行投资建设并运营物流基础设施，如运输工具、储存仓库等，并全面负责管理企业内部的物流运作流程。我国传统物流基本上都是以自营物流为主，近年来，第三方物流发展迅速，成为现代物流的重要趋势。自营物流与第三方物流各有特点，都是现代物流的重要组成部分。

（1）自营配送模式的优势。

①反应快速、灵活：自营物流作为企业内部组成部分，与经营部门紧密协作，以服务于企业生产经营为核心。它能高效响应企业在物流上的时空需求，尤其对于物流配送频繁的企业而言，自营物流凭借其快速、灵活的特点，能更精准地满足企业要求。

②有效控制物流系统：自营物流使企业能够通过内部行政管理全面掌控物流运作的各个环节。这种较强的供应链控制能力促进了物流与其他业务环节的紧密协同，从而确保企业供应链更加协调、稳定，并显著提升物流运作效率。

（2）自营配送模式的不足。

①一次性投资大、成本高：自营物流涵盖运输、仓储、包装等多个环节，需要一次性投入大量资金。物流体系建设占用资金量大，对企业资金流构成压力。对于资金有限的企业，物流系统的高额投资成为沉重负担。

②需要较强的物流管理能力：自营物流的运营，需要企业工作人员具有专业化的物流管理能力。

7.1.3.2　第三方配送模式

第三方配送模式即第三方物流（Third-Party Logistics，3PL）。3PL 是由相对"第一方"发货人和"第二方"收货人而言的第三方专业企业来承担企业物流活动的一种物流形态。它是提供物流交易双方的部分或全部物流功能的外部服务提供者。由于 3PL 是以签订合同的方式，在一定期限内将部分或全部物流委托给专业物流企业来完成，因此又称合同物流或契约物流，外包物流。

（1）第三方配送模式的优势。

①企业集中精力于核心业务：企业的资源是有限的，很难在所有业务上精通。企业将主要资源集中于自己擅长的主业，而把物流等辅助功能外包出去，可以集中资源，把主业做大、做强、做精，提升其核心竞争力。

②降低经营成本：一是减少投资，加速周转。与自营物流模式相比，外包物流可以减少设施的投资，释放仓库和车占有资金，加速资金周转。二是规模化、专业化、信息化等优势降低成本。规模优势提高资源利用率，专业化优势提高工作效率，强大信息服务提高管理效率，降低物流成本。

③提升顾客价值：第三方物流依托广泛的物流网络，运用先进的物流设施，为顾客提供更灵活多样、高品质服务，为顾客创造更多价值。

（2）第三方配送模式的不足。

①企业物流外包的控制挑战：物流外包意味着企业无法像自营时那样自如控制物流各环节。外包企业对第三方物流的依赖加深，因其服务质量与效率直接影响企业运营。物流公司可能利用地位欺诈提高价格，并转向那些能满足他们利益的客户，产生种种机会主义行为，影响企业稳定运营。

②第三方物流尚未成熟：我国第三方物流总体尚未成熟，没有达到足够的规模与专业化水平；缺乏专业设计、评估物流系统的人才；服务尚不能满足外包方的需求，成本节约与服务改进优势不明显，可能影响顾客服务，损害长期关系。另外，外包可能会使企业放弃对物流专业技术的开发；第三方物流可能因其直接接触顾客而提升形象，取代外包方地位。

7.1.3.3 共同配送模式

共同配送模式是一种高效的物流协作方式，其核心在于整合与优化。一方面，多个物流企业在配送网络与服务上各具优势，通过建立基于互信、风险共担、利益共享的长期战略合作伙伴关系，形成"虚拟联盟"。这一联盟借助协作性信息平台，将配送中心、运输等物流服务部门紧密连接，实现配送要素的双向或多向流动、信息共享，并运用决策支持技术进行统一调度与管理。另一方面，共同配送也体现为多个客户联合，选择同一第三方物流公司提供配送服务。这种模式能够灵活应对商品配送的多样化、多层次需求及流通渠道的多元化，实现精准配送。随着其不断发展，共同配送将成为推动城市配送效率提升与服务优化的主导力量。

共同配送模式有以下好处。

一是集约化程度高。通过将人工、设备及设施费用分摊至众多共享客户，实现了与大客户相当的业务规模。这种共享模式促进了物流规模效益的发挥，有效降低了成本并提升了服务水平。

二是能更好满足顾客需求。针对需求量不大但商品种类多、时间要求高的客户，共同配送通过整合多方资源，有效满足其多样化需求。

三是优化资源配置。共同配送通过整合客户商品、车辆库房及配送线路等多方面资源，实现资源高效利用。

四是提高运输效率。共同配送通过整合多客户货物，充分利用冷藏车辆的载重与空间，减少空载浪费，有效提升运输效率。

五是提升配送科技水平。共同配送不仅促进信息系统与网络共建，实现信息实时共享与快速响应，还便于运用射频技术、GPS、传感技术等现代科技手段，对配送全程实施精准监控。

六是增进社会效益。共同配送有效减少在途车辆，缓解交通拥堵，降低碳排放，减轻环境污染。

7.1.3.4　众包配送模式

众包配送模式是互联网背景下的一种新零售模式，是指在线平台在自有配送资源无法满足特定配送需求时，通过众包物流服务平台，将配送任务外包给社会闲散人员完成的一种物流配送方式。在这种模式下，任何拥有智能手机和简单交通工具的个体都可以在空闲时间注册成为配送员，参与配送任务，获取相应报酬。众包配送模式还激发了大众的创新创业活力，为创业者提供了低门槛的创业机会，进一步推动了物流行业的创新发展。

（1）众包配送模式的优势。

①灵活性高：众包配送模式能够迅速响应市场变化，满足客户多样化的配送需求。无论是特殊地区还是特定时间段的配送需求，众包模式都能灵活应对。

②成本效益明显：通过利用社会闲散资源，众包配送模式降低了企业的运营成本。企业无须自建庞大的配送团队，也无须承担全职员工的固定成本。

③提高资源利用率：众包配送能够有效整合和利用社会闲置资源，如车辆和人力，减少资源浪费，提高资源使用效率。

④环保节能：众包配送模式通常依赖个人交通工具，这些交通工具相比传统物流

车辆更为节能环保，有助于减少碳排放，保护环境。

（2）众包配送模式的不足。

①服务质量参差不齐：由于众包配送员多为兼职人员，缺乏专业培训和统一管理，可能导致服务质量不稳定，影响客户体验。

②监管难度大：众包配送模式的灵活性也带来了监管上的挑战。企业难以对配送员进行实时有效的监管，增加了服务履约的风险。

③安全隐患：众包配送员可能缺乏专业的交通安全知识和技能培训，增加了发生交通事故的风险。同时，由于配送任务的不确定性，配送员可能面临超时、超负荷工作等问题，影响身体健康。

④配送效率问题：众包配送的即时推送设定可能导致同一路线的订单被多人分食，降低单次配送量，影响配送效率。此外，配送员对路线的熟悉程度、操作熟练度等因素也可能影响配送效率。

众包配送模式在带来灵活性和成本效益的同时，也面临着服务质量、监管难度、安全隐患和配送效率等方面的挑战。因此，企业在采用众包配送模式时，需要综合考虑各种因素，制定合理的管理策略，以确保配送服务的质量和效率。

7.1.3.5　不同配送模式的比较

不同配送模式的特点、适用场景各不相同，表7-1对比了不同配送模式的优势、劣势和适用场景。

表7-1　不同配送模式优势、劣势和适用场景比较

配送模式	优势	劣势	适用场景
自营配送	反应快速、灵活；控制权强	投资大、成本高；管理复杂	大型电商企业，有足够资金和管理能力的企业
第三方配送	专注核心业务，降低成本，灵活性高	控制力弱，依赖性强，模式成熟度不一	中小企业，需快速扩展配送能力的企业
共同配送	集约化高，满足多样需求，优化资源，提升运输效率，提升社会效益	需要协同合作，信息共享难度大	多企业合作，城市配送，高密度配送区域
众包配送	工作时间灵活，增加收入，高效服务	收入不稳定，管理难度大，缺乏装备支持	外卖配送，临时性高峰期配送，灵活性要求高的场景

7.2　数智化配送系统

7.2.1　数智化配送的内涵及特征

7.2.1.1　数智化配送的内涵

数智化配送强调数字化与智能化技术在配送过程中的深度融合与协同作用。通过将大数据、物联网、云计算、人工智能等数字技术与智能硬件应用于物流配送活动中，使得配送过程更加高效、精准和灵活。数字化技术实现了物流信息的全面采集与实时传输，智能化技术则赋予系统自我感知、分析、决策和执行的能力，从而全面提升配送的响应速度和服务质量。

因此，数智化配送可以看作是配送模式向智能化、自动化转型的高级阶段，是物流配送体系中数字技术与智能技术深度融合的体现。它不是技术的简单叠加，而是通过数智融合推动系统智慧生成，实现物流配送全过程的智能优化和自主决策。

数智化配送广泛应用于配送管理的多个环节。在订单处理环节，利用大数据分析实现需求预测并库存优化；仓储管理中，智能系统结合自动化设备和物联网技术提升效率；最后一公里配送采用配送机器人和无人驾驶车辆，实现高效、精准的配送服务。这些应用促进了配送链条的信息共享、资源优化与流程自动化，显著提升了配送效率和用户体验。

7.2.1.2　数智化配送的特征

（1）高度集成的数字与智能技术。数智化配送将大数据、物联网、人工智能等数字技术与智能硬件高度集成，形成一个互联互通的智能物流系统。这种集成提升了协同效率，实现了数据的实时共享与动态分析，为精准决策提供支持。

（2）实时感知与动态响应。配送系统利用物联网技术实时监测货物位置、运输环境及设备运行状况。基于这些实时数据，系统能够动态调整配送策略，及时应对突发状况，确保配送过程的顺畅与高效。

（3）智能决策与自主执行。数智化配送通过大数据分析和机器学习，智能优化路径、调度资源，并自主执行自动分拣、智能调度等任务，减少人为干预，提高操作效率和准确性。

（4）全流程自动化与协同化。数智化技术覆盖配送全过程，实现从订单生成到最终交付的全流程自动化。各环节之间通过智能系统实现无缝衔接与协同作业，提升整体配送效率，缩短配送时间，降低运营成本。

（5）个性化与智能化的用户体验。数智化配送通过对用户需求和行为数据的深度分析，提供个性化的配送服务及灵活的配送方式选择。同时，智能客服系统实时响应用户咨询和反馈，从而增强用户满意度和忠诚度。

7.2.2　数智化配送设施设备

数智化配送系统依赖于多种先进的设施设备，典型的设施设备包括配送无人机、智能快递柜和配送机器人。

7.2.2.1　配送无人机

（1）定义及类型。配送无人机是指专门用于完成物流配送任务的无人驾驶航空器。与通用无人机不同，配送无人机通常配备有专用的货物投递装置，具备高效、安全和精准的配送能力。根据机身结构和功能，配送无人机主要分为三类，如表7-2所示。

表7-2　不同类型配送无人机比较

类型	特点	适用范围
固定翼无人机	优点：续航能力、承载能力强，能量利用率高；缺点：结构复杂、灵活性较差、起降场所要求较高	适用于长距离、高速度配送，通常用于大规模货物运输
多旋翼无人机	优点：体积小、结构简单、造价较低，能够定点悬停，灵活性强；缺点：一般采用纯电驱动、续航能力较弱	适用于城市密集区域的小型货物精确配送
混合型无人机	具备固定翼与多旋翼的优点	具备长距离和灵活配送能力

（2）系统组成及工作原理。配送无人机的系统组成包括动力系统、飞行控制系统、任务载荷系统和通信系统，各部分协同工作，实现自主飞行和高效配送。

①动力系统。动力系统是配送无人机的核心，决定其飞行性能和续航能力。根据无人机类型，动力系统可分为活塞式发动机系统和电动动力系统。其中活塞式发动机系统主要应用于大型和中型无人机，具备较高的动力输出，适用于长时间飞行和大载荷任务。电动动力系统广泛用于多旋翼和部分固定翼无人机，具有成本低、维护简便、环保等优点。电动动力系统由电动机、螺旋桨、电子调速器和电池组成，多旋翼无人

机通过调节各电动机的转速实现飞行控制。

②飞行控制系统。飞行控制系统是无人机的"大脑"，负责姿态控制、导航和任务执行。主要组件包括：主控单元、惯性测量单元、GPS模块和指南针模块和LED指示灯模块。其中，主控单元负责集成飞行控制逻辑，管理无人机的飞行状态和任务规划。惯性测量单元（IMU）主要感知无人机的姿态变化，包括俯仰、滚转和偏航角度。GPS模块和指南针模块提供无人机的精确定位和方向信息，支持导航和路径规划。LED指示灯模块则实时显示无人机的飞行状态，帮助操作人员监控飞行情况。

③任务载荷系统。配送无人机的任务载荷系统包括货物投递装置、摄像设备和传感器等。货物投递装置通常为可控释放机制，确保货物安全、精准地投递到指定地点。摄像设备用于实时监控配送过程，传感器用于环境感知和数据采集。

④通信系统。通信系统包括无线电信号传输模块和地面控制站，实现无人机与操作人员之间的实时数据交换。通过高频通信技术，无人机能够接收任务指令、传输飞行状态和视频数据，实现远程控制与监控。

图7-1显示了配送无人机系统的工作原理。配送无人机通过飞行控制系统接收配送任务指令，利用GPS和传感器进行导航和避障，按照预设路径飞行至目的地。到达配送点后，自动或远程操作货物舱进行包裹投递，完成配送任务后返回基地或执行下一任务。

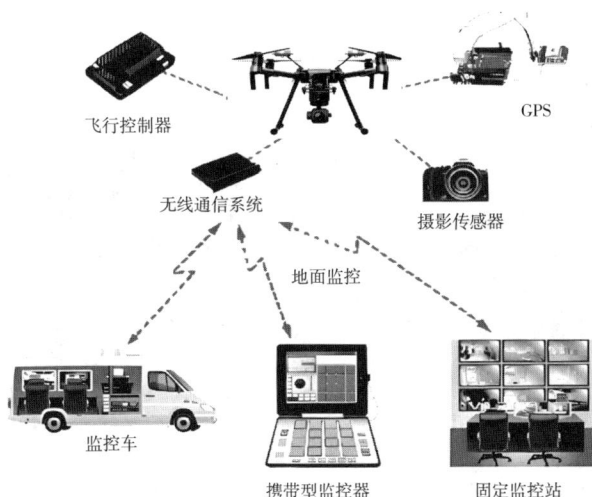

图7-1　配送无人机系统工作原理

（3）技术特点。

①可靠性。现代配送无人机采用先进的宽带高速遥控数据链技术，显著降低了故

障率。相比早期无人机，现代配送无人机在机械结构和数据传输方面更加稳定，保障了任务的高效执行。

②自主性。配送无人机具备高度自主飞行能力，能够进行自主导航、路径规划和任务执行。即使在失去地面控制的情况下，无人机也能自动归航和安全降落，确保飞行安全。

③长续航。配送无人机的续航能力因类型而异，多旋翼无人机一般可飞行1~2小时，而固定翼和混合型无人机则可持续飞行数小时甚至超过24小时。通过采用高效的动力系统和优化的飞行路径，配送无人机能够满足不同配送需求。

④多功能。配送无人机可搭载多种任务载荷，如摄像设备、传感器、快递投递装置等，适用于多种复杂任务。例如，灾害救援中，无人机可通过热成像摄像头识别高温区域，提升救援效率；在电商配送中，无人机可实现快速、精准的包裹投递。

⑤协同性。配送无人机具备群集协同作战能力，通过双向数据链实现多机协同，能够执行复杂任务。无人机集群在物流中可实现高效的货物投递和运输任务，优化整体配送效率。

（4）推广难点。近年来，配送无人机在全球范围内迅速发展，多个电商巨头和物流企业纷纷投入资源进行研发和试点。例如，亚马逊的 Prime Air 无人机配送服务（图7-2），实现了30分钟内的包裹投递。京东在中国多个偏远地区和大型城市开展无人机配送试点，通过无人机实现快速、精准的包裹投递，提高配送效率。顺丰物流推出"空中飞人"无人机配送服务（图7-3），主要覆盖偏远地区和紧急配送需求，提升物流服务的覆盖面和响应速度。

图7-2 亚马逊Prime Air无人机　　　图7-3 顺丰"空中飞人"无人机

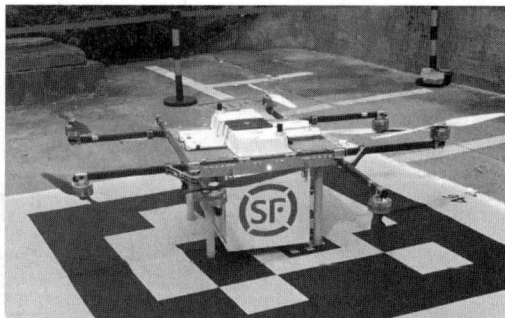

尽管配送无人机具有巨大的应用潜力，但其推广仍面临诸多挑战：

①法规与政策限制。无人机配送涉及航空法规、隐私保护和安全监管等多个方面。目前，许多国家和地区尚未完善相关法律法规，限制了配送无人机的大规模应用。

②技术瓶颈。配送无人机在飞行控制、避障技术、电池续航和载荷能力等方面仍存在技术瓶颈。提升无人机的自主飞行能力和任务执行效率，是实现大规模配送的关键。

③基础设施建设。配送无人机需要配套的基础设施，如起降场地、充电站和维护中心等。当前，这些基础设施在许多地区尚未完善，限制了配送无人机的普及和应用。

④成本与经济性。配送无人机的研发和运营成本较高，尤其是在初期阶段。降低成本、提高经济性，是推动配送无人机商业化应用的重要因素。

⑤社会接受度。无人机配送涉及噪声、隐私和安全等社会问题，可能引发公众的担忧和反感。提升社会接受度，需要企业和政府共同努力，制定合理的使用规范和安全保障措施。

7.2.2.2 智能快递柜

智能快递柜是一种基于物联网、大数据和人工智能等技术，实现快递包裹自助存储、取件和管理的智能设备。当前，丰巢、速递易、菜鸟等电商企业不断加大终端快递柜建设投入，智能快递柜逐渐应用于校区、学校、办公楼，成为一种重要的末端配送装备。

（1）技术特点。智能快递柜减少了快递员与用户之间的直接接触，提高了快递的存储效率和安全性。同时，它还提供了更加灵活的取件时间和地点选择，方便了用户的日常生活。具有以下特点。

①安全性。智能快递柜作为快递行业的一种新型解决方案，安全性是其首先要考虑的问题。智能快递柜采用安全锁具、视频监控等多重安全措施，保证快递包裹安全可靠，同时还可记录取件人信息，确保取件的合法性。

②可靠性。智能快递柜在设计之初就注重可靠性的问题，其构造坚固、耐用，抗外部冲击能力强，具备维护方便等特点，可确保其在长期使用过程中不易出现故障。

③节能性。智能快递柜使用智能节能控制技术，分时段控制开关，降低功耗，减少能源浪费。同时，其还可以使用太阳能等可再生能源，使能源利用更加节约、环保。

④智能性。智能快递柜注重用户体验，通过智能化设计，实现用户自主取件、自助操作。在使用过程中，可通过语音提示、触摸屏等方式，让用户更好地了解取件操作流程，提高操作效率。

⑤适应性。智能快递柜的使用范围广泛。可以适应不同场所、使用需求，如小区、商场、学校、企业等地方，都可以享受到智能快递柜的方便快捷服务。同时，自助结

算功能、个性化服务等功能也可根据场所需求定制。

（2）工作原理。智能快递柜通过物联网技术和人工智能算法实现快递的自动分拣、存储和交付。智能快递柜通过与物流公司的信息系统对接，接收包裹投递信息。快递员将包裹存入指定柜格，并通过系统生成取件码或发送通知给收件人。用户通过扫描二维码或输入取件码，在快递柜上解锁对应柜格，取出包裹。整个过程由后台系统自动协调和管理，确保高效、安全的包裹交付。

在中国，智能快递柜的应用已经相当普及（图7-4和图7-5）。京东的"京东柜"、顺丰的"丰巢"、圆通的"圆通快递柜"和中国邮政的"邮政快递柜"在一二线城市得到广泛推广，极大地方便了用户的包裹收发。同时，随着智能快递柜技术的不断升级，功能日益丰富，如支持冷链配送、智能锁具升级、数据分析优化等，进一步提升了用户体验和运营效率。

图7-4　京东智能快递柜　　　图7-5　顺丰智能快递柜

7.2.2.3　配送机器人

配送机器人是一种用于自动化配送的机器人系统，是通过自主导航和智能控制系统，能够在仓库、配送中心或城市街道等环境中完成包裹搬运、分拣和配送任务的智能设备。它们被广泛应用于零售、电子商务和物流行业，以提高快递配送的效率和准确性。

（1）技术特点。配送机器人具有以下特点。

①自动导航：配送机器人使用激光雷达、摄像头、传感器和其他导航技术，能够自主地在室内或室外环境中导航。它们能够识别障碍物、规划最佳路径，并避免碰撞。

②智能感知：配送机器人配备了多种传感器，例如摄像头、超声波传感器和红外线传感器，以便在运输过程中感知周围环境。这样可以帮助它们识别和回避障碍物、识别交通信号和道路标志等。

③载重能力：配送机器人根据设计目的和使用场景的不同，具备不同的载重能力。

有些设计用于小件配送，能够携带轻量的包裹，而其他机器人则适用于大型货物的运输。

④及时通信：配送机器人通常与中央控制系统或云平台相连，以实时传递信息。这样，操作人员可以监控机器人的位置、运输状态和配送进度，并对其进行必要的控制和调度。

⑤安全措施：为了确保安全，配送机器人通常采用多种安全措施。例如，它们可以配备紧急停止按钮，以便在紧急情况下停止操作。此外，机器人还通过密码、指纹识别或人脸识别等方式进行身份验证，以确保只有授权人员可以访问它们。

（2）工作原理。配送机器人通过内置的导航系统和传感器，实时感知周围环境，规划最优路径并自主移动。在仓库中，机器人根据系统指令自动搬运和分拣包裹；在配送过程中，机器人按照预设路线完成包裹投递。整个过程由中央控制系统协调，确保高效、准确地完成配送任务。

配送机器人在全球范围内得到广泛应用。如图7-6和图7-7所示，亚马逊的"Scout"和顺丰的"丰派"等，均展示了配送机器人在实际运营中的应用潜力。在中国，配送机器人已在多个城市进行试点，覆盖商业区、居民区和工业园区，显著提升了最后一公里配送效率。同时，随着人工智能和机器人技术的不断进步，配送机器人的智能化水平和应用范围将进一步拓展，成为数智化配送的重要支撑。

图7-6 亚马逊的"Scout"配送机器人　　　　图7-7 顺丰的"丰派"配送机器人

7.2.3 数智化配送管理技术

配送管理在电子商务物流中扮演着至关重要的角色，数智化技术进一步提升了配送的效率和准确性。下面主要介绍路径优化算法和大数据技术在数智化配送管理中的应用。

7.2.3.1 路径优化算法

路径优化是物流配送中的一个重要环节，在配送过程中，配送线路合理与否对配送深度、成本、效益影响很大。设计合理、高效的配送线路方案，不仅可以减少配送时间，降低物流成本，而且可以更好地为客户服务，提高客户的满意度，提升企业竞争优势。

路径优化算法旨在给定的约束条件下，找到从起点到终点的最优路径，以最小化配送时间、成本或其他资源消耗。在配送管理中，路径优化算法主要通过分析交通状况、配送区域、订单优先级等多种因素，动态调整配送路线，实现高效的物流配送。

目前，路径优化算法主要分为精确算法和启发式算法两大类，各自适用于不同的配送场景。精确算法通过系统地搜索所有可能的解决方案，确保找到最优解。这类算法通常适用于问题规模较小或中等的情况。常见的精确算法包括动态规划法、分支界定法、节约算法、邻接算法、扫除算法和禁忌搜索算法。不同算法适用范围的比较如表7-3所示。

表7-3　精确算法适用范围比较

算法名称	适用范围	优点	缺点
动态规划法	适用于中小规模问题求解最优解	能够找到全局最优解	计算复杂度较高，不适用于大规模问题
分支界定法	适用于求解整数规划问题，特别是车辆路径问题	能够找到最优解或近似最优解	计算量大，需要较多的计算资源
节约算法	适用于运输问题，特别是配送车辆数量较少的情况	计算简单，易于实现	可能无法找到全局最优解
邻接算法	适用于求解城市配送网络优化问题	能够有效减少搜索空间	对初始路径选择敏感
扫除算法	适用于求解配送点较多的车辆路径问题	计算效率较高	可能陷入局部最优解
禁忌搜索算法	适用于求解组合优化问题，能够避免重复搜索	能够跳出局部最优解，找到更优解	参数设置复杂，对初始解依赖性强

启发式算法通过利用问题特性和经验规则，快速找到近似最优解，适用于大规模和复杂的路径优化问题。常见的启发式算法包括蚁群算法、粒子群优化算法和神经网络算法。

（1）蚁群算法（Ant Colony Optimization，ACO）。这是一种基于蚂蚁觅食行为的概率型算法，通过模拟蚂蚁在寻找食物过程中的信息素更新机制，实现路径的优化。该算法具有分布计算、信息正反馈和启发式搜索的特点，适用于动态变化的配送网络和多路径选择问题。

（2）粒子群优化算法（Particle Swarm Optimization，PSO）。它模拟鸟群觅食行为，通过群体协作的随机搜索方式寻找最优解。该算法具有收敛速度快、易于实现的特点，适用于高维度、多约束条件下的路径优化问题。

（3）神经网络算法（Neural Networks，NNs）。神经网络算法借鉴生物神经系统，通过多层处理单元对输入数据进行分类、识别和预测。路径规划中，人工神经网络（ANNs）通过学习大量数据，能够生成适应复杂环境的飞行路径，适用于无人机等智能配送设备的路径优化。

7.2.3.2 大数据技术在数智化配送管理中的应用

大数据技术在数智化配送管理中扮演着重要角色，通过对海量数据的收集、存储、分析和挖掘，实现精准的市场预测、配送中心选址优化及配送线路优化。以下以京东在"6·18"促销活动中的应用为例，展示大数据技术在实际配送中的具体应用。

（1）精准的市场预测。在大型促销活动如"6·18"和"双11"期间，京东通过京东青龙系统对客户购物车、浏览时间、评价信息和收藏夹等数据进行分析，了解客户需求和购买意向。通过聚类分析确定客户群，对商品生命周期进行预测，合理安排库存和运输工作。大数据技术的实时性能够解决传统问卷调查法的延迟性和效率低下问题，这种精准的市场预测能够有效利用资源，避免库存积压或缺货，提升销售效率和客户满意度。

（2）配送中心选址优化。在配送中心选址过程中，京东利用大数据分析方法综合考虑经营环境、基础设施状况、自然环境和其他因素。通过选择合适的算法，实现了成本最小化目标。2017年8月，京东在唐山建成国内首个"前店后仓"体验中心，通过大数据分析发现三四线城市的日平均单量增速高于一二线城市，进而在这些区域重点布局物流中心。截至2018年，京东物流在全国拥有7个物流中心和335个大型仓库，自营配送覆盖了99%的人口。

（3）配送线路优化。配送效率是衡量物流企业服务能力的重要指标。京东利用大数据技术配合GPS、GIS和PMS系统，实时抓取配送地区的路况信息，结合智能算法规划最优配送线路，缩短配送时间，降低车辆空驶率，提高配送效率。例如，在"6·18"和"双11"期间，京东通过大数据分析优化仓库拣选作业路线，将单个物品的拣选耗时从22秒降至16秒，并通过时空大数据协调规划仓库搬运小车的路径，减少拥堵，实现了高效有序的仓库作业。

7.3 数智化配送决策

在数智化时代，电子商务配送不仅要求高效、快捷，还需具备智能化、自动化的特征。配送决策是数智化配送体系中的核心环节，涉及配送作业流程、配送区域选取、配送工具选择及配送路线规划等方面。通过数智化技术的应用，配送决策能够更加科学、精准和高效，从而提升整体物流效率和用户体验。

7.3.1 数智化配送作业流程

随着数字技术的进步，消费者可选择的商品种类日益增多，客户需求也变得多样化且瞬息万变。为充分适应市场变化，满足客户多维度的物流需求，通过提升配送服务，优化消费者体验，数智化配送体系逐步取代传统配送模式。

图 7-8 展示了数智化配送的决策过程，主要包括以下三个关键步骤。

（1）基于大数据驱动的智慧配送决策。收集并分析成本、服务水平、交通状况等多方面信息，以服务水平最大化、总成本最小化为目标，设计相应的模型和优化算法。通过这些决策工具，对配送区域的选取、配送工具的选择及路线规划进行科学决策。

（2）使用无人机、无人快递车等无人设备进行配送。采用无人配送工具，通过遥感技术、自主感应装置和预先设置的行驶路径，实现包裹的自动化运输。无人设备在配送难度较高或成本较大的区域（如偏远地区或繁忙都市）发挥优势，节约人力成本，提高配送效率。

（3）将商品存放到智慧配送终端。配送终端（如智能快递柜）通常设置在商务楼宇和社区的物业处，无须过多管理或人员值守。无人配送工具或配送人员将包裹存放至智慧配送终端，消费者可通过短信取件码等方式自行取出商品，节省配送成本并便于管理。

数智化配送体系通过上述步骤实现了对配送需求的计划和高效执行，确保配送过程的快捷、精准和高效。

图7-8 数智化配送的决策过程

7.3.2 数智化配送区域选取

配送区域的合理选取是数智化配送决策中的重要环节,直接影响配送效率和成本。数智化配送区域选取主要包括无人配送区域选取、主动配送区域选取和即时配送区域选取三个方面。

7.3.2.1 无人配送区域选取

无人配送是数智化配送的重要组成部分,结合具体应用场景,合理选取配送区域至关重要。

(1)无人配送工具引导。高精度测绘。高精度测绘是无人配送导航运行的技术基础。与传统地图不同,高精度地图主要面向机器,提供更详细、精准的数据信息。无人配送工具依赖激光点云数据和其他高精度感应装置,确保导航路径的准确性和实时更新。

(2)停靠点选择。智能导航系统。智能导航系统通过服务端向无人配送工具发送关键地理信息,利用高精度传感器判断当前位置是否偏离预定轨道,动态调整路径。无人配送工具的路径规划需全面解析用户订单,精确停靠在指定位置,如办公楼的指定区域,确保包裹的准确投递。

(3)配送区域选取。大数据分析。通过大数据分析历史订单信息,结合无人配送工具的载货能力和地理信息数据,确定配送区域范围。大数据分析帮助识别订单密集区域,合理部署无人配送工具,提升配送效率。例如,在订单密集的闹市区部署更多无人机,确保高效覆盖。

7.3.2.2 主动配送区域选取

主动配送利用大数据技术,通过对海量消费者行为数据的挖掘,精准预测物流需求,并基于此优化配送区域的选取。

(1)聚类分析。通过聚类分析,根据用户特征相似度进行数据聚合,提取消费者的行为特征。结合 TF-IDF（Tem Frequeney-Inverse Document Frequeney, 词频 – 逆文本频率指数）等信息检索技术，统计属性标签的出现频率和权重，识别消费者典型行为特征。

（2）数据挖掘。使用贝叶斯网络、聚类分析、关联分析等方法，对消费者的人口属性、消费特征、信用属性、兴趣爱好、交互信息等进行深度分析，并结合地域分析和时序分析，构建精准的消费者画像。

（3）深度学习和宽度学习。通过深度和宽度混合学习算法实现物流需求量时空分布预测，确定主动配送区域。深度学习用于预测物流需求数据，提取关键特征信息。宽度学习提高预测效率。基于这种混合学习算法，实现精度和速度的平衡。

通过主动配送区域选取，物流企业能够精准定位高需求区域，优化资源配置，提升配送效率。

7.3.2.3　即时配送区域选取

即时配送主要服务于对时效性要求高的配送需求，如生鲜、鲜花、医药等领域。随着新零售和懒人经济的发展，即时配送的应用范围不断扩展。

（1）智能调度系统。智能调度系统依托海量历史订单数据、配送员定位数据和商户数据，实时匹配订单与配送工具。通过智能算法实现自动化调度和资源全局优化配置，提升用户体验。

（2）AI 人工智能。即时配送涉及复杂的决策过程，AI 技术通过深度感知、准确预测和复杂决策能力，优化配送路径、调度资源和时间预估。例如，AI 算法可以根据实时交通状况和订单需求，动态调整配送路线，确保及时送达。

（3）时间送达预估。机器学习技术用于精准预估配送时间，考虑接单、取货、送达等各环节的时间因素。通过对历史数据的训练，机器学习模型能够准确预测不同订单的送达时间，为调度决策提供依据。

（4）运筹优化。运筹优化结合大数据和机器学习，采用最优化理论和强化学习算法，对配送路径和任务分配进行全局优化。通过运筹优化，实现动态最优的配送决策，提高整体配送效率和资源利用率。

即时配送区域选取通过智能调度和 AI 技术，实现高效、精准的配送服务，满足用户对时效性的高要求。

7.3.3　数智化配送工具选择

合理选择配送工具是数智化配送决策的重要组成部分，直接影响配送效率和成本。数智化配送工具选择需综合考虑配送需求、地理环境、技术条件等多方面因素。

7.3.3.1　选择的意义

选择合适的数智化配送工具，能够有效匹配配送需求与服务能力，最大化配送效率，降低物流成本。在物流行业中，末端配送成本约占总物流成本的30%。通过引入无人机等智能工具，提升配送时效，降低人力成本，是企业实现数智化转型的关键。合理选择配送工具，不仅能够提高配送效率，还能通过无人设备补充运力，优化人机协同，提升整体物流系统的运行效率。例如，有人配送适用于需求点密集、订单量大的区域；无人配送则适用于地理位置偏远或配送难度高的区域。

7.3.3.2　选择的过程

数智化配送工具选择过程包括订单筛选、环境因素分析、配送工具选择及配送监控四个步骤。

（1）对商品进行筛选。筛选适合无人配送的商品，需考虑以下因素。一是无人机承载能力。用于短途配送的旋翼无人机的运输能力普遍较小，均载重量15~30千克，无人快递车的载重略高于无人机，无人配送适用于可小批量、高频次运输的商品。如果没有提前考虑到无人设备的载货条件，就可能出现超载或半空载情况，超载对于无人设备的损耗巨大，而半空载使得运力浪费又非常严重。二是配送时间要求。无人配送工具的效率高、速度快，因此非常适用于应急件的配送。DHL曾使用无人机为居住在海岛上的客户进行了药品等应急物资的配送，而亚马逊 Prime Air 推出的 30 分钟送到服务，也充分发挥了无人机的速度，为客户提供更高时效的配送服务。三是需求点的地理位置和环境。无人设备的电池续航时间短，限制了无人配送的服务范围。需求点与配送点的距离、需求点是否在禁飞或限行区域以及需求点附近的交通状况，这些条件也决定了配送工具的选择。

（2）环境因素分析。根据配送区域的具体环境（如交通状况、禁飞或限行区域等），选择合适的配送工具。无人快递车适用于交通相对顺畅、道路标志清晰的街道，无人机则适用于地理位置偏僻或交通不便的区域。

（3）配送工具选择。结合商品属性和外部环境特点，利用 GPS 和传感器数据，对需求点标记坐标，结合天气、交通实况、交付难度等最终确定配送的最优路径。同时结合无人机的运力情况，最终确定配送点到需求点的最优配送方式。

（4）配送监控。通过高精度定位技术，实时监控配送过程，发现订单异常及时反馈。利用智能系统重新规划路线或调整配送工具，确保配送任务顺利完成。

7.3.4 数智化配送路线规划

7.3.4.1 车辆路径问题

车辆路径问题（Vehicle Routing Problem，VRP）是物流配送中的核心问题，涉及对一系列装货点和卸货点的最优路径安排。VRP的目标通常是使用最少的车辆、最短的总路程、最低的运输成本或最短的配送时间，同时满足各种约束条件，如车辆容量、配送时间窗等。

VRP的研究模型依据不同因素的组合而有所不同，主要包括以下几个构成要素（表7-4）。

表7-4　VRP构成要素

构成要素	说明
配送中心	物流配送的起点和终点，集中管理和调度配送任务
客户	需要配送的最终用户或企业，具备具体的配送需求
车辆	承载配送任务的运输工具，包括人力配送车辆和智能配送设备
道路网	配送路径的网络结构，影响配送路线的选择和优化
运输安排要求	包括车辆容量、配送时间窗、订单优先级等，影响配送决策的约束条件
优化目标	如最小化总运输成本、最短配送时间、提高配送服务质量等

7.3.4.2 静态时间窗与动态时间窗

在新零售时代，消费者对终端配送的时效性要求越来越高，主要体现在时间窗及配送任务的实时变化上。针对智慧配送的路线规划问题，可以分为静态时间窗和动态时间窗两种情况进行决策。

（1）静态时间窗的多配送员任务分配与路线规划。静态时间窗指消费者对配送时间的要求在订单生成时已经确定且不变。在这种情况下，配送决策的目标是通过优化配送路径和任务分配，达到配送总成本最低或服务水平最高的目标。决策步骤如下。

①订单确认：核实订单信息，包括商品种类、数量、配送地址及时间窗。

②存货查询与分配：查询仓库库存情况，合理分配订单到不同配送员或配送工具。

③路径规划：利用优化算法设计最优配送路线，确保配送效率和时效性。

④任务分配：根据配送员或配送工具的当前状态和路径规划结果，分配配送任务。

（2）动态时间窗的多配送员任务分配与路线规划。动态时间窗指在配送过程中，配送任务的时间要求可能因各种因素（如订单变更、交通状况变化）而发生变化。这种情况下，配送决策需要具备更高的灵活性和响应能力。决策步骤如下。

①实时数据监控：通过物联网和大数据技术，实时监控订单状态、配送工具位置及交通状况。

②动态路径调整：根据实时数据，动态调整配送路径，优化资源配置。

③实时任务分配：利用智能调度系统，根据当前配送工具的状态和任务需求，动态分配新的配送任务或调整现有任务。

④应急处理：在遇到突发情况（如交通拥堵、配送工具故障）时，快速调整配送计划，确保订单及时送达。

【本章小结】

本章围绕数智化电子商务配送，从基础概念、流程到模式创新进行了深入探讨。首先，介绍了电子商务配送的定义、特征及典型流程，在此基础上，分析了不同电子商务配送模式的适用场景及优劣势。其次，重点介绍配送无人机、智能快递柜及配送机器人等新兴设备的技术原理与应用价值。同时，通过路径优化算法与大数据技术的结合，展示了数智化配送在流程优化与决策支持中的重要作用。最后，剖析了无人配送区域选取、工具选择及路线规划的关键决策点，展现了数智化技术在提升配送效率、降低成本中的深远影响。

【课后习题】

一、单项选择题

1.（　　）不属于电子商务配送的特征。

A. 虚拟性　　　　B. 实时性　　　　C. 高成本性　　　　D. 个性化

2. 电子商务配送流程的首要环节是（　　）。

A. 仓库管理　　B. 商品包装　　C. 订单接收与确认　D. 物流跟踪

3. 以下关于数智化配送设施的描述，正确的是（　　）。

A. 智能快递柜需人工监控取件　　B. 配送无人机可实现自主导航

C. 配送机器人只能应用于室内环境　D. 无人机配送适合大规模重载货物

4. 众包配送模式的主要优点是（　　）。

A. 安全性高　　B. 投资成本低　　C. 专业化程度高　　D. 监管难度小

5. 路径优化算法中，蚁群算法的特点是（　　）。

A. 全局最优性   B. 模拟蚂蚁觅食行为

C. 无法处理动态变化的路径问题   D. 适合小规模问题

6.（   ）模式更适合高峰期订单量大的电商企业。

A. 自营配送   B. 第三方配送   C. 众包配送   D. 共同配送

7. 属于数智化配送系统特点的是（   ）。

A. 完全人工干预   B. 完全依赖传统物流

C. 全流程自动化与协同化   D. 无须信息共享

8. 无人机配送面临的主要挑战是（   ）。

A. 缺乏操作人员   B. 技术瓶颈与法规限制

C. 运输距离短   D. 运输成本过低

二、判断题

1. 数智化配送技术强调数字化与智能化技术的融合。（   ）

2. 配送无人机的飞行控制系统主要负责货物投递。（   ）

3. 共同配送模式适合高密度配送区域的企业合作。（   ）

4. 即时配送主要针对时效性要求低的商品。（   ）

5. 智能快递柜能够支持冷链配送。（   ）

6. 第三方配送模式的核心优势是完全自主性。（   ）

三、简答题

1. 简述电子商务配送的主要特征。

2. 说明数智化配送设施的典型设备及其特点。

3. 比较自营配送与第三方配送的优势与劣势。

4. 概述路径优化算法在电子商务配送中的应用。

5. 结合实例，分析无人机在末端配送中的主要应用场景。

四、讨论题

结合《交通物流降本提质增效行动计划》，探讨数智化低空配送如何通过技术创新与模式创新实现物流成本的有效降低和服务效率的显著提升，并分析未来数智化低空配送在电商物流领域的发展趋势与挑战。

【案例讨论】

无人机在低空物流配送中的应用

2021 年，中共中央国务院印发《国家综合立体交通网规划纲要》，首次提出要发展低空经济。低空经济被誉为未来经济增长的重要引擎，而低空物流作为低空经济的重要驱动之一，孕育着巨大的市场空间。以无人机技术为依托的低空物流配送，改善了传统物流配送模式中人工成本高、效率低、覆盖面有限的痛点，借由立体化的配送网络提供更快速、高效的"门到门"配送服务，有助于打通城市物流的"最后一公里"。

1. 低空物流的概念

低空一般指距离正下方地平面垂直距离在1000米以内的空域，根据各地区自身特点可延伸至3000米以内的空域。低空经济的发展载体是各种有人驾驶和无人驾驶航空器的低空飞行活动，以此带动相关领域融合发展的综合性经济形态。

低空物流作为一种新兴物流模式，尚未形成标准化定义。现阶段，低空物流的主要形式为以无人驾驶航空器（又称无人机）作为核心载具的物流活动。因此，低空物流一般定义为借助无人机、大数据、人工智能等技术所进行的物流运输与配送活动。当前低空物流的应用领域比较广泛，如医疗领域的无人机应急配送服务、无人机快递服务、无人机送餐服务等。低空物流的内涵构成如图7-9所示。

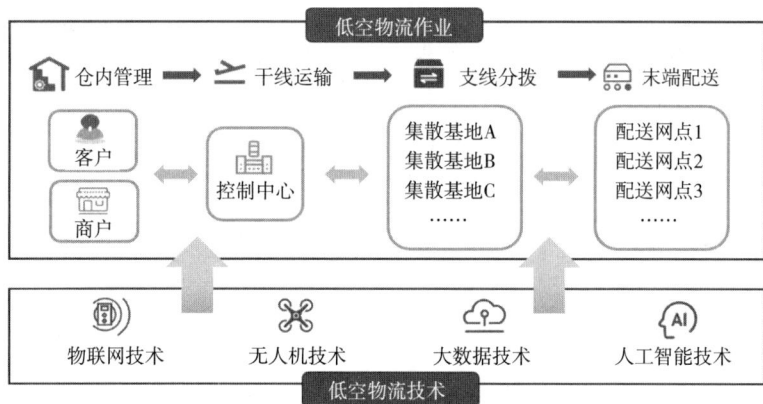

图7-9 低空物流的内涵构成

2. 低空物流的价值

（1）高效便捷，突破时空限制。低空物流的核心优势在于其"立体"运输模式，有效突破了地面交通网络的局限。无人机作为低空物流的主要载体，能够充分利用三维空间，实现高效、快速的物流配送。在交通拥堵的城市区域或偏远地区，无人机能够合理规划物流线路，避开地面交通障碍，显著提升配送效率。这种模式不仅减轻了地面交通压力，还极大提高了物流服务的可达性和及时性。

（2）成本节约，调度灵活。相较于传统航空运输，低空物流在成本控制和调度灵活性方面具有显著优势。无人机运输无须复杂的基础设施和大量人力投入，降低了运营成本。同时，其无人驾驶的特点使得调度更加灵活，能够快速响应市场需求变化。在农村市场，低空物流通过无人机配送专线，有效解决了交通不便地区的物流配送难题，助力乡村振兴。在城市市场，人机协同的配送模式不仅提高了配送效率，还降低了骑手工作难度，为消费者提供更加便捷的服务。

（3）产能协同，运力优化。低空物流的智能化发展，推动了产能协同和运力优化的实现。通过"互联网＋无人机"、人工智能等技术的综合运用，低空物流能够与其他物流方式紧密衔接，形成高效的多式联运模式。无人机在盘点、运输和配送等环节的合理应用，有效提升了物流行业的整体效率。例如，亚马逊、沃尔玛等企业通过建立智能无人机配送中心，实现了快速交货和连续补货的高效管理，提升了物流服务能力。

总之，低空物流以其方便快捷、智能精准、绿色安全、集约高效的特点，成为物流行业的重要发展方向。它不仅有助于构建智能化、信息化、快捷化、绿色化的现代物流运输体系，还深入挖掘了低空经济的"蓝海市场"潜力，为经济高质量发展注入了新动力。

3. 无人机在低空物流配送中的应用场景

无人机在低空物流中的应用场景多样，涵盖了仓储与巡检、运输与分拨、末端配送及应急递送等多个方面。

（1）仓储与巡检。在物流仓储管理中，无人机可以搭载人工智能和无线传输技术，实现仓库的自动化、高效化管理。例如，在大型高架仓库中，无人机可以进行货物盘点和仓库巡检，通过高清相机和传感器实时监测库存情况，提升库存管理的准确性和效率。此外，无人机还可以在集装箱堆场、散货堆场等场所进行物资盘点和检查巡视，确保仓储环境的安全和整洁。

（2）运输与分拨。低空物流在运输与分拨环节中，主要应用于跨地区货运、边防哨所物资运输及物流中心之间的货物分拨。无人机能够在固定航线和班次下，实现标准化的运营管理，送货直线距离一般在100千米~1000千米，具备吨级载重和数小时续航能力。通过搭载传感器和摄像头，无人机能够实时监控货物状态和运输环境，提升运输过程的精细化管理，减少货物丢失和损坏风险。

（3）末端配送。末端配送是低空物流应用最为广泛的场景之一，主要包括快递配送和外卖配送。无人机能够在10千米以内的空中直线距离内完成配送任务，单程飞行时间15~20分钟。以顺丰和美团为代表的企业，已经在部分城市实现了无人机的常态化运营，显著提升了配送效率。例如，顺丰通过"三段式空运网"模式，实现了从大型运输机到支线无人机，再到末端小型无人机的高效配送体系；美团则通过航线规划和自主着陆技术，实现了外卖订单的快速配送。

（4）应急递送。在紧急救援和灾害应急中，无人机物流发挥了不可替代的作用。无人机能够在复杂恶劣的环境中，迅速将急救物资和医疗用品送达受灾区域，保障救援工作的及时性和有效性。例如，在自然灾害发生时，无人机能够绕过地面交通障碍，快速将救援物资送达受困人员手中，极大地提升了应急响应的效率和效果。

4. 无人机低空物流配送应用案例

（1）顺丰"三段式空运网"模式。顺丰自主研发的无人机在完成内部测试后，已在部分地区展开试运行。其"三段式空运网"模式由大型有人运输机、支线大型无人机和末端小型无人机组成，能够实现全国范围内的 36 小时通达，如图 7-10 所示。无人机具备高精度导航系统，飞行误差控制在 2 米以内，确保了配送的准确性和可靠性。

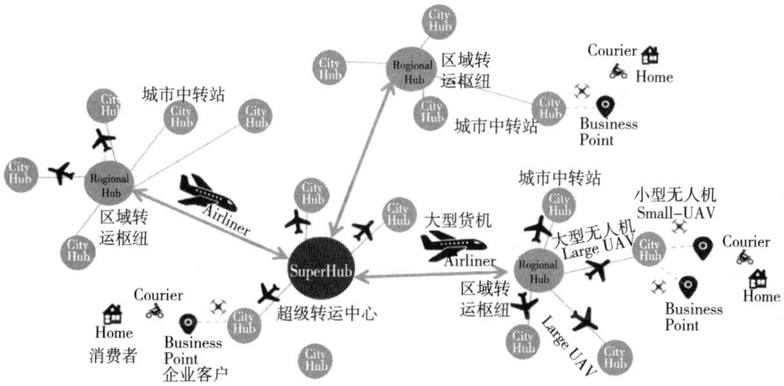

图7-10　顺丰"三段式空运网"结构

（2）京东"三级物流体系"模式。京东构建了"干线—支线—末端"三级无人机＋通航物流体系，在陕西、江苏等地实现了常态化配送运营，如图 7-11 所示。京东还自主研发了"京鸿"无人货运大飞机，进一步提升了物流体系的空地一体化能力，解决了农村和偏远地区的最后一公里配送难题。

图7-11　京东三级无人机+通航物流体系

（3）美团"即时配送"模式。美团的无人机外卖配送服务采用了航线规划、自助充电和自主着陆等先进技术。其无人机具备 2.5 公斤的载重能力和 5 公里的配送半径，能够在 10 公里内完成往返配送。截至 2023 年 8 月，美团在深圳、上海等城市的多个商圈实现了无人机的常态化运营，累计完成订单超过 18.4 万单，配送效率提升了150%。美团外卖利用无人机进行配送的流程如图 7-12 所示。

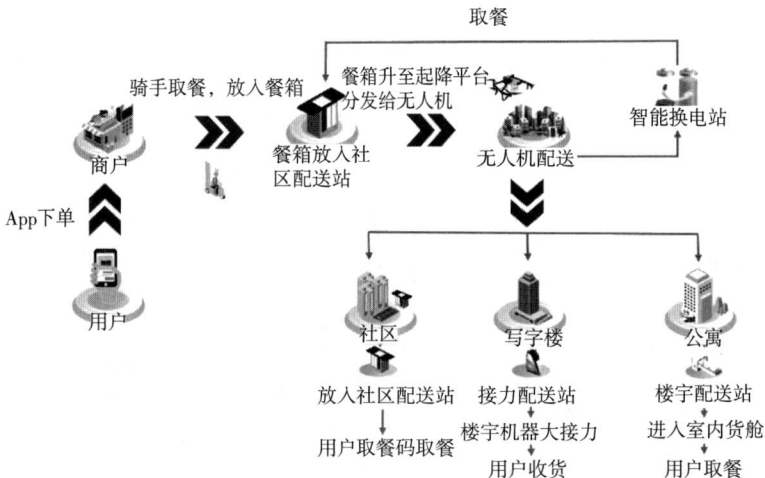

图7-12　美团无人机即时配送流程

无人机在电子商务物流中的应用，特别是在低空经济背景下，展现了其巨大的潜力和广阔的应用前景。通过优化仓储管理、提升运输效率、实现精准的末端配送和高效的应急递送，无人机的应用显著提升了物流运营的效率和准确性。然而，面对法规、技术、成本、安全等多方面的挑战，无人机物流的发展仍需持续的技术创新和政策支持。

未来，随着技术的不断进步和应用场景的不断拓展，无人机物流将在电子商务物流中发挥更加关键的作用，推动物流行业迈向更加智能化、绿色化和高效化的发展阶段。物流企业应积极拥抱无人机技术，探索其在实际运营中的创新应用，提升自身的竞争力和运营效率，为电子商务的持续发展提供坚实的物流支持。

（资料来源：http://www.clse.cc/index.php?m=home）

讨论：

1. 说明无人机配送对发展低空经济的作用和意义。

2. 如何平衡无人机配送的社会接受度与技术经济性？

3. 在城市与农村市场，无人机配送的应用策略应有哪些不同？

第8章
电子商务环境下的数智化供应链

【学习目标】

了解供应链的起源、内涵及其演变过程；掌握供应链管理的核心目标、内容及其在电子商务环境下的特点；熟悉快速反应（QR）、有效客户反应（ECR）和协同规划、预测及连续补货（CPFR）三种供应链管理方法的实施步骤。

【能力目标】

理解数智化供应链的内涵、特点及其在供应链管理中的应用；掌握数字孪生技术在供应链中的应用场景及实施步骤；能够结合实际案例分析数智化供应链在提升企业竞争力中的作用。

【思政要求】

具备系统思维，能够从全局、战略角度分析和解决供应链问题；理解数智化供应链在推动经济高质量发展、提升国家竞争力中的重要作用，增强对国家战略和全球供应链安全的关注和认识。

【导入案例】

百世数智化供应链战略与实践

百世集团（以下简称"百世"）是中国领先的综合物流服务提供商，成立于2007年，业务涵盖供应链管理、快运服务、国际物流等多个领域。在数字化浪潮的推动下，电子商务行业面临着前所未有的机遇与挑战。作为国内领先的综合物流服务提供商，百世凭借其深厚的行业积累和技术创新，积极推进供应链的数智化转型，成为行业数字化转型的典范。

1. 百世的数智化供应链战略。

百世在过去17年的发展过程中，逐步构建了涵盖供应链管理、快运服务和国际物流的多元化业务体系。面对客户对数据可视化、系统互联、数据归集、数据闭环、自动结算、线上线下多渠道销售等多方面的需求，百世提出了五大数智化解决方案。

一是运营全程系统打通。实现各系统之间的无缝对接，确保数据能够实时采集并上传，提升运营效率。

二是建立数据中台。通过数据中台汇集和处理来自不同系统的数据，为后续的数据分析和决策提供基础支持。

三是区块链技术应用。利用区块链技术实现物流全程无纸化管理，推动结算过程的自动化，提升供应链透明度。

四是线上线下同仓。通过多销售平台系统的对接，实现线上线下同仓管理，确保能够随时随地接单并快速响应。

五是"云仓＋云配"模式。采用云仓储和云配送相结合的模式，实现工厂或大仓直配门店，优化仓储和配送资源的配置。

2. 百世数智化供应链实践。

以百世供应链为某知名鞋服品牌提供的全国性仓配物流服务为例，该服务分为线上和线下两个部门。在线上，百世通过全国性的区域分拨中心（RDC）仓储服务、标准化多仓统一运营管理以及快速响应市场变化的定制化仓储运营，确保了鞋服品牌的库存管理高效且灵活。在运输管理方面，百世根据品牌客户的正向、逆向及调拨等多种业务需求，结合门店收货和退货的特殊性，灵活配置运输时间和作业方式，保障了配送业务的高质量完成。

在线下，百世提供全流程的仓储管理服务，包括接单、分配、拣选、验货、包装、发运、退货、质检及返修等环节的全面管理。此外，在促销高峰期，百世通过预包和分仓方案有效应对订单峰值,确保业务顺利进行。在快递优派管理方面,百世整合社会快递资源,通过系统工具提升快递服务质量,降低了快递成本。

3. 成效。

百世通过数智化供应链的实施,显著提升了品牌客户与经销商之间的协同效率。借助百世的供应链系统(包括 OMS、WMS、TMS),实现了品牌方与经销商之间的数据链打通,实现库存一体化管理,支持线上线下、2B2C 一盘货的运营模式。这不仅提高了供应链的透明度,还大幅提升了订单履约率和库存准确率。

在运输配送方面,百世通过区块链技术的应用,实现了运输过程的全链路可视化管理。利用 T8 系统平台、司机 App 及微信小程序等工具,百世能够实时监控订单的整个生命周期,提升了管理效率。此外,百世还与公安部一所、互联网法院等权威机构合作,构建了区块链存证平台,实现了运输过程中的无纸化交接,解决了单据管理与结算的痛点。

在管理数字化和运营网络化方面,目前,百世通过自有的 404 个自营及加盟云仓、18 000 多个快运站点及落地配资源,构建了覆盖全国的云仓 + 云配网络。通过"经营管理系统 + 运营管理系统",百世实现了对运营网络的可视化管理,并基于业财一体化,提供决策支持和优化,进一步提升了供应链的响应速度和灵活性。

百世的数智化供应链不仅提升了自身的运营效率和服务质量,也为客户提供了更加灵活、高效的供应链解决方案,助力客户在激烈的市场竞争中保持优势。通过不断创新和优化,百世将继续引领供应链数智化的发展,为数字经济的高质量发展贡献力量。

[资料来源:武林.百世数智化供应链战略与实践 [J].中国物流与采购,2022(03)]

思考:请结合案例分析数智化供应链在提升企业竞争力中的作用,百世在实施数智化供应链过程中面临的挑战及应对策略。

8.1 供应链管理概述

8.1.1 供应链的内涵与特征

8.1.1.1 供应链的起源

传统企业通常采用"纵向一体化"模式，通过内部整合原材料供应、生产和销售等环节。然而，随着信息技术的迅猛发展、经济环境的快速变化以及个性化需求的增加，企业单靠自身资源难以在竞争激烈的市场中保持优势。因此，供应链理念应运而生，强调通过战略联盟，将原材料供应商、制造商、分销商、零售商和运输商等各类企业紧密结合，形成价值增值链，实现资源的高效整合和协同竞争，达到共赢的效果。从价值增值的角度看，供应链也被称为"价值链"；从满足消费者需求的角度看，则被称为"需求链"。

8.1.1.2 供应链的定义

供应链（Supply Chain）最早源于哈佛大学商学院教授迈克尔·波特（Michael Porter）在其20世纪80年代初期出版的《竞争优势》一书中提出的"价值链"（Value Chain）概念。随着研究的深入，供应链的定义逐渐演变和丰富。

起初，供应链被视为制造企业内部的一个过程，指的是从企业外部采购原材料和零部件，通过生产转换和销售活动，最终将产品传递给零售商和用户的全过程。这一定义侧重于企业内部的操作，忽视了与外部企业的协作。

随着供应链理念的发展，定义逐渐涵盖了与其他企业的联系。供应链被认为是一个包括供应商、制造商、分销商、零售商和最终用户在内的系统，通过各环节的制造、组装、分销和零售等过程，将原材料转化为产品并传递给消费者。例如，美国学者Stevens提出，"供应链是通过增值过程和分销渠道控制，从供应商的供应商到用户的流动过程"，强调了供应链的完整性和各成员的一致性。

近年来，供应链的定义更加注重围绕核心企业的网络关系，包括核心企业与供应商、供应商的供应商以及与用户和用户的用户之间的关系。哈兰德（Harland）将供应链定义为："供应链是执行采购原材料、将其转化为中间产品和成品，并将成品销售到用户的功能网络。"这一定义强调了供应链中的战略伙伴关系，通过建立战略伙伴关系，实现更高效的协作和竞争优势。

我国《物流标准》（GB/T 18354—2021）定义供应链为："生产及流通过程中，围绕核心企业的核心产品或服务，由涉及的原材料供应商、制造商、分销商、零售商直到最终用户等形成的网链结构。"

综合上述观点，本书认为供应链是围绕核心企业，通过对信息流、物流和资金流的控制，从采购原材料开始，经过制造、组装和分销等环节，最终将产品销售到消费者手中的一个功能网络结构。供应链不仅是一条物料链、信息链和资金链，更是一条增值链，涵盖了所有加盟的节点企业，从原材料供应到最终用户，形成一个整体的功能网络。

8.1.1.3　供应链的特征

供应链作为一个复杂的网络系统，具有以下特征：

（1）复杂性。供应链通常由多个层次、不同类型和地域的企业构成，涉及广泛的业务流程和多样的业务活动。这使得供应链结构比单一企业的结构更加复杂，需要协调各环节的运作以确保整体效率。

（2）动态性。供应链在运行过程中不断面临市场需求、技术进步和外部环境的变化，要求供应链能够灵活调整和重组，以适应新的挑战和机遇。这种动态性使得供应链管理必须具备高度的适应能力和灵活性。

（3）面向用户需求。供应链的形成和运作始终以满足用户需求为核心。用户需求的变化驱动着供应链的信息流、物流和资金流的运作，供应链管理需要以用户需求为导向，提升用户满意度和服务水平。

（4）交叉性。供应链中的企业可能同时参与多个供应链，形成交叉结构。这增加了供应链管理的协调难度，需要有效的管理机制来应对不同供应链之间的关系和冲突。

（5）合作性。供应链管理强调供应链成员之间的合作，通过战略伙伴关系实现资源的共享和优势互补。合作性不仅有助于提高供应链的整体效率，还能增强供应链成员的竞争力，实现双赢或多赢的局面。

8.1.2 供应链管理的核心目标与内容

8.1.2.1 供应链管理的内涵

随着全球经济一体化的加速，企业面临着市场拓展、资源优化配置等机遇，同时也面临着需求变化快、交货期缩短、质量要求提升和成本压力增加等挑战。在此背景下，传统的分散经营模式难以应对复杂多变的市场环境。供应链管理作为一种跨企业的集成管理模式，通过协同合作，实现资源的高效整合和优化配置，提升整体竞争力。

国际上对供应链管理的定义众多，以下是几种主要观点。

美国供应链协会认为，供应链管理是对供应链中的信息流、物流和资金流进行设计、规划和控制，从而保证在正确的时间把正确的产品和服务送到正确的地方。

美国 David Simidv Levi 教授认为，供应链管理是在满足服务水平需要的同时，为了使得系统成本最小而采用的把供应商、制造商、仓库和商店有效地结合成一体来生产商品，并把正确数量的商品在正确的时间配送到正确地点的一套方法。

哈兰德（Harland）将供应链管理描述成对商业活动和组织内部关系、与直接采购者的关系、与第一级或第二级供应商的关系、与客户的关系等整个供应链关系的管理。

伊文斯（Evens）认为，供应链管理是通过前馈的信息流和反馈的物料流及信息流，将供应商、制造商、分销商、零售商，直到最终用户连成一个整体的管理模式。

菲利浦（Phillip）则认为，供应链管理不是供应商管理的别称，而是一种新的管理策略，它把不同企业集成起来以增加整个供应链的效率，注重企业之间的合作。

我国国家标准《物流术语》（GB/T 18354—2021）对供应链管理的定义是：从供应链整体目标出发，对供应链中采购、生产、销售各环节的商流、物流、信息流进行统一计划、组织、协调和控制的活动和过程。

综合上述定义，本书认为供应链管理是基于对供应链各环节内在规律和相互联系的理解，利用管理的计划、组织、指挥、协调、控制和激励职能，对产品生产和流通过程中涉及的物流、信息流、资金流、价值流和业务流进行合理调控，以达到资源的最佳组合、最大效率，并以最小成本为客户提供最大价值的过程。

8.1.2.2 供应链管理的特点

（1）管理复杂。供应链涉及多个国家和企业，涵盖物流、商流、资金流和信息流的多维度运作，管理难度大。有效的供应链管理要求管理者对整个供应链过程有全面的掌握，并在系统层面进行统一规划和实施。

（2）面向用户。用户需求是驱动供应链运作的核心动力。供应链管理必须以用户需求为导向，提升用户满意度和服务水平。快速响应和有效满足用户需求变化是供应链管理的重要目标。

（3）动态过程。供应链运行是一个动态过程，需根据内外部环境的变化不断调整和优化。供应链管理者需持续监控供应链运作，及时调整管理方法和运作流程，以保持供应链的竞争优势和活力。

（4）整体效益。供应链管理注重整体效益，而非单个企业的运作。供应链各成员企业需要协调合作，优化整体供应链的运行状态，避免单个企业的优化反而影响整体效益的情况发生。

（5）集成管理。供应链管理需全面整合供应链各环节的管理工作，包括物流管理、采购管理、生产管理等。集成化管理强调将所有流程作为一个整体进行协调，确保管理决策的有效实施，提高供应链的整体效率和响应能力。

8.1.2.3　供应链管理的主要内容

供应链管理涵盖了供应、生产计划、物流和需求管理四个主要领域，同时细分为职能领域和辅助领域，确保供应链的高效运作和整体优化。

（1）供应链管理的四大领域。

①供应：供应管理包括原材料的采购、供应商的选择与管理、供应商关系的维护等。有效的供应管理能够确保原材料的及时供应和质量保障，为生产过程提供可靠的支持。

②生产计划：生产计划涉及生产调度、资源配置、生产流程优化等。通过科学的生产计划，可以提高生产效率，降低生产成本，确保按时交付产品。

③物流：物流管理包括运输、仓储、配送等环节。高效的物流管理能够优化运输路线，降低物流成本，提高配送速度和准确性，提升供应链的运作效率。

④需求管理：需求管理通过市场分析、需求预测和客户关系管理，了解和预测客户需求，指导供应链的各项决策，确保产品和服务能够满足市场需求，提高客户满意度。

（2）供应链管理的职能领域和辅助领域。

①职能领域：包括产品工程、产品技术保证、采购、生产控制、库存控制、仓储管理、分销管理等。这些职能领域直接影响供应链的运作效率和效益，是供应链管理

的核心组成部分。

②辅助领域：包括客户服务、制造、设计工程、会计核算、人力资源、市场营销等。辅助领域支持职能领域的运作，确保供应链管理的顺利进行。

8.1.2.4　供应链管理的核心内容

（1）竞争环境分析和竞争战略。通过分析市场特征、竞争对手、供应商和客户等，制定供应链竞争战略。供应链管理强调发挥链中各企业的核心竞争力，通过业务外包和战略合作，实现资源的优化配置和竞争优势的提升。

（2）供应商和用户战略性合作关系管理。建立和维护供应链成员之间的战略合作关系，通过信息共享和资源整合，增强供应链的整体竞争力。有效的合作关系管理能够促进供应链的协同运作，提高供应链的响应速度和服务水平。

（3）供应链的设计与构造。供应链设计涉及将制造商、供应商和分销商有机整合，形成相互关联的整体。供应链设计需考虑生产系统的优化，延伸到企业外部，确保供应链各环节的协调与高效运作。

（4）供应链信息集成与信息管理。信息共享是供应链管理的核心，通过物联网和信息技术，实现供应链各环节的信息流、物流和资金流的有机结合，提升供应链的透明度和协同效率。

（5）供应链库存管理。从整体供应链的角度管理库存，通过信息共享和协调机制，减少供应链中的库存不确定性，降低库存成本，提高供应链的稳定性和响应能力。

（6）销售网络构造。优化销售网络布局，合理选择仓库地点和容量，优化运输流量，降低生产和运输成本，满足不同地理区域的市场需求，提高供应链的整体效率。

（7）产品设计。通过优化产品设计，降低物流和运输成本，提升产品的市场适应性。产品设计需考虑供应链的整体效率，减少供应链中的冗余和不确定性。

（8）实现客户价值。通过优化供应链管理，提升客户价值。客户价值包括产品和服务的质量、及时交付、灵活响应等。供应链管理需以客户需求为导向，提升客户满意度和忠诚度。

（9）供应链绩效评价。建立科学的绩效评价体系，衡量供应链管理的效果，促进供应链管理水平的持续提升。绩效评价应涵盖供应链各环节的关键指标，确保供应链整体的高效运作。

（10）供应链的信息控制和支持。通过信息技术手段，实现供应链关键数据的集中协调和有效控制。建立信息集成平台，支持供应链各环节的信息共享和协同决策，提升供应链的整体响应能力和效率。

8.1.3 电子商务环境下供应链的特点

电子商务环境下的供应链相较于传统供应链展现出了新的特点，主要体现在以下几个方面。

（1）动态实时性。电子商务供应链强调企业业务之间的动态集成，注重实时信息交换。实时管理成为必然要求，以便及时响应市场变化和客户需求，提高供应链的灵活性和响应速度。

（2）整体最优性。电子商务供应链追求整体的最优性，强调企业合作群体资源共享和信息系统的整合。通过整体协作，提高供应链的竞争优势和盈利能力，避免单个企业的优化反而影响整体效益的情况发生。

（3）敏捷性。电子商务供应链在信息收集处理、管理决策、生产制造、物流配送和信息反馈等方面均表现出高度敏捷性。供应链需要能够快速响应客户需求，迅速调整供应链各环节的运作，提高市场反应速度和服务水平。

（4）协同交互性。电子商务供应链贯穿整个供应链过程，从产品研发、生产、销售到售后服务，提供协同商务参与者之间的交互能力。协同交互是动态的、全方位的、电子化的，有助于加强供应链各环节的紧密联系和协同合作，提升整体供应链的效率和效果。

（5）虚拟性。电子商务供应链更加虚拟化，依赖于网络和信息化技术。在短时间内建立在线电子商务社区，支持供应链合作伙伴进行协同工作和交易，提升供应链的灵活性和效率。虚拟性使得供应链能够跨越地理限制，实现全球范围内的高效协作。

（6）以市场需求为拉力。电子商务供应链以市场需求为驱动力，与传统的“推动式”模式不同，电子商务供应链系统通过消费者和供应链上的各个企业共享信息，优化流通效率，减少不必要的流通环节，加速信息传递，降低各项成本，实现以市场需求为中心的供应链运作模式。

8.2 供应链管理方法与策略

供应链管理（Supply Chain Management, SCM）是现代企业实现资源优化配置、提升竞争力的重要手段。在电子商务环境下，供应链管理的方法与策略更加多样化，以应对快速变化的市场需求和复杂的运营环境。当前，供应链管理中常用的方法主要包括快速反应（Quick Response，QR）、有效客户反应（Efficient Consumer Response，ECR）以及协同规划、预测及连续补货（Collaborative Planning，Forecasting and Replenishment，CPFR）。

8.2.1 快速反应（QR）

8.2.1.1 QR产生的背景

快速反应（QR）管理方法起源于20世纪80年代中期的美国纺织服装行业。当时，随着美国纺织品进口的激增，本地纺织服装企业面临严峻的竞争压力。1984年，美国84家大型企业组成"爱国货运动协会"，旨在通过提升供应链整体效率，重新夺回制造业的竞争优势。Kurt Salmon公司通过研究发现，尽管各环节企业注重提升自身效率，整个供应链的整体效率仍不高。为此，QR方法应运而生，强调信息共享与生产商和零售商之间的战略合作，以实现对消费者需求的快速响应。

沃尔玛作为QR管理方法的先驱，通过与休闲服生产商塞米诺尔及面料生产商米尼肯公司合作，建立了高效的供应链管理体系。QR体系的实施显著提升了各方的经营绩效，增强了产品的市场竞争力，成为其他企业效仿的典范。

8.2.1.2 QR的定义

QR是一种供应链管理方法，旨在通过零售商与制造商建立战略合作伙伴关系，利用信息技术（如EDI）共享销售信息和订货信息，实现高频率、小批量的商品配送。QR的目标是缩短交货周期、减少库存、提高客户服务水平和企业竞争力。QR通过信息技术有效管理商品流和信息流，降低供应链总库存和成本，同时提升销售额，增强供应链各参与方的获利能力。

8.2.1.3　QR 成功的条件

（1）管理模式转变。企业必须从传统的单打独斗模式转变为供应链合作模式，建立合作伙伴关系，利用各方资源提升整体效率。零售商在 QR 体系中扮演主导角色，通过 POS 数据共享和成本信息交换，提高供应链各环节的经营效率。

（2）现代信息技术的应用与信息共享。成功的 QR 依赖于现代信息技术，如商品条形码、物流条形码、EDI 系统、POS 系统等。信息技术的应用使得销售、库存等信息实时共享，各方能够及时发现问题并共同解决。

（3）供应商生产周期的缩短与库存降低。供应商需缩短生产周期，实行多品种少批量生产和高频率小数量配送，降低零售商的库存水平，提升客户服务水平。同时，采用 JIT 生产方式减少供应商自身库存。

8.2.1.4　QR 实施的三个阶段

（1）条码化阶段。对所有商品单元进行条码化，使用 EAN/UPC 条码标识消费单元，ITF-14 条码标识储运单元，EAN/UCC-128 条码标识贸易单元。通过 EDI 系统传输订购单和发票报文。

（2）策略优化阶段。在条码化基础上，增加自动补库和商品及时销售等策略，利用 EDI 系统传输更多业务报文，如收货通知和发货通知报文。

（3）战略合作阶段。与贸易伙伴紧密合作，采用高级 QR 策略，形成集成化的供应链系统，确保整个供应链的整体效益。

8.2.2　有效客户反应（ECR）

8.2.2.1　ECR 的定义与背景

有效客户反应（ECR）的概念起源于 20 世纪 90 年代的美国，由食品杂货行业中的零售商和制造商联合提出，旨在解决传统供应链中存在的信息不对称、库存积压、响应速度慢等关键问题。随着信息技术的飞速发展和电子商务的兴起，ECR 逐渐成为提升供应链整体效能、降低成本并增强消费者满意度的关键手段。

ECR 的提出背景深刻反映了供应链管理的变革需求。在传统供应链模式下，信息在供应链各节点间传递不畅，导致需求预测不准确、库存水平高、响应周期长等问题频发。而 ECR 则通过引入先进的信息技术和协同管理理念，打破了供应链各节点间的信息壁垒，实现了从消费者需求到供应商响应的快速、准确传递，从而大幅提升了供应链的灵活性和响应速度。

8.2.2.2　ECR 的核心原则

ECR 的成功实施依赖于一系列核心原则，这些原则构成了 ECR 体系的基石。

（1）消费者导向。ECR 将消费者需求置于供应链管理的核心位置，要求供应链各节点企业以消费者需求为导向，共同努力确保消费者能够及时、准确地获得所需产品。

（2）信息共享。通过先进的信息技术手段，实现供应链各环节之间的信息共享，减少信息不对称现象，提高决策的准确性和及时性。信息共享是 ECR 成功的关键，它有助于供应链各节点企业更好地协同工作，共同应对市场变化。

（3）合作与协调。ECR 强调供应链各节点企业之间的战略合作和流程协调，通过签订长期合作协议、建立联合工作小组等方式，实现资源的优化配置和高效利用。这种合作与协调机制有助于提升供应链的整体效能和竞争力。

（4）持续改进。ECR 倡导持续的过程优化和技术创新，通过不断改进供应链管理的各个环节，提升供应链的运营效率和服务水平。持续改进是 ECR 保持活力和竞争力的关键所在。

8.2.2.3　ECR 的实施方法

ECR 的实施涉及多个方面，包括需求管理、供应商管理、库存管理和物流优化等。

（1）需求管理。通过市场调研、消费者反馈分析等手段，准确预测市场需求，为供应链各环节的生产和配送计划提供科学依据。需求管理是 ECR 实施的基础，它有助于减少库存积压和缺货现象，提高供应链的响应速度。

（2）供应商管理。与供应商建立长期稳定的合作关系，通过共享需求预测信息、优化采购流程等方式，确保原材料的及时供应和质量保障。供应商管理是 ECR 实施的重要环节，它有助于降低采购成本、提高采购效率。

（3）库存管理。采用先进的库存优化技术，如 JIT（Just-In-Time）和 VMI（Vendor Managed Inventory），实现库存水平的动态调整和快速响应。库存管理对于降低库存成本、提高库存周转率具有重要意义。

（4）物流优化。通过优化运输路线、提高配送效率、降低运输成本等方式，实现物流环节的高效运作。物流优化是 ECR 实施的关键环节之一，它有助于缩短产品交付周期、提高客户满意度。

8.2.2.4　ECR 的意义与影响

（1）降低运营成本。通过优化采购、库存和物流管理，ECR 有助于降低供应链各环节的运营成本，提高整体供应链的经济效益。这有助于企业在激烈的市场竞争中保持成本优势，提升盈利能力。

（2）提升服务水平。ECR通过准确的需求预测和及时的产品配送，提升了供应链的服务水平，满足了消费者的个性化需求。这有助于增强客户满意度和忠诚度，提升企业的品牌形象和市场竞争力。

（3）增强供应链竞争力。ECR通过信息共享和流程协调提升了供应链各环节的协同效应和整体竞争力，这有助于企业在面对市场变化时能够迅速调整策略、灵活应对，从而在竞争中占据有利地位。

此外，ECR的实施还有助于推动供应链管理的创新和升级。随着信息技术的不断发展和电子商务的普及，ECR将逐渐成为供应链管理的主流趋势之一。企业应积极适应这一趋势，加强供应链各节点的协同合作和信息共享，不断提升供应链的灵活性和响应速度，以应对日益激烈的市场竞争和消费者需求的变化。

8.2.3　协同规划、预测及连续补货（CPFR）

8.2.3.1　CPFR产生的背景及定义

协同规划、预测及连续补货（CPFR）是一种高度协作的供应链管理方法，旨在通过供应链各方的共同规划、预测和补货，实现供应链的无缝连接和高效运作。CPFR的提出旨在克服传统供应链管理中预测误差和信息不对称的问题，通过信息共享和协同合作，提升供应链的整体效率和响应能力。

沃尔玛与宝洁公司的合作是CPFR成功实施的典范。通过Retail Link系统，沃尔玛与宝洁共享交易记录和销售数据，推动共同预测和补货计划的制定。CPFR的实施不仅减少了库存成本，提高了供应链的响应速度，还提升了客户满意度和供应链的整体绩效。

8.2.3.2　CPFR的特点

（1）协同合作。供应链各方通过共同目标和信息共享，建立长期的合作伙伴关系，实现协同作战。合作伙伴需签署保密协议，建立信任机制，制定共同的激励目标。

（2）共同规划。CPFR要求供应链各方协同制定业务计划，包括促销计划、库存政策、产品导入和中止计划等，确保供应链各环节的计划一致性和协调性。

（3）共享预测。供应链各方共同参与销售预测，通过整合各自的预测数据，减少预测误差，实现一致的市场需求预测。协同预测需考虑促销、季节等因素，提高预测的准确性。

（4）持续补货。基于协同预测，制定持续补货计划，优化库存管理和运输安排，确保按需补货，减少库存成本和缺货风险。补货计划需考虑供应链各方的生产和配送能力，确保供应链整体的稳定性。

8.2.3.3　CPFR 的实施步骤

（1）识别可比较的机遇。确定供应链中可进行协同的环节，通过比较双方的计划，发现共同的市场机遇和协同点。需要消除预测和计划中的差异，建立共同的预测模型。

（2）数据资源的整合运用。通过信息技术整合供应链各方的数据资源，包括销售规划、分销系统和店铺运作系统等，建立统一的数据库，支持协同预测和补货计划的制定。

（3）组织评判。确定供应链各方的组织管理框架，支持多体系的并存，确保供应链各环节的高效协同。需要建立跨企业的管理体系，协调各方的资源和业务流程。

（4）商业规则界定。制定供应链参与方的商业行为规则，包括例外情况的处理机制，确保 CPFR 的顺利实施。规则应涵盖数据共享、协同决策和风险管理等方面。

8.2.3.4　实施 CPFR 的风险和障碍

（1）信息滥用风险。大规模的信息共享可能导致信息被滥用，尤其在合作伙伴同时与竞争对手有合作关系时，信息安全成为重要问题。

（2）合作伙伴变化风险。一方合作伙伴规模或技术的变化，可能导致另一方无法适应，破坏了合作关系。

（3）文化差异障碍。供应链各方的企业文化差异可能阻碍协作，缺乏协作文化是 CPFR 成功的主要障碍。

（4）技术和组织投资障碍。实施 CPFR 需要显著的技术和组织投资，特别是从商店层面进行协作需要更多的资源投入。

8.3 数智化供应链

8.3.1 数智化供应链提出的背景

8.3.1.1 全球供应链脆弱性凸显

在全球化浪潮的推动下，供应链网络日益复杂且紧密相连，形成了一个全球性的生产、分配和消费体系。然而，近年来，全球供应链暴露出了前所未有的脆弱性。国际局势的动荡不安、地缘政治冲突的升级，以及贸易保护主义的抬头，共同构成了对全球供应链稳定性的严重威胁。特别是部分国家采取的出口限制、投资审查及长臂管辖等措施，进一步加剧了供应链的断裂风险，导致全球贸易受阻，经济稳定增长面临挑战。

根据世界贸易组织（WTO）、经济合作与发展组织（OECD）及联合国贸易和发展会议（UNCTAD）联合发布的《G20贸易投资措施报告》，2023年10月至2024年10月期间，G20国家共实施了91项新的贸易限制措施（上一期间为49项），影响的贸易额为8289亿美元，远高于上一期间的2460亿美元。这一数据充分显示了全球供应链面临的巨大挑战。各国纷纷加大对产业链供应链安全的重视，力图通过优化供应链结构，提升其韧性和稳定性，以应对外部环境的不确定性和复杂性。

8.3.1.2 新质生产力与经济循环畅通

产业链供应链安全是国民经济循环的重要组成部分，其安全与稳定直接关系到经济的高质量发展。现阶段，新质生产力已成为推动经济高质量发展的关键力量。新质生产力强调技术创新和智能化生产，要求经济循环的各个环节更加高效和协同。数智化技术能够打破地域限制，促进信息、资金、物流等要素的顺畅流动，形成更加高效、协同的供应链网络。这有助于解决分工协作不畅、资源配置效率低下等问题，推动形成全国统一大市场，为经济的高质量发展提供有力支撑。

在国际循环方面，数智化技术与供应链的融合能够加强国内外市场的互联互通，促进内需与外需的相互牵引。通过构建跨境电子商务平台、推动国际贸易便利化等措施，数智化供应链能够加速全球商品和服务的流通，实现本土供应链与全球供应链的良性互动。这不仅有助于提升我国在全球供应链中的地位和影响力，还能为全球经济的复苏与增长注入新的动力。

8.3.2　数智化供应链的内涵及特点

8.3.2.1　数智化供应链的内涵界定

数智化供应链（Digital and Intelligent Supply Chain, DISC）是指在传统供应链的基础上，深度融合大数据、云计算、人工智能等先进数字技术，对产品和服务的设计、采购、生产、销售等全生命周期进行智能化重构和再造。它不仅是一种技术驱动的创新模式，更是供应链管理和运营理念的深刻变革。其目标是通过数智化手段，实现供应链各环节的透明化、智能化和协同化，进而降低运营成本，提升响应速度，增强市场竞争力。

从构成上看，数智化供应链涵盖了商品供应链、服务供应链、物流供应链和数智技术供应链四大核心部分，形成了一个高度融合、协同运作的生态系统。在这个生态系统中，物理供应链与数字供应链相互映射、相互支持，共同推动供应链的智能化升级。

数智化供应链作为供应链发展的高阶形态，是产业数字化进程中的必然产物，也是消费互联网向产业互联网转型的重要支撑。它不仅能够提升供应链的韧性和稳定性，还能推动经济的高质量发展，有助于全国统一大市场和全球供应链体系构建。

8.3.2.2　数智化供应链的特点

相较于传统供应链，数智化供应链具有更为显著的市场适应性、技术渗透性、可视化与移动化特征、协同配合效率以及平台功能强化等特点。

（1）技术渗透性，实现全过程精准管理。数智化供应链的核心在于对现代技术的深度融合与应用。物联网、互联网、大数据、人工智能等技术的引入，使得供应链能够实现对客户需求的实时感知、精准预测和快速响应。这种技术渗透性不仅体现在需求预测上，更贯穿于供应链的设计、采购、生产、销售等各个环节。通过数智化手段，供应链管理者能够实时掌握供应链的运行状态，从产品设计到市场反馈，每一环节都实现了数据的精准采集与分析，从而及时发现并解决问题，显著提升供应链的整体运营效率。

　　企业利用大数据和人工智能技术，可以深度挖掘客户画像，提供个性化产品和服务；同时，物联网技术的实时监控，确保了产品从生产到运输、库存的全程可视化，降低了运营成本，增强了市场竞争力。

　　（2）可视化与移动化，提升决策效率与灵活性。数智化供应链的另一大显著优势在于其可视化与移动化特征。通过数智化平台，供应链管理者可以实时查看供应链的各个环节，包括货物运输、生产线状态、库存水平等，这种无所不在的可视性为决策提供了强有力的数据支持。此外，移动化办公的引入，使得供应链管理者能够随时随地查看和管理供应链，无论身处何地都能快速响应市场变化。这种灵活性不仅提高了工作效率，降低了沟通成本，还促进了供应链各环节之间的紧密协同，提升了整体运营效率。

　　（3）协同配合，增强供应链韧性与稳定性。数智化供应链强调供应链上各环节的协同与配合。通过数智化技术，供应链上的各个节点可以实现实时的数据交换与共享，从而更加高效地协同工作。这种协同性不仅提升了运营效率，还增强了供应链的韧性和稳定性。

　　供应链链主在数智化供应链中发挥着至关重要的作用。他们通过数智化手段对整个供应链进行管理和监控，确保供应链的顺畅运行。同时，链主还通过数智化平台与供应链上的其他节点进行协同和配合，共同推动供应链的智能化升级，形成更加紧密、高效的供应链网络。

　　（4）平台功能强化，以制造企业为切入点。数智化供应链作为集成智能制造工厂规划设计的基础平台，具有立体性和多维度的功能。它不仅关注产品生命周期、市场、供应商等单一维度，还涉及工厂建筑、流程、信息等多个方面。这种立体性功能使得数智化供应链能够为企业提供全方位的智能化支持。

　　特别地，数智化供应链强调以制造企业为切入点，通过数智化手段实现对生产、采购、销售等各个环节的智能化管理。这种管理方式不仅提升了生产效率、降低了成本，还增强了企业的市场竞争力。同时，数智化供应链还为制造企业提供智能化的供应链解决方案，帮助其实现供应链的智能化升级和转型。

　　（5）推动全方位精益管理。数智化供应链不仅关注生产环节的智能化升级，还注重从精益生产开始，到精益物流、精益采购、精益配送等全方位的精益管理。通过数智化手段，企业可以实现对供应链各环节的实时监控和精准管理，从而发现潜在的问题并及时进行优化。这种全方位的精益管理不仅提升了供应链的运营效率，降低了运营成本，还推动了商业模式的创新和升级。数智化供应链使企业能够更加精准地把握市场需求和客户需求，提供更加个性化的产品和服务，从而提升企业的盈利能力，推动整个行业的转型升级。

8.3.3 数智化供应链的流程

在数智化供应链体系中，物流、商流、信息流与资金流作为四大核心流程，共同支撑并驱动着供应链的高效运行与优化升级。

8.3.3.1 智能化物流，效率与成本的双重优化

智能物流是数智化供应链的基石。智能物流聚焦于实体物资的高效流通，涵盖了从发货、运输、仓储到接收的全过程。通过物联网、大数据及人工智能技术的深度融合，智能物流实现了资源的最优配置。智能调度系统依据实时路况、车辆载重与位置信息，动态规划运输路线，有效减少空驶率，提升物流资源的利用率。同时，智能仓储系统利用自动化设备和数据分析技术，实现库存精准预测与快速响应，减少库存积压，加速资金周转。随着第三方物流服务的专业化和普及，物流外包成为企业降低成本、提升核心竞争力的有效途径，进一步促进了物流行业的专业化分工与高效协作。

8.3.3.2 数智化商流，无缝对接与全球采购的新格局

数智化商流打破了传统交易模式的时空界限，使买卖合同、订单信息的传递变得即时且高效。电子商务平台作为商流的核心载体，不仅促进了线上销售的快速增长，还推动了线上线下融合的新零售模式，为消费者提供了更加便捷、个性化的购物体验。在数智化供应链中，企业能够借助大数据分析技术，精准捕捉消费者需求，实现个性化营销与定制化服务，提升客户满意度与忠诚度。依托全球信息网络，企业能够跨越地域限制，实施全球战略性采购，拓宽供应商选择范围，实现成本效益最大化。此外，与分销商、零售商的深度合作与数据共享，促进了供应链的协同管理，提高了市场响应速度与运营效率。

8.3.3.3 数智化信息流，透明化与智能化的深度整合

信息流作为数智化供应链的神经中枢，其透明化与智能化水平直接关系到整个供应链的运营效率与决策质量。借助物联网传感器、RFID 技术及云计算平台，数智化供应链能够实时采集、整合并分析全链条数据，实现物与信息的同步流转。信息的高度

透明化不仅提升了供应链的透明度与可追溯性，还为企业实施精益管理提供了坚实的数据支撑。通过构建基于区块链的分布式信任机制，数智化供应链在保障数据安全的前提下，促进了跨组织间的信息共享与协同作业，增强了供应链的韧性与灵活性。基于大数据分析的预测模型，企业能够提前洞察市场趋势与消费者需求变化，优化库存与生产计划，降低经营风险与成本。

8.3.3.4　数智化资金流，电子化交易与风险防控的双重保障

数智化资金流通过全面电子化交易，显著加快了供应链上的资金流转速度，降低了交易成本与风险。电子支付、供应链金融等创新应用，为企业提供了多样化的融资渠道与支付手段，提高了资金的使用效率与灵活性。同时，数智化供应链利用先进的加密技术与安全协议构建了严密的信息安全保障体系，确保交易数据的安全传输与存储，有效防范网络欺诈与数据泄露风险。通过对资金流的实时监控与分析，企业能够及时发现潜在的财务风险与异常交易行为，采取相应措施予以应对，确保供应链金融活动的稳健运行与合规性。

8.3.4　数智化供应链图谱

数智化供应链图谱是对数字化和智能化背景下供应链各层次功能和结构的全面解析。参考罗戈研究院院长潘永刚在"2017智慧供应链图谱"中的研究成果（图8-1），将数智化供应链图谱划分为三个层次：决策层、管理层和作业层。这一分层结构不仅层次分明、结构合理，还体现了供应链从战略决策到日常操作的全方位覆盖，确保了整体逻辑的一致性和系统的协同运作。

图8-1　智慧供应链图谱（来源：罗戈研究院）

8.3.4.1 决策层

决策层是数智化供应链的顶层，负责战略规划、预测与计划、供应链协同以及整体控制与优化。其核心目标是通过数据驱动的决策支持系统，实现供应链的高效管理和战略优化。

（1）预测与计划。在数智化供应链中，决策层利用大数据分析和人工智能算法，对市场需求进行精准预测，并据此制定供应链计划。通过趋势分析、时间序列预测等方法，优化库存和生产计划，提高供应链效率。预测结果的准确性直接影响供应链的响应速度和灵活性，因此，高效的预测与计划系统是决策层的核心功能之一。

（2）供应链协同。数智化供应链强调从原材料采购到产品制造、配送和最终消费的全流程协同。决策层通过供应链中台平台，整合各环节的信息流，实现供应链各节点的无缝连接。这种协同机制提高了供应链的响应速度和灵活性，确保各环节之间的信息同步和资源共享。

（3）供应链控制塔。供应链控制塔作为供应链的"指挥中心"，实时监控供应链的各项指标和运行状态。通过可视化工具和智能分析，决策层能够及时发现潜在风险并进行应对。控制塔不仅提高了供应链的透明度和可追溯性，还为战略调整提供了数据支持。

8.3.4.2 管理层

管理层连接决策层与作业层，负责供应链各环节的资源整合与执行协调。其核心任务是通过数字化系统，实现供应链各环节的高效管理和资源的最优配置。

（1）仓储管理。在数智化供应链中，仓储管理通过智能仓储系统实现库存的精准管理和快速响应。自动化设备如 AS/RS 系统和机器人搬运的应用，大大提升了仓储效率和准确性。管理层通过仓储管理系统（WMS）对库存进行实时监控和调度，确保库存水平的合理性和库存周转的高效性。

（2）运输管理。运输管理通过运输管理系统（TMS）优化运输路线和资源配置，降低运输成本。管理层利用 TMS 实现运输过程的全程监控和实时调度，提高运输效率和服务水平。同时，通过数据分析，管理层还能够优化运输网络，减少运输时间和成本。

（3）车辆管理。车辆管理利用物联网和大数据技术，对车辆进行实时监控和管理。管理层通过车辆管理系统（FMS）优化车辆调度和维护，提高车辆利用率和运营安全性。这种管理方式不仅降低了车辆运营成本，还提高了运输的可靠性和效率。

8.3.4.3 作业层

作业层是数智化供应链的基础层，负责具体的仓储、运输等日常操作。其核心目标是通过自动化和智能化技术，提高作业效率，降低运营成本，实现高效的物流运作。

（1）仓储作业。在数智化供应链中，仓储作业实现了入库、出库、搬运、拣选和分拣等作业的自动化和智能化。通过引入机器人和自动化设备，作业层能够大幅提高作业速度和准确性，减少人工成本。同时，仓储作业的智能化还提高了库存管理的精准度和响应速度。

（2）运输作业。运输作业覆盖从仓库到干线运输、区域配送到末端配送的全流程。作业层通过智能调度系统和运输优化算法，提升运输效率，降低运输成本。在数智化供应链中，运输作业的智能化不仅提高了运输效率，还实现了运输过程的可视化和可追溯性。

（3）自动化设备。数智化供应链在作业层广泛应用无人车、无人机等智能运输设备，提升运输的自动化和智能化水平。这些设备的应用不仅提高了运输效率，还实现了最后一公里的智能配送，提高了配送效率和客户满意度。

决策层生成的战略规划通过管理层细化为可执行的具体任务，管理层再将任务下达到作业层，作业层的实时数据通过管理层汇总反馈到决策层，支持战略调整。这种自上而下的决策和自下而上的数据反馈机制确保了数智化供应链的高效运作。数据流贯穿数智化供应链的三个层次，实现需求预测、库存优化、生产计划和物流配送的一体化管理。通过供应链控制塔监控全链运行状态，确保信息流、资金流、物流同步推进。这种协同机制不仅提高了供应链的透明度和可追溯性，还为企业构建高效、智能和可持续的供应链管理体系提供了实践指导。

8.4 供应链数字孪生

数字孪生（Digital Twin）技术作为当前工业 4.0 的重要组成部分，正在深刻地改变供应链管理的方式。通过创建物理实体的数字化镜像，数字孪生能够实现实时监控、仿真预测和智能决策，为供应链的优化和创新提供强大的技术支持。

8.4.1 数字孪生的概念

8.4.1.1 数字孪生的定义

数字孪生（Digital Twin）最早由密歇根大学的 Grieves 提出，最初被称为"镜像空间模型"（Mirrored Spaces Model, MSM）。它定义为物理实体及其数字化镜像之间的连接。2010 年，美国国家航空航天局（NASA）为保障飞行器的安全性，引入了数字孪生概念，用于对飞行器进行全生命周期内的仿真和预测。随着物联网、5G、大数据、云计算和人工智能等新一代信息技术的发展，数字孪生的定义逐渐演变为物理实体与其数字化模型在信息空间中的实时互动和同步。

8.4.1.2　数字孪生的特征

数字孪生融合了感知智能、认知智能、信息集成与分析、机器学习等现代信息技术，具备以下主要特征。

（1）精准映射。通过物联网、智能传感、大数据采集等技术对产品和流程的动态数据进行实时采集、快速传输和存储，实现对映射对象的设计、制造、使用和流程工作等过程中的环境数据、物料数据、设施设备数据的精准感知和动态监控，形成在多维度信息上的精准表达。

（2）互生互长。映射对象与孪生体之间不仅仅是物理现实世界向数字虚拟世界的简单投射，更是双向的互动关系。映射对象的动态痕迹和操作行为让孪生体产生相应的变化，孪生体通过计算、处理和下达指令来操控映射对象的运作，形成融合一体、互生互长的关系。

（3）智能干预。运用机器学习、深度学习等智能优化算法，在虚拟空间开展仿真和规划，通过控制器以智能手段干预映射对象的发展路径，指导物理现实世界的管理，解决映射对象运行中的不畅、矛盾、冲突和突发事件，及时调整和纠正错误。

（4）智能决策。分析、推理和决策是数字孪生技术的核心。通过云端和边缘计算技术融合过去与现在，做出面向未来的智能预测，引导后续的新产品和新流程开发、设施设备选择和用户维护等决策。

8.4.1.3　数字孪生的优势

数字孪生是实现物理实体对象数字化和智能化升级的有效手段之一，广泛应用于装备设计、制造、运维等多个领域，具有以下优势。

（1）实时监控与反馈。数字孪生装备通过实时数据传输，实现对物理装备运行状态的全面监控，及时反馈设备性能和运行状况，确保设备高效稳定运行。

（2）仿真预测与优化。数字孪生模型能够在信息空间中模拟物理装备的运行过程，进行故障诊断和预警，提前识别潜在问题，优化设备设计和运营策略，提高生产效率和安全性。

（3）决策支持与智能控制。基于数字孪生的数据分析和仿真结果，支持管理层进行科学决策，实现设备的智能控制和自动化管理，提升整体运营效率。

（4）成本降低与资源优化。通过数字孪生技术，优化设备的设计和维护计划，减少停机时间和维修成本，合理配置资源，提高企业竞争力。

8.4.2　数字孪生的组成与架构

8.4.2.1　数字孪生的组成

数字孪生系统由以下五个核心部分构成，如图8-2所示。

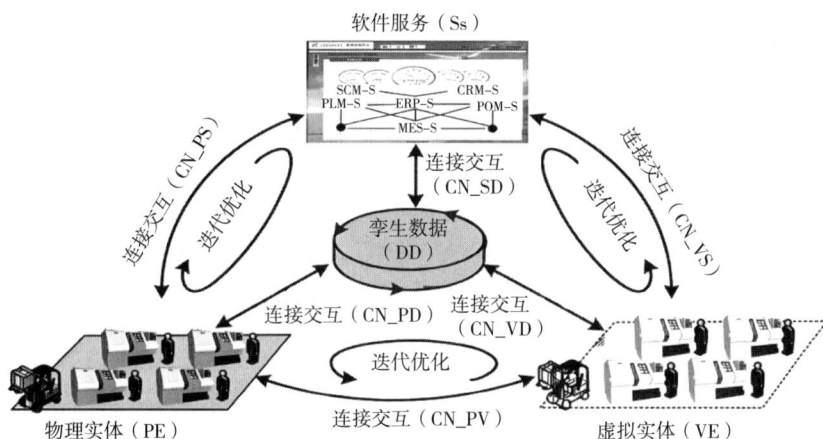

图8-2　数字孪生五维概念模型

（1）物理实体（PE）。是数字孪生系统的实体部分，与物理空间的各要素直接发生作用关系。其主要组成部分包括动力系统、传动系统、控制系统和执行机构。通过传感器系统，物理装备能够实时感知环境和自身状态，为数字孪生提供数据支持。

（2）虚拟实体（VE）。是物理装备的数字化模型，反映物理装备的设计、制造和运行状态。数字装备在信息空间中与物理装备同步，支持实时监控和仿真预测。数字孪生模型不仅包括物理结构的三维建模，还涵盖运行参数、性能指标和功能特性的全面数字化描述。

（3）孪生数据（DD）。是数字孪生系统中用于驱动数字模型的核心数据，涵盖物理装备在全生命周期内产生的各类数据，包括设计数据、制造数据、运行数据和维护数据。孪生数据通过传感器和数据采集系统实时收集，并通过大数据技术进行汇聚与融合，形成完整的装备数据体系。

（4）软件服务（Ss）。软件服务集成物理装备、数字装备和孪生数据的功能，提供可请求、可调用、可匹配、可重构和可复用的装备服务。软件服务面向不同业务需求，支持人机交互和平台化集成，实现装备的高效运维和智能决策。典型的软件服务包括运行监控、故障诊断、性能优化和智能调度等功能模块。

（5）连接交互（CN）。由网络环境、通信协议、输入输出设备及相关技术等组成，作为物理装备、数字装备、孪生数据和软件服务间数据传输的媒介。连接交互支持装备内部数据的实时传输、人机交互和多机协同作业，确保数字孪生系统的高效运行和智能协作。

8.4.2.2 数字孪生的架构

数字孪生的架构通常采用分层设计，确保各层次之间的协同与高效运行。

（1）底层：物理空间数据采集与感知。通过传感器、物联网设备等实时采集物理空间的数据，包括环境数据、设备状态、物流信息等，汇集至企业资源计划（ERP）、制造资源计划（MRP）、运输管理系统（TMS）等业务管理系统。

（2）中间层：数据处理与虚实连接。利用编码器将采集的数据转换为数字信息，传输至虚拟空间。同时，虚拟空间的指令和反馈通过编码器作用于物理空间，实现虚实双向互动的闭环系统。

（3）上层：虚拟空间与智能分析。在虚拟空间中，基于数据库、数据迁移和整合技术，对数据进行处理和分析。通过多种算法和模型，进行仿真、诊断、优化和预测，生成可视化的管理决策支持。

8.4.2.3 数字孪生的原理

数字孪生技术基于分层理念，通过建模、仿真、数据处理、深度学习和终端建设等环节，实现物理实体与数字模型的实时互动和智能优化。具体技术与原理如下。

（1）建模。是数字孪生技术的基础，要求对物理对象的实体特征和运行特征进行细致的三维建模。与传统建模不同，数字孪生的建模不仅需要对物体的几何形状进行精确建模，还需模拟物体的材质、运行方式和软件算法，确保数字模型能够准确反映物理实体的实际运行状态。

（2）仿真。是验证数字孪生模型准确性的关键方法。通过仿真分析，可以确认数字模型能否精确重现物理实体的运行规律和性能指标。仿真结果用于优化数字模型，确保其在实际应用中的可靠性和有效性。仿真技术包括有限元分析、流体动力学仿真和多体动力学仿真等。

（3）数据处理。是数字孪生技术实现的重要环节，涉及海量实时数据的收集、存储和分析。数字孪生技术需要高效的数据处理算法，处理密度高、多样性强的数据流。数据处理技术包括数据清洗、数据融合、数据压缩和实时分析，确保数据的高效传输和利用。

（4）深度学习。是数字孪生系统智能化的核心，赋予数字孪生模型问题认知、故障诊断、结果预测和智能决策等功能。通过对大量实时数据的分析和学习，深度学习模型能够实现对复杂物流系统的智能控制和优化，提升物流运营效率和可靠性。

（5）终端建设。是数字孪生技术的应用层面，要求终端设备能够实时提取并显示相关数据。终端技术包括可视化界面、交互式展示和多终端支持，确保数字孪生模型能够在各行业的数字化转型中发挥作用。终端设备如PC、平板、智能手机和VR/AR设备，提供多样化的交互方式，提升用户体验和操作便捷性。

8.4.3　数字孪生在供应链中的应用

数字孪生技术在供应链管理中的应用涵盖了物流系统的各个环节，通过实时监控、仿真优化和智能决策，提升供应链的整体效率和响应能力。以下是数字孪生在供应链中的主要应用场景及实施步骤。

8.4.3.1　数字孪生在供应链中的应用场景

数字孪生在供应链中的应用广泛且深入，以下是几个典型的应用场景。

（1）需求预测与库存优化。在供应链管理中，需求预测的准确性直接关系到库存水平和生产效率。传统的方法往往基于历史数据进行预测，但难以应对突发情况和市场变化。而数字孪生可以通过模拟不同市场条件下的消费者行为，生成更准确的需求预测。

例如，一家零售商可以利用数字孪生模拟不同季节、促销活动和市场趋势下的消费者需求，从而动态调整SKU级别的安全库存目标。这不仅降低了库存成本，还提高了订单的准时交付率。同时，数字孪生还可以帮助企业进行库存优化，通过模拟不同库存策略下的成本和服务水平，找到最佳的库存平衡点。

（2）供应链采购与生产规划。在采购和生产环节，数字孪生可以帮助企业更好地管理供应商、优化生产计划、降低生产成本。通过模拟不同供应商和生产策略下的供应链运作情况，数字孪生可以为企业提供最优的采购和生产组合方案。

（3）分销中心网络设计与优化。分销中心是供应链中的关键环节，其布局和运作效率直接影响到供应链的响应速度和成本。数字孪生可以帮助企业优化分销中心网络设计，通过模拟不同布局和运作策略下的供应链运作情况，找到最优的分销中心位置和规模。

例如，一家物流公司可以利用数字孪生模拟不同分销中心布局下的运输成本和交货时间。通过对比不同方案的效果，企业可以选择最优的分销中心布局和运输路径，从而降低运输成本、提高交货速度。

（4）仓库优化与智能物流。在仓库管理中，数字孪生可以帮助企业优化仓库布局、提高库存周转率和降低运营成本。通过模拟不同仓库布局和库存管理策略下的仓库运作情况，数字孪生可以为企业提供最优的仓库布局和库存管理方案。

此外，数字孪生还可以与智能物流系统相结合，实现仓库内货物的智能分拣、搬运和装载。通过模拟不同物流策略下的货物流动情况，数字孪生可以为企业提供最优的物流路径和装载方案，从而降低物流成本、提高物流效率。

（5）逆向物流与退货管理。在逆向物流和退货管理中，数字孪生可以帮助企业优化退货流程、降低退货成本并提高客户满意度。通过模拟不同退货策略和处理流程下的退货成本和客户满意度变化，数字孪生可以为企业提供最优的退货管理方案。

8.4.3.2 数字孪生应用于供应链的实施步骤

成功应用数字孪生技术需要系统化的实施步骤，确保技术的有效集成和持续优化。以下是数字孪生在供应链中应用的关键步骤。

（1）确定流程。决策者需要综合考虑企业的运营情况、商业模式和组织结构等管理因素，通过反复研讨，选定具有较大潜在价值、开发成功率高的流程作为数字孪生试用模型的开发对象。这些流程通常具有此类特征：流程对企业发展目标非常重要；流程能为客户创造价值，为企业带来源源不断的利润。

（2）遴选模型。选择适合的数字孪生模型至关重要。模型过于简单无法发挥预期效果，过于复杂则增加实施难度和成本。因此，应在模型库中选择复杂程度适中的模型，确保其能够准确反映物理流程，同时具备较高的开发和应用效率。

（3）创建模型。在选定模型后进入模型创建阶段，需完成以下步骤：一是在物理流程中安装传感器，获取关键数据；二是确保虚实之间的数据传输有效，包括编码器的选择和配置；三是开发可视化界面，将数字孪生模型的分析结果以图形、列表或文字形式展示，帮助决策者理解和应用数据。

（4）模型试运行。模型创建之后，要迅速投入试运行阶段。在这个阶段，物流企业与模型开发团队需要反复测试运行效果和监控风险，并保持开发性思维，及时调整数据采集端口和各种工具的应用，并积极接纳新的技术和新的合作伙伴。

（5）评估与改进。试运行结束后，进行全面评估，检测模型是否达到了预期目标，包括：提高物流运作效率、改进流程管理质量、提升物流设施设备利用率以及降低物流运作风险等。根据评估结果，进一步整合和改进流程，优化数据标准，推动组织结构变革，为数字孪生技术的正式应用奠定基础。

（6）扩大应用。试运行成功之后，企业应把握机会，瞄准那些与试运行模型相近的或者相关的流程，借鉴之前的开发经验，选择合适的工具与技术，适度扩大数字孪生技术的应用范围。

【本章小结】

本章首先追溯了供应链的起源与演变，从传统模式到现代跨企业协作理念的转变，凸显了信息流、物流和资金流整合的重要性。其次详细介绍了供应链的复杂性、动态性特征，揭示了现代供应链管理面临的多种挑战。最后介绍了供应链管理的核心目标与内容，解析了QR、ECR和CPFR三种管理方法对提升供应链灵活性和响应速度的作用。在此基础上，介绍了数智化供应链产生的背景、内涵及特点，深入探讨数字孪生技术的应用场景和实施步骤，展示了其在供应链中的实际效能。

【课后习题】

一、单项选择题

1. 供应链的起源主要是为了应对（ ）。

A. 技术落后　　　　B. 经济增长缓慢　　　　C. 个性化需求增加　　　　D. 市场竞争减弱

2. 供应链管理的核心目标不包括（ ）。

A. 提高资源利用效率　　　　　　　　B. 增加企业内部部门数量

C. 降低运营成本　　　　　　　　　　D. 提升客户价值

3. 供应链管理中，快速反应（QR）方法的主要目标是（ ）。

A. 增加库存　　　　B. 缩短交货周期　　　　C. 提高产品价格　　　　D. 降低生产效率

4. 有效客户反应（ECR）的核心原则之一是（ ）。

A. 企业独立运作　　B. 信息共享　　　　　　C. 增加库存　　　　　　D. 降低产品质量

5. 协同规划、预测及连续补货（CPFR）的主要目的是（ ）。

A. 增加供应链中的库存　　　　　　　B. 实现供应链的无缝连接

C. 分散供应链的管理　　　　　　　　D. 降低供应链的透明度

6. 数智化供应链的一个主要特点是（ ）。

A. 信息流隔离　　　　　　　　　　　B. 低效的决策过程

C. 高度的技术渗透性　　　　D. 缺乏协同合作

7. 供应链控制塔在数智化供应链中的作用是（　　　）。

A. 负责仓储管理　　　　　　B. 实时监控供应链运行状态

C. 增加生产环节　　　　　　D. 独立决策

8. 数字孪生技术在供应链中的应用不包括（　　　）。

A. 实时监控　　　B. 仿真预测　　C. 增加人工操作　　　D. 智能决策

9. 数智化供应链中，平台功能强化的主要切入点是（　　　）。

A. 营销部门　　　　B. 制造企业　　C. 客服中心　　　　D. 财务管理

二、判断题

1. 数智化供应链强调供应链各环节的独立运作。（　　　）

2. 数智化供应链强调企业独立运作，减少合作。（　　　）

3. QR 方法旨在缩短交货周期，提高客户服务水平。（　　　）

4. ECR 的核心原则之一是企业间的长期战略合作。（　　　）

5. 数字孪生技术无法应用于库存优化。（　　　）

6. CPFR 实施步骤包括识别可比较的机遇和数据资源的整合运用。（　　　）

7. 数智化供应链的虚拟性使其无法跨越地理限制。（　　　）

8. 供应链的动态性要求管理者具备高度的适应能力和灵活性。（　　　）

9. 数智化供应链的敏捷性是指其能够快速响应市场需求和变化。（　　　）

10. 数智化供应链的协同配合性可以增强供应链的韧性和稳定性。（　　　）

三、简答题

1. 解释协同规划、预测及连续补货（CPFR）的特点。

2. 数智化供应链相较于传统供应链有哪些显著优势？

3. 解释数智化供应链的"整体最优性"特征。

4. 数字孪生技术如何提升供应链的决策支持能力？

四、讨论题

在全球不确定性加剧的外部环境下，发展数智化供应链对于提升供应链现代化水平和韧性、推动我国传统产业数字化转型、抢占全球供应链重构制高点、构建新发展格局等具有重要战略意义。请通过调研探讨：我国数智化供应链建设方面取得了哪些进展和成就？数智化供应链发展过程中，我们还面临着哪些挑战和困难？为了进一步加快数智化供应链的发展，你认为我们应该采取哪些主要思路和重点任务？请提出具体的建议和措施。

【案例讨论】

京东供应链数字孪生变革

自2018年开始，京东物流已经围绕数字孪生进行数字化供应链革新，打造数字孪生技术及产品，实现更高效的供应链运转和服务。

1. 聚焦：京东物流数字孪生产品能力

随着软硬件的不断发展，已经有较多运用大数据信息处理和智能决策技术对物流及供应链进行改善的案例出现。但在已有的研究与应用中，绝大部分优化建模仅针对单一环节（如仓储、转运等）进行。然而在实际的物流作业中，各个环节并非孤立存在，有时对单一环节的提升与优化，是以牺牲其上下游环节的绩效换取的。换言之，单一环节的绩效提升反而可能造成全局绩效的下降。而传统的运筹模型难以精确刻画系统各环节间的依赖及影响，特别是针对京东这般体量的庞大复杂物流网络。而通过数字孪生技术，可实现对供应链全流程场景可控粒度建模，从而可以全面评估优化策略的全局影响，大大提升优化决策的实际可行性与有效性。

京东物流正在倾力打造供应链数字孪生平台，重点深耕供应链规划、供应链计划和供应链执行三大领域，基于行业领先的实时孪生数据映射、领域组合建模、并行分布计算技术，为企业提供标准化的供应链孪生数据基座、what-if仿真试验、多案效果对比、瓶颈问题诊断、分级态势可视等全场景孪生服务，具备全链条业务覆盖、多尺度分层孪生、多行业灵活迁移、多场景敏捷交付等五大亮点，帮助京东内部推动产品及商业创新；快速响应市场及客户需求；优化销售及用户服务体验，助力战略转型。

2. 闪光：京东物流数字孪生产品和技术亮点

上述产品能力，其背后是一整套孪生技术能力支持。京东物流供应链数字孪生平台由孪生数据映射、组合领域建模、仿真优化计算、孪生可信校准四个层面能力，以支持包含快递、快运等网络层面，以及分拣、仓储和站点等节点层面的仿真模拟和优化决策。

（1）一键场景创建。通过大数据技术抽取加工生产系统的历史与当前运行数据，形成与现实高度契合的虚拟空间镜像数据源，一键创建用户需要的供应链孪生体。

（2）"积木化"建模。运用多种设计模式对复杂物流网络进行分层级抽象，并设计了易于扩展的灵活组合框架。针对物流中常见的设备、人员和车辆等场景的实体要素，以及干支发车、包裹分拣等事件要素，构建并沉淀了一组标准化模型组件库，实现用户对物流网络孪生模型的快速构建，复刻现实世界行为逻辑。

（3）极速需求响应。平台使用云端的并行计算技术加速大规模场景的数字孪生模型计算，亿级包裹孪生计算实现分钟级需求响应，辅助物流决策的高速、高效生成。

（4）孪生自动校准。平台提供周期运行的数据、模型、算法校准功能，为用户的置信校准需要执行自动托管，持续不断提升数字化孪生实验的逼真度与可信性。

3．积淀：京东物流数字孪生应用场景及效果

在物流领域，生产、采购、补货、仓储、分拣、运输等供应链和物流环节众多、流程复杂。京东物流结合自身业务特点，聚焦在仓、运、配业务类型，6大网络，50+全链端到端流程打造通用、逼真、高效的孪生实验验证能力。通过建立人、货、车、场的数字孪生模型对物理世界中的关键环节的数字复刻，结合运筹优化、神经网络、机器学习和深度学习等核心算法，提供多场景下的 what-if 分析和多方案的对比量化决策的功能，最终达到销售与生产协同决策、成本与服务相平衡的目标。

案例1：大促预警

随着"6·18""双11""双12"和年货节等购物节的兴起，京东物流为应对数倍于日常货量的大促场景，建立了一套如图8-3所示的基于预测、仿真和优化技术的大促预警系统。通过这套系统可以提前获取大促期间各关键分拣中心和线路上的货量负荷状态。并在此基础上得到各分拣中心产能饱和状态，月台排队情况和车队繁忙程度等重要预警信息。同时通过仿真模型与优化算法持续迭代的方式，对大促期间需要额外投入的场地、人员和线路资源进行提前规划和精准投入，避免因资源不足导致的用户体验指标下降，以及因资源过度投入和临时投入导致的成本上升。该系统于2020年"6·18"期间首次投入测试，线路和场地货量维度准确率均达到92%以上，并在接下来的"双11"中正式投入运行，实现近年来首次无重大货量积压场地，得到业务方高度认可。

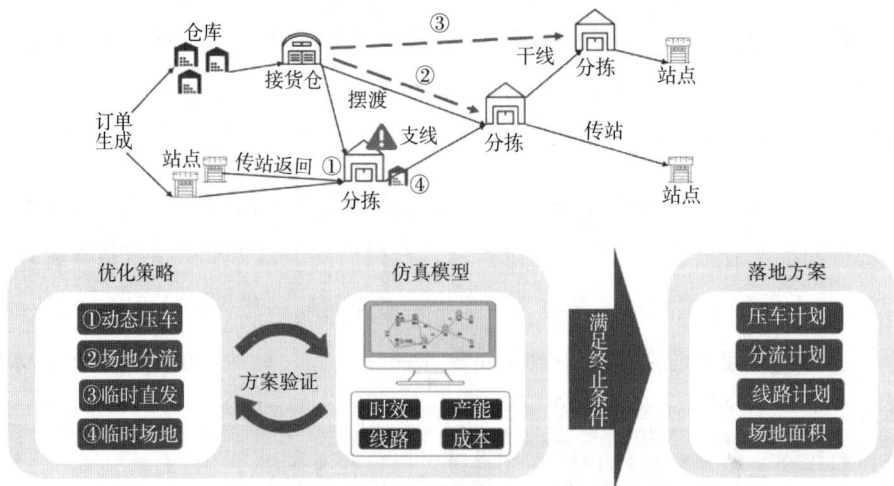

图8-3　京东基于预测、仿真和优化技术的大促预警系统

案例2：特殊时期的应急

在新冠病毒感染暴发的特殊时期，全行业供应链应急能力受到挑战，其核心在于规避感染带来的网络中断影响，并体现在全链路的各个环节。2020年4月上海因新冠病毒导致部分管控区仓储及核心枢纽生产受限，在运力资源及生产资源约束下，快速调度输出应急方案至关重要。京东物流借助供应链数字孪生平台的 what-if 网络仿真试验功能，在孪生数字世界中即时映射，快速模拟验证应急代产预案，择优落地实施，成功为华东区域应对病毒感染予以帮助（图8-4）。数字孪生平台已经在武汉、西安、上海等多起突发处置中，以及2022年冬奥会等重大活动保供中获得成功应用。相较于人工方案，应急响应速度从天级别降低至分钟级别。

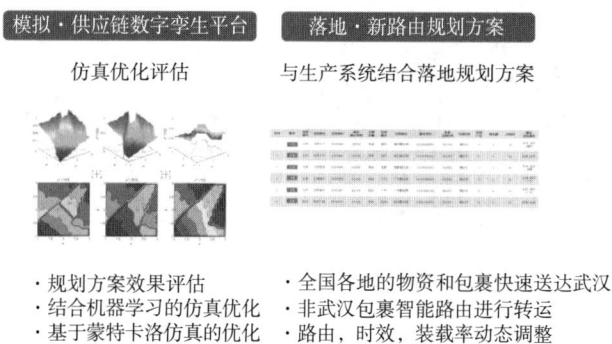

图8-4　京东数字孪生平台

案例3：库存仿真

京东物流致力于为外部企业提供一体化供应链服务，在承接某消费品行业头部客户的百万级商品库存管理业务时，基于传统人工经验来运营的方式已经无法满足客户的需求，通过进销存仿真模拟将物理供应链的库存网络数字化，在数字孪生世界刻画物理库存网络中相关实体之间的关系（包括产品、客户、仓库、工厂等）以及进销存流程，从而基于订单数据与运营策略（库存、履约等）模拟出库存网络的运营情况，支持从数据、决策到运营指标的端到端可见性，进而根据模拟结果反向指导库存策略类型、策略参数等配置，实现库存管理运营人效与客户时效体验的提升，同时显著降低供应链的周转库存，增加现金流，为客户创造业务价值。

案例4：北斗新仓

基于真实的仓内布局进行系统仿真建模，重新分配了SKU在仓内的分布，同时对历史订单进行重新定位、生产，监测生产效率——利用系统仿真最大化地提升了规划效率、降低了试错成本（图8-5）。同时建立了"业务逻辑输入—系统仿真实现—仿真结果分析—反馈更新策略"的闭环机制，在实际运营之前就可以进行工艺和流程的迭代。

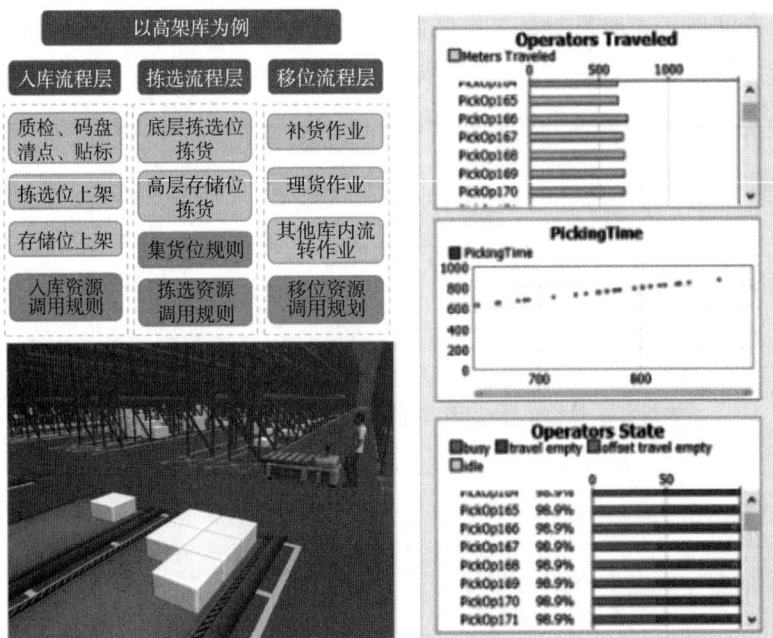

图8-5 京东基于真实仓内布局系统仿真

案例5：分拣场地应用

聚焦分拣场地，京东物流全国 200+ 分拣场地搭建分拣场地仿真系统。通过数字孪生平台模拟场地到车、卸车、场地流转、发车等过程，评估分拣场地到车合理性，并基于归因分析定位集中到车的原因，用以指导计划层决策，比如分拣班次、线路计划等设置。分拣机仿真则是对场地流转过程的进一步细化，模拟拆包、供包、分拣、建包、二次分拣等过程，用以评估分拣计划的设备产能利用率，提高场地运营效率。实际应用效果显示，数字孪生平台助力分拣机产能。

目前，数字孪生平台已具备亿级订单的分钟级孪生模拟及百万级数据的分钟级处理能力。在仓储网络、综合运输网络、终端网络孪生场景下，依托孪生的虚拟试验与决策空间，已成功解决仓网规划、枢纽分拣节点规划及路由时效优化、车型优化等日常决策问题，帮助企业通过量化决策和精细化运营实现降本增效，目前已服务了5万余商家。除有效支撑了日常决策场景外，也成功落地应用于西安、上海等疫情突发应急场景中。2021 年，相关技术成果获得"中国物流与采购联合会科学技术奖"科技进步奖一等奖。

京东物流对供应链数字孪生平台的建设，高效支撑规划、计划和执行的评估及优化——在规划层面，支持业务进行供应链模式探索及业务扩展；在计划层面，通过高效方案推演，辅助用户更好地理解供应链行为，并针对小概率异常做出有效预案；在执行方面，通过将数字孪生嵌入生产决策 SOP 流程，形成虚实一体的智能化决策回路，推动物流决策系统的高效演进。

（资料来源：https://www.jd.com）

讨论：

1. 京东物流数字孪生平台是如何实现供应链全流程优化的?

2. 数字孪生技术在应急疫情响应中的应用有哪些优势?

3. 在大促预警系统中，数字孪生技术是如何帮助京东物流提升资源配置的精准性和效率的?

第9章
数智化背景下的电子商务物流安全

【学习目标】

了解电子商务物流数据泄露的主要原因及影响；掌握电子商务物流安全的基本概念、内涵、构成以及当前面临的主要安全威胁；熟悉电子商务物流安全的关键技术。

【能力目标】

能够根据电子商务物流安全的需求制定并实施有效的安全防护策略；掌握加密技术、区块链技术等关键技术在电子商务物流安全中的具体应用，能够运用这些技术构建安全可靠的物流信息系统。

【思政要求】

培养学生对数据隐私保护和网络安全的责任感，增强学生的法律意识；鼓励他们在未来的职业生涯中积极倡导和实践电子商务物流安全，为推动行业的健康发展做出自己的贡献。

【导入案例】

电子商务物流安全危机——从数据泄露看信息保护的重要性

随着数字化、网络化和智能化技术的快速发展，电子商务与物流行业迎来了前所未有的机遇与挑战。数据作为新时代的"石油"，在推动行业发展的同时，也带来了严峻的数据安全问题。近年来，重大电商物流数据泄露事件频频发生，暴露出行业在信息管理和安全防护方面的诸多不足，给企业、用户乃至整个社会带来了严重影响。

1. 典型数据泄露事件回顾

2023年11月1日，一张在暗网上大规模出售中国电商订单数据的截图迅速在互联网传播。截图显示，京东和淘宝分别以2.5万美元和4万美元的价格出售了98亿条和81.5亿条订单数据，涵盖用户真实姓名、订单号、商品名称型号、用户手机号、地址等详细隐私信息。这一事件的发生并非偶然，早在2016年，京东就曾因安全漏洞问题导致12G用户数据外泄，并被黑客出售。

同年，华人常用的网购网站Weee！也在2022年7月至2023年7月期间泄露了1100万用户的姓名、电子邮件、电话号码、家庭地址等敏感数据。尽管Weee!官方表示未涉及用户付款信息，但泄露的数据足以让用户面临电信诈骗、网络钓鱼、身份冒用等多重风险。

另外，2024年4月，国际购物平台PandaBuy因API漏洞被黑客攻击，导致超过130万用户的数据被泄露，包括用户ID、姓名、电话号码、电子邮件、订单数据等。这些数据被公开在论坛上，任何注册会员只需支付象征性的加密货币便可获取完整的用户信息。

2. 数据泄露的主要原因分析

根据威胁猎人情报平台的分析，电商物流数据泄露主要由以下几个方面原因导致。

（1）内部管理不善。包括员工违规操作，如面单拍摄、数据人为导出等。这类"内鬼"行为往往由于缺乏有效的内部监管机制和员工安全意识而频发。

（2）技术漏洞和攻击。API接口的设计缺陷、系统漏洞、未及时修补的安全漏洞，使得黑客能够轻易入侵系统，获取大量用户数据。例如，PandaBuy事件中的API漏洞便是典型代表。

（3）第三方合作风险。商家与快递公司之间的云仓平台被植入木马或遭受漏洞攻击，导致数据通过第三方渠道泄露。这类合作风险需要通过严格的第三方审查和安全协议来防范。

（4）设备和终端安全不足。设备不完善、终端安全防护薄弱，使得黑客通过物理设备入侵获取数据。例如，火绒安全在服务众多物流客户时发现，终端安全漏洞是数据泄露的重要环节。

3. 数据泄露的影响与后果

数据泄露不仅严重侵犯了用户的隐私权，还对企业造成了巨大的经济损失和信誉损害。具体影响包括：

（1）用户层面。

隐私侵害：用户的真实姓名、地址、电话号码等敏感信息被泄露，面临电信诈骗、网络钓鱼等风险。

财务安全：尽管部分事件未涉及付款信息，但用户的金融信息若被泄露，可能导致财务损失。

信用影响：个人信息的泄露可能影响用户的信用评级，造成长远的负面影响。

（2）企业层面。

经济损失：数据泄露事件往往伴随着巨额的罚款、赔偿以及修复成本。

信誉受损：频发的数据泄露事件会削弱用户对企业的信任，影响用户黏性和市场竞争力。

法律责任：根据《中华人民共和国刑法》及相关法律法规，企业若未尽到网络安全保护义务，将面临行政处罚甚至刑事责任。

（3）社会层面。

安全隐患：大规模的个人信息泄露可能被用于有组织的犯罪活动，威胁社会安全。

监管挑战：数据泄露事件的频发对政府监管提出了更高要求，亟须完善相关法律法规和监管机制。

4. 数据安全的法律法规与责任

《中华人民共和国网络安全法》明确规定，网络运营者应按照网络安全等级保护制度的要求，履行安全保护义务，防止网络数据泄露或被窃取、篡改。具体法律责任包括：

（1）行政责任。对于未履行数据保护义务的企业，监管部门可处以罚款、责令整改等行政处罚。

（2）民事责任。用户因数据泄露遭受损失的，可以通过法律途径向企业追偿。

（3）刑事责任。对于向他人出售或提供公民个人信息，情节严重构成侵犯公民个人信息罪的，依法追究刑事责任。

（资料来源：https://www.163.com；https://www.sohu.com）

思考：数据泄露对电子商务物流行业产生了哪些严重影响？

9.1　电子商务物流安全概述

9.1.1　安全的基本概念与重要性

9.1.1.1　安全的基本概念

安全，是人类生存和发展的最基本需求，是保障人们生命、健康和财产的重要手段。在物流活动中，安全贯穿于运输、储存、装卸搬运、包装流通加工、配送和信息处理等各个环节，确保物流活动能够正常进行，发挥其固有功能。安全通常指免受人员伤害、疾病或死亡，以及设备、财产的破坏或损失的状态。在物流活动中，安全是指通过控制系统的运行状态，将可能对人类生命、财产和环境造成的损害控制在可接受的水平以下。安全不仅涉及人身安全，还包括物品的安全、信息的安全和系统的安全。

9.1.1.2　安全的重要性

从管理学的角度看，亚伯拉罕·马斯洛在 1943 年提出的需求层次理论中，将人类的基本需求划分为五个层次，其中最基本的是安全需求（Safety Needs）。马斯洛认为，人类的有机体是一个追求安全的机制，安全是实现更高层次需求的基础。人类不仅追求生理上的安全，还追求社会、经济和信息的安全。

在电子商务物流领域，安全问题不仅仅是技术问题，更是人与人、人与组织之间利益对抗行为的体现。物流安全面临诸多不确定因素，如攻击技术的不确定性、攻击途径的多样性等。物流安全防护不仅需要技术手段的支持，还需要综合考虑管理、政策和法律等多方面因素，才能有效实施防御措施。

9.1.2　物流安全的内涵与构成

9.1.2.1　物流安全的含义

物流安全是指在物流活动中，确保物品从供应地到接收地的过程中，运输、储存、装卸搬运、包装流通加工、配送和信息处理等各个环节的安全。物流安全不仅涉及货物的安全，还包括物流设施设备的安全以及物流信息的保密和真实性。

电子商务物流安全可以分为以下两大部分。

一是计算机网络安全。主要包括：网络基础设施保护：保护网络硬件、软件和通信设施，防止网络攻击、病毒侵入和系统故障；数据传输加密：采用加密技术保障数据在传输过程中的安全，防止数据被截获和窃取。

二是电子商务物流交易安全。主要包括：物流交易信息安全：保障订单信息、物流跟踪信息等数据的机密性和完整性，防止信息泄露和篡改；物流支付安全：保障支付过程的安全性，防止支付信息被盗取或篡改，确保资金流动的安全；物流配送安全：保障物流配送过程的安全性，防止货物在运输过程中遭受损坏或丢失，确保物流服务的可靠性。

上述两部分相辅相成，密不可分。计算机网络安全为电子商务物流交易安全提供了基础保障，而电子商务物流交易安全则是网络安全的具体应用。只有两者结合，才能全面保障电子商务物流的安全性。

9.1.2.2　物流安全的特征

物流安全具有以下几个基本特征。

（1）必要性和普遍性。安全是物流活动的基本保障条件，是物流功能能够正常发挥的重要前提。由于物流活动中涉及大量的物品运输和信息传递，安全问题具有普遍性和必要性。

（2）随机性。物流安全受到多种因素的影响，如自然环境变化、技术设备状况、人为操作等，这些因素具有随机性和动态性，使得物流安全问题难以预测和控制。

（3）相对性。安全是相对于不安全而言的，其衡量标准是相对的。不同的物流企业和不同的物流环节可能有不同的安全标准，随着技术和管理水平的提升，安全标准也在不断提高。

（4）局部稳定性。物流安全作为物流系统中的一个子系统，具有局部稳定性。通过对物流系统中各个环节的安全控制和调节，可以实现局部的安全稳定。

（5）经济性。物流安全与经济效益紧密相关。通过投入适当的资源和技术手段保障物流安全，可以减少货物损失和人员伤亡，降低企业的运营成本，提升经济效益。

（6）复杂性。物流安全涉及人与物、人与人、物与物之间的复杂关系，受到多种因素的影响，具有高度的复杂性和多样性。

（7）社会性。物流安全不仅关系到企业自身的运营，还涉及社会的稳定和公共安全。物流安全问题可能引发广泛的社会关注和政府监管，影响整个社会的安全环境。

9.1.2.3 物流安全的重要性

随着信息技术的快速发展，电子商务模式已经成为现代商务活动的重要组成部分。据统计，截至2023年底，我国网民规模达到10.92亿人，其中网络购物用户数量为9.15亿人，全国网上零售额超15万亿元。电子商务中的任何一笔交易，都包含商流、信息流、资金流和物流这四个方面。其中，商流、信息流和资金流在电子商务活动中都是电子化的，卖家和买家只需在互联网上进行交流，即可有效实现商流、信息流和资金流的流通。但物流作为电子商务活动的最后一个环节，却无法通过网络直接实现，需要通过实际的物流配送过程来完成。

在物流配送过程中，由于人为失误或技术缺陷，可能导致货物损坏或失效、物流设施损坏以及物流信息失真等安全问题。这些问题不仅会影响用户的购物体验，还会对企业造成巨大的经济损失和信誉损害。因此，保障电子商务物流安全具有重要的现实意义。

（1）保护用户隐私和安全。一是防止个人信息泄露。保护用户的个人信息不被非法获取和滥用，避免用户因信息泄露遭受经济损失和隐私侵害。二是保障交易安全。确保交易过程中的数据安全，防止交易信息被篡改或泄露，维护用户的合法权益。

（2）提升企业竞争力。一是建立信任机制。通过保障物流安全，提升用户对企业的信任度，增强用户黏性和市场竞争力。二是减少经济损失。通过有效的安全管理，减少因物流安全事故导致的经济损失，提升企业的经济效益。

（3）促进行业健康发展。一是规范市场秩序。通过完善的安全管理和法律法规，规范电子商务物流市场秩序，推动行业健康发展。二是推动技术进步。安全需求促使企业不断提升技术水平，推动物流安全技术的创新和应用，提升整个行业的技术水平和服务质量。

（4）遵守法律法规，避免法律风险。一是依法经营。严格遵守《网络安全法》《电子商务法》等相关法律法规，履行数据保护和隐私保护义务，避免法律风险和惩罚。二是维护社会稳定。通过保障电子商务物流安全，维护社会的整体安全和稳定，减少因数据泄露引发的社会问题。

9.2　电子商务物流安全的威胁

相比传统商务流程，电子商务不仅降低了交易成本，提高了效率，还拓展了市场空间。然而，网络的开放性和交易过程的复杂性也为电子商务物流安全带来了诸多挑战。电子商务物流安全面临的威胁如图9-1所示。

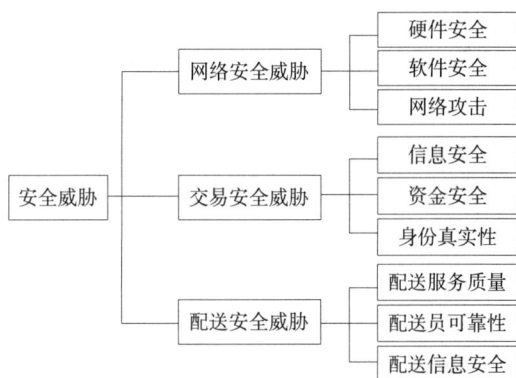

图9-1　电子商务物流安全面临的威胁

9.2.1　网络安全

电子商务物流活动依托于互联网的基础设施，其安全性直接影响到物流系统的稳定运行和数据的完整性。计算机网络安全威胁主要包括硬件安全、软件安全和网络攻击三个方面。

9.2.1.1　硬件安全

硬件设备是电子商务物流系统的物理基础，任何硬件故障或缺陷都可能导致系统瘫痪或数据丢失。硬件安全威胁主要表现在以下三个方面。

（1）设备故障与维护。计算机服务器、路由器等关键设备在长期运行过程中可能出现硬件故障，如硬盘损坏、电源故障等。定期地维护和检测可以预防突发性故障，确保系统的连续性和稳定性。

（2）环境威胁。服务器对环境条件（如温度、湿度、电磁干扰等）要求较高，不当的环境条件可能导致设备过热、腐蚀等问题，进而影响系统性能。

（3）物理安全。未经授权的人员进入数据中心或服务器房，可能导致设备被篡改、损坏或盗窃。因此，必须加强物理安全措施，如门禁控制、监控系统等。

9.2.1.2 软件安全

软件系统的安全性决定了电子商务物流平台的抗攻击能力和数据保护水平。软件安全威胁主要表现在以下三个方面。

（1）操作系统与应用程序漏洞。操作系统和应用程序中的安全漏洞是黑客攻击的主要目标。及时更新补丁、加强代码审查和漏洞扫描是防范措施的关键。这些漏洞可能被利用来执行恶意代码、获取未授权访问权限，甚至完全控制系统。

（2）恶意软件与病毒。恶意软件、病毒、木马等可以通过网络传播，破坏系统功能或窃取敏感信息。安装防病毒软件、定期扫描系统和教育用户识别恶意软件是有效的防护手段。

（3）安全配置与权限管理。不当的安全配置和权限设置可能导致数据泄露或系统被篡改。应采用最小权限原则，确保只有授权人员才能访问敏感数据和系统功能。

9.2.1.3 网络攻击

网络攻击是电子商务物流系统面临的重大威胁，主要包括黑客攻击、拒绝服务攻击（DoS/DDoS）和中间人攻击等。

（1）黑客攻击。黑客通过利用系统漏洞、社会工程学等手段，非法获取系统控制权或窃取敏感数据。加强网络监控、入侵检测系统（IDS）和入侵防御系统（IPS）的部署，可以有效防范黑客入侵。

（2）拒绝服务攻击（DoS/DDoS）。攻击者通过大量请求淹没服务器资源，使合法用户无法访问系统。部署流量过滤、负载均衡和分布式防御系统，可以减轻 DoS/DDoS 攻击的影响。

（3）中间人攻击（MITM）。攻击者在通信双方之间拦截、篡改信息，导致数据泄露或被篡改。采用加密通信协议（如 HTTPS、TLS）、数字证书和身份验证机制，可以有效防止中间人攻击。

9.2.2 交易安全

电子商务交易过程中，信息流、资金流和物流的安全性直接影响交易的顺利进行和各方的信任度。交易安全威胁主要包括信息安全、资金安全和交易双方身份的真实性。

9.2.2.1　信息安全

信息是电子商务交易的核心，信息的完整性、有效性和机密性直接关系到交易的可靠性和各方的利益。主要表现为：

（1）信息的完整性。交易信息在传输和存储过程中可能被篡改或丢失，影响交易结果。采用数据校验、冗余存储和区块链技术可以提高信息的完整性。

（2）信息的有效性。确保信息在特定时间和地点的准确性和可用性，防止因网络故障、操作错误等导致信息失效。实时监控系统和备份机制是保障信息有效性的关键措施。

（3）信息的机密性。保护交易双方的敏感信息不被未经授权的第三方获取。采用加密技术、访问控制和数据隔离等手段，确保信息在传输和存储过程中的机密性。

9.2.2.2　资金安全

资金流的安全性是电子商务交易成功的保障，涉及在线支付和货到付款两种主要模式。

（1）在线支付安全。在线支付过程中，用户的支付信息可能被窃取或篡改，导致资金损失。采用安全的支付网关、双因素认证（2FA）、支付加密技术和实时监控系统，可以有效保障在线支付的安全性。

（2）货到付款风险。货到付款模式下，资金交付环节可能存在欺诈风险，如假冒快递员骗取货款。加强快递员身份验证、建立完善的货款追踪系统和客户确认机制，可以降低货到付款的风险。

（3）支付平台的安全管理。支付平台作为资金流转的中介，必须具备强大的安全防护能力。定期进行安全审计、漏洞修复和风险评估，确保支付平台的安全可靠。

9.2.2.3　交易双方身份的真实性

确保交易双方的身份真实性是防范欺诈和非法交易的基础，涉及用户认证和身份验证机制。

（1）用户身份认证。通过多种认证方式（如密码、短信验证码、生物识别等）确认用户身份，防止身份冒用和账户劫持。采用多因素认证（MFA）技术，提高身份认证的安全性。

（2）商家资质验证。对电子商务平台上的商家进行资质审核和认证，确保其合法性和信誉度。建立商家信用评级系统，增强消费者对商家的信任。

（3）防范伪造与欺诈。通过监控交易行为、分析交易模式和利用人工智能技术识别异常交易，及时发现和阻止伪造和欺诈行为。建立完善的举报和反馈机制，鼓励用户参与交易安全管理。

9.2.3 物流配送安全威胁

物流配送环节是电子商务交易的重要组成部分，其安全性直接影响用户体验和企业信誉。物流配送安全威胁主要包括配送服务质量、配送员可靠性和配送信息安全。

9.2.3.1 配送服务质量

配送服务质量决定了用户对电子商务平台的满意度和信任度，直接影响复购率和口碑传播。

（1）配送及时性。延迟配送会导致用户不满和投诉，影响用户体验。通过优化物流路线、提升仓储管理效率和加强与第三方物流的合作，提升配送的及时性。

（2）配送准确性。配送过程中出现错发、漏发等问题会导致用户投诉和退货增加。采用智能分拣系统、订单管理系统和实时跟踪技术，确保配送的准确性。

（3）配送服务态度。配送员的服务态度直接影响用户对物流服务的评价。加强配送员的职业培训、服务规范和绩效考核，提升服务质量和用户满意度。

9.2.3.2 配送员可靠性

配送员是物流服务的执行者，其可靠性关系到配送过程的安全和效率。

（1）配送员身份验证。通过实名制、背景调查和身份认证，确保配送员的合法性和可信度。使用配送员管理系统，实时监控配送员的工作状态和行为。

（2）职业培训与管理。加强配送员的职业道德和技能培训，提升其服务水平和安全意识。建立完善的配送员考核和激励机制，激发其工作积极性和责任感。

（3）防范配送欺诈。防止配送员在配送过程中进行偷窃、篡改或欺诈行为。采用智能锁、电子签收和实时监控技术，保障配送过程的透明和可追溯。

9.2.3.3 配送信息安全

配送信息的安全性直接关系到用户的隐私保护和交易的顺利进行。

（1）信息加密与传输安全。配送信息在传输过程中可能被截获或篡改，影响配送的准确性和用户隐私。采用加密技术、虚拟专用网络（VPN）和安全传输协议（如HTTPS）保障信息传输的安全性。

（2）信息访问控制。限制配送信息的访问权限，确保只有授权人员才能查看和处理配送信息。采用身份验证、访问控制列表（ACL）和角色权限管理，防止信息泄露和滥用。

（3）信息监控与审计。实时监控配送信息的访问和操作行为，及时发现和应对异常活动。建立完善的信息审计机制，记录配送信息的访问日志和操作记录，以便在发生安全事件时进行溯源和分析。

9.3　电子商务物流安全的关键技术

电子商务物流安全的关键技术是保障信息、资金流和物流安全的基础。随着数智化技术的发展，新兴技术不断涌现，为电子商务物流安全提供了更加全面和高效的保障。

9.3.1　数智化加密技术

加密技术是电子商务物流安全的基石，通过对信息进行加密处理，保障信息在传输和存储过程中的机密性和完整性。随着技术的不断进步，数智化加密技术为电子商务物流安全提供了更为高效和先进的解决方案。

9.3.1.1　对称与非对称加密技术

（1）对称加密技术。是指加密和解密过程中使用相同的密钥（图9-2）。这种技术因其高效性，适用于大规模数据的加密传输。然而，对称加密在密钥管理上存在挑战，尤其是在分布式系统中，如何安全地分发和管理密钥是一个关键问题。一般来说，大型电商物流企业在处理海量订单数据传输时，采用AES对称加密算法，确保数据在传输过程中的高效和安全，同时通过安全的密钥管理系统，保障密钥的安全分发和存储。

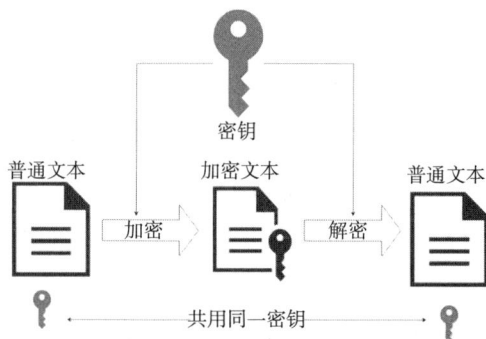

图9-2　对称加密原理

（2）非对称加密技术。也称公钥加密技术，使用一对公钥和私钥进行加密和解密（图9-3）。这种技术增强了安全性，特别适用于身份认证和密钥交换。然而，非对称加密在处理大数据时的计算开销较高，因此常与对称加密技术结合使用，以平衡安全性和效率。在跨境物流信息交换中，国际电商平台常常使用RSA非对称加密技术进行身份认证和密钥交换，确保各节点之间的数据传输安全，同时结合对称加密技术，实现高效的数据加密与传输。

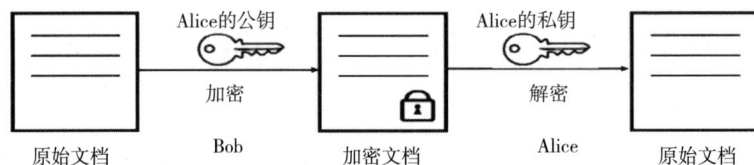

图9-3 非对称加密原理

9.3.1.2 区块链技术

区块链技术以其去中心化、不可篡改和透明性的特点，为电子商务物流安全提供了全新的解决方案。每一笔交易记录在区块链上，任何篡改行为都需要获得网络中大多数节点的认可，极大地提升了数据的可信度和安全性。如电商平台利用区块链技术实现全程物流追踪，消费者可以通过区块链查询商品从生产到配送的全过程，确保商品的真实性和安全性。同时，智能合约自动执行物流协议，减少人为干预和错误，确保物流过程的高效和安全。

9.3.1.3 同态加密与量子加密

同态加密允许在加密数据上直接进行计算，而无须解密数据。这种技术在电子商务物流中的应用，可以在保护数据隐私的前提下，实现对订单数据的分析和处理，提高数据处理的安全性和效率。如物流公司在进行库存管理和运输路线优化时，使用同态加密技术对敏感订单数据进行加密分析，确保数据在分析过程中不被泄露，提高了数据处理的安全性和效率。

量子加密技术基于量子力学的原理，提供了无法被破解的加密手段。随着量子计算的发展，传统加密技术面临被破解的风险，量子加密技术的应用成为保障未来电子商务物流安全的重要手段。如高安全性需求的电子商务平台采用量子密钥分发（QKD）技术，保障数据传输的绝对安全，防止量子计算机对传统加密算法的破解，确保敏感数据的长期安全。

同态加密虽然在保护数据隐私方面具有显著优势，但其计算复杂度较高，限制了大规模应用。量子加密技术则面临技术成熟度和成本高昂的问题，尚需进一步研究和发展。

9.3.2　网络安全技术

网络安全技术通过构建多层防护机制，保护电子商务物流系统免受网络攻击和入侵。随着网络攻击手段的不断进化，传统的网络安全技术已经难以满足现代电子商务物流的安全需求，数智化技术的引入为网络安全提供了新的解决方案。

9.3.2.1　入侵检测与防御系统

（1）入侵检测系统（IDS）。是一种实时监控网络流量，检测和上报潜在入侵行为的安全设备。通过对网络和系统中的关键点进行信息收集和分析，IDS 能够及时发现并响应各种网络攻击，如拒绝服务攻击（DDoS）、恶意软件传播等。电商物流企业可以通过部署的 Snort IDS 系统，实时监控网络流量，成功检测并阻止来自外部的 DDoS 攻击，确保物流系统的正常运行。

（2）智能入侵检测技术。结合机器学习和人工智能算法，智能入侵检测系统能够识别复杂的攻击模式，提高检测的准确性和响应的速度。例如，基于深度学习的 IDS 能够分析海量网络流量数据，自动识别异常行为并发出警报。跨国电商物流公司通过引入基于深度学习的 IDS 系统，能够自动学习和识别新型网络攻击，显著提升系统的防御能力，减少误报率。

9.3.2.2　人工智能在网络安全中的应用

（1）人工智能（AI）算法在威胁检测和防御中发挥着重要作用。通过对网络流量、系统日志及用户行为的深度智能分析，AI 能够快速识别潜在的安全威胁，并自动采取防御措施，保障了系统的安全运行。以美团为例，其利用 AI 算法对网络流量实施全天候监控，精准捕捉并标记异常活动，有效阻止了多起恶意攻击，保障了业务的平稳运行。此外，美团还将 AI 技术拓展至金融领域，通过实时监测交易数据，显著提高了欺诈检测的准确性，为账户安全筑起了一道坚实的防线。

（2）机器学习算法在网络安全防御中同样扮演着重要角色。通过训练大量网络数据，机器学习能够学习到正常与异常行为模式的特征，从而实现对安全事件的实时检测和响应。Amazon Fraud Detector 便是机器学习在在线欺诈检测方面的杰出应用。它使企业能够轻松构建、部署和管理欺诈检测模型，有效识别和预防各种在线欺诈活动，如虚假账户创建、欺诈性交易等。这一服务不仅帮助企业减少了在线支付欺诈，还提升了账户安全等级，为企业的稳健发展提供了有力保障。

（3）AI驱动的自适应防御系统是网络安全领域的又一创新。该系统能够根据实时的威胁情报和网络环境变化，动态调整防御策略，提高系统的防护能力和响应速度。阿里云WAF-AI内核便是这一技术的典范。它采用"流量分层治理"与"千站千面防护"的智能安全思想，将流量分为白、灰、黑三层，并在各层部署不同类型的机器智能模型，形成了一套协同作战的决策智能体系。这一体系不仅能够针对应用层基础威胁进行高效防御，还能为每个站点生成定制化的防护规则或模型，实现了精细化、个性化的智能安全保护。这相当于为每个站点配备了专属的安全专家团队，共同抵御黑客攻击，为网络安全保驾护航。

虽然AI在网络安全中的应用具有巨大潜力，但也面临着数据隐私保护、算法透明性和可解释性等诸多挑战。未来，随着技术的不断进步，AI将进一步提升网络安全技术的智能化和自动化水平。

9.3.2.3　虚拟专用网络（VPN）与零信任网络

虚拟专用网络（VPN）通过加密隧道技术，为远程访问提供了安全的数据传输通道，确保了数据的机密性和完整性。在电子商务物流领域，VPN的应用尤为关键。它使得物流管理人员在远程办公时，能够确保数据传输不被截获或篡改，保障了物流信息的准确性和安全性。

而零信任网络架构则是一种更为先进的网络安全模型，它基于"永不信任，始终验证"的原则，对每一个访问请求都进行严格的身份验证和授权。在电子商务物流系统中，零信任架构通过多因素认证、动态访问控制和微分段等技术，进一步细化了权限管理，有效降低了安全风险。只有经过验证的人员才能访问敏感物流数据，这既防止了内部人员的恶意操作，也抵御了外部攻击者的非法入侵。

京东在零信任安全建设方面取得了显著成果。在电商、金融、物流、健康及供应链生态等多个行业，京东通过零信任身份认证、应用卡点、RASP卡点、Service Mesh技术及数据访问行为分析等手段，实现了安全风险的量化评估与管理，快速响应和有效处置安全事件。同时，京东还为合作伙伴提供了零信任SDK，降低了安全建设成本，提升了数据安全治理效果。

综上所述，VPN与零信任网络架构在网络安全中发挥着重要作用，它们共同为电子商务物流等领域的数据安全提供了有力保障。

9.3.3　数据保护与隐私技术

数据保护与隐私技术通过多种手段，确保电子商务物流数据的安全性、完整性和可用性。随着数据量的不断增加和数据类型的多样化，数据保护技术在电子商务物流安全中显得尤为重要。

9.3.3.1　数据备份与灾难恢复技术

数据备份是指定期复制和存储物流系统中的重要数据，以防止因系统故障、数据损坏或其他意外情况导致的数据丢失。灾难恢复（Disaster Recovery, DR）技术则是在发生重大灾难事件后，迅速恢复系统和数据的能力。

备份策略与实施：

（1）全备份：每次备份所有数据，确保数据的完整性，但存储成本高。

（2）增量备份：仅备份自上次备份以来发生变化的数据，节省存储空间和时间。

（3）差异备份：备份自上次全备份以来所有变化的数据，介于全备份和增量备份之间。

灾难恢复计划：

（1）数据恢复：在数据丢失后，利用备份数据进行恢复，确保业务连续性。

（2）系统恢复：在系统故障后，快速恢复系统功能，减少停机时间。

（3）应急演练：定期进行灾难恢复演练，检验和优化灾备计划的有效性。

9.3.3.2　访问控制与身份认证技术

访问控制和身份认证技术是保障电子商务物流数据安全的重要手段，通过限制和管理用户对系统资源的访问权限，防止未经授权的访问和操作。主要包括：

（1）基于角色的访问控制（RBAC）：根据用户的角色分配访问权限，确保用户只能访问其职责范围内的数据和功能。例如，仓储管理员只能访问库存管理模块，运输经理只能访问运输安排模块。

（2）多因素认证（MFA）：通过结合多种认证因素（如密码、短信验证码、生物识别等），提升身份验证的安全性。MFA有效防止因密码泄露导致的账号被盗风险。

（3）生物识别技术：利用指纹、面部识别、虹膜扫描等生物特征进行身份认证，提高认证的准确性和安全性。例如，电子商务物流公司采用指纹识别技术，确保只有经过认证的员工才能访问敏感物流数据。

访问控制和身份认证技术虽然有效，但在实施过程中需要平衡安全性和用户便利性。未来，随着技术的发展，结合人工智能的智能访问控制和身份认证将进一步提升系统的安全性和用户体验。

9.3.3.3 隐私保护技术

隐私保护技术是电子商务物流安全的重要组成部分，旨在保护个人和企业敏感信息，防止其被非法获取和滥用。随着隐私法规的出台和数据隐私意识的提升，隐私保护技术的重要性日益凸显。

（1）数据脱敏与匿名化技术是隐私保护的关键手段。通过对敏感数据进行处理，如屏蔽身份证号、手机号、卡号、邮箱地址等关键信息，或在数据处理中引入变形措施，如打星号、字段截断等，可以在不影响数据使用准确性的前提下，有效降低数据敏感度和个人隐私风险。在物流系统中，对客户信息进行脱敏处理，能够确保数据分析和共享过程中不暴露敏感信息，从而保护个人隐私和企业机密。

（2）隐私增强技术（PETs）是隐私保护的重要工具。PETs包括差分隐私、同态加密等技术，通过在数据处理过程中引入噪声或加密手段，保护数据隐私。在电子商务物流平台中，差分隐私技术的应用可以在统计分析物流数据时，有效保护用户隐私信息不被泄露。PETs不仅有助于企业突破数据孤岛效应，充分发挥数据流通价值，还能确保数据在采集、处理、分析和共享过程中的机密性。

（3）遵循隐私法规是电子商务物流安全的关键。国内电商企业在隐私保护方面需要遵循《民法典》《消费者权益保护法》《电子商务法》和《个人信息保护法》等法律法规，而跨境电商企业则还需遵循GDPR（通用数据保护条例）等国际隐私法规，建立合规的数据保护机制，确保数据处理过程符合法律要求。例如，跨国电子商务企业根据GDPR要求，建立了严格的数据访问和处理流程，确保客户数据的安全和隐私。

未来，随着区块链和人工智能等先进技术的发展，隐私保护技术将更加智能化和高效化，为电子商务物流提供更强有力的安全保障。

9.4 电子商务物流安全的防护策略

为了有效应对电子商务物流安全威胁，必须综合运用技术、管理和法律手段，构建全方位的安全防护体系，下面从技术保护策略、管理保护策略和法律与制度保护策略三个方面分别阐述。

9.4.1　技术保护策略

技术保护策略是保障电子商务物流安全的第一道防线，主要包括多层次安全防护架构、实时监控与响应机制以及安全审计与评估。

9.4.1.1　多层次安全防护架构

多层次安全防护架构通过在网络层、应用层和数据层分别部署防火墙、入侵检测系统、虚拟专用网络（VPN）、应用程序防护、数据加密、身份认证与访问控制、数据备份与恢复、数据完整性验证和数据隔离与分段等措施，构建起全面的安全防护体系。例如，电子商务物流企业通过构建多层次安全防护架构，成功防御复杂的DDoS攻击，保障了物流系统的正常运行。该架构包括网络层的防火墙和VPN，中间层的入侵检测系统（IDS）与入侵防御系统（IPS），以及数据层的加密和访问控制，形成了坚固的安全屏障。

9.4.1.2　实时监控与响应机制

实时监控与响应机制通过部署安全信息和事件管理系统（SIEM）、自动化威胁检测与响应（EDR）、行为分析与异常检测等技术，实现对电子商务物流系统的实时监控和快速响应。例如，部分跨国电子商务物流企业引入基于AI的SIEM系统，实时监控物流系统的安全状态，成功识别并阻止复杂的网络攻击，确保物流业务的连续性。

9.4.1.3　安全审计与评估

安全审计与评估通过定期安全审计、风险评估、漏洞扫描和渗透测试等方法，系统性地评估电子商务物流系统的安全性，识别和修复潜在的安全漏洞。例如，电子商务物流公司通过定期安全审计和漏洞扫描，及时发现并修复物流管理系统中的多个安全漏洞，显著提升系统的安全性和稳定性。

9.4.2　管理保护策略

管理保护策略是保障电子商务物流安全的重要支撑，主要包括制定安全政策与标准、开展安全培训与意识提升以及实施风险管理。

9.4.2.1　制定安全政策与标准

制定全面的安全政策和操作规程，明确安全目标、责任和权限，确保安全政策在整个企业内得到有效实施。例如，电子商务物流企业制定全面的安全政策和操作规程，明确各部门和员工的安全职责，通过严格的政策实施和定期审查，有效提升企业整体的安全管理水平。

9.4.2.2　开展安全培训，增强意识提升

定期开展安全培训，提升员工的安全技能和知识，并通过宣传教育、案例分享和奖励机制，增强员工的安全意识。例如，部分电子商务物流公司定期开展安全培训和应急演练，通过实际案例和模拟演练，提高员工的安全意识和应对能力，显著减少安全事件的发生频率和影响范围。

9.4.2.3　实施风险管理

系统地识别、评估和控制电子商务物流系统中的各种安全风险，通过风险规避、风险转移、风险减轻和风险接受等措施，确保在风险发生时能够迅速响应和处理。例如，部分跨国电子商务物流企业通过系统的风险管理流程，成功识别和控制关键安全风险，提升系统的安全性和稳定性，减少因安全问题导致的业务中断和经济损失。

9.4.3　法律与制度保护策略

法律与制度保护策略为电子商务物流安全提供了法律保障和制度支持，主要包括完善法律法规、加强监管执法以及建立安全合规体系。

9.4.3.1　完善法律法规

加快制定和完善电子商务物流安全相关法律法规，明确各方的法律责任和义务，规范电子商务物流活动。例如，我国通过制定《电子商务法》，明确了电子商务物流企业在数据保护、网络安全等方面的法律责任，提升了整个行业的安全管理水平。

9.4.3.2　加强监管执法

建立完善的电子商务物流安全监管体系，明确监管职责和权限，加大对违反电子商务物流安全法律法规行为的打击力度。例如，近年来，地方政府通过加大对电子商务物流企业的安全监管力度，查处了多起数据泄露和网络攻击事件，显著提升了行业的整体安全水平。

9.4.3.3　建立安全合规体系

建立完善的安全合规管理体系，确保电子商务物流企业在运营过程中遵守相关法律法规和行业标准，并通过安全认证和第三方认证，提升企业的安全管理水平和市场竞争力。例如，京东在2019年获得ISO/IEC 27001信息安全管理体系认证，并与光大银行、招商银行、平安银行、浦发银行等多家金融机构开展合作，在敏感数据的收集、传输、

访问、存储、销毁等环节进行安全管控，显著提升了其安全管理水平和市场竞争力。

通过综合运用技术保护策略、管理保护策略和法律制度保护策略，电子商务物流系统能够构建起全方位的安全防护体系，确保系统的安全性和可靠性，为电子商务物流的健康发展提供坚实保障。

【本章小结】

本章首先通过典型的数据泄露案例，说明电子商务物流安全的重要性。然后，分析了数据泄露的四大主因：内部管理不善、技术漏洞、第三方合作风险及设备终端安全不足，并阐述了其对用户隐私、企业信誉及社会秩序的严重危害。接着，全面阐述了电子商务物流安全的基本概念、内涵及构成，并详细分析了当前面临的主要威胁。最后，重点介绍了保障电子商务物流安全的关键技术，以及这些技术如同坚固的盾牌，为构建全方位的安全防护体系提供的有力支撑。

【课后习题】

一、单项选择题

1.（ ）不是物流安全的特征。

A. 必要性和普遍性   B. 随机性   C. 绝对性   D. 经济性

2.（ ）不是电子商务物流数据泄露的主要原因。

A. 内部管理不善   B. 技术漏洞   C. 第三方合作风险 D. 自然灾害

3.（ ）可以有效防止中间人攻击。

A. 对称加密技术   B. 非对称加密技术

C. 区块链技术   D. 身份验证机制

4. 在电子商务物流中，保障交易信息完整性的技术是（ ）。

A. 数据校验 B. 冗余存储 C. 区块链技术 D. 以上都是

5.（ ）不属于数据泄露的主要原因。

A. 内部管理不善   B. 技术漏洞和攻击

C. 高效的加密技术   D. 第三方合作风险

6.《网络安全法》对网络运营者的要求不包括（ ）。

A. 履行安全保护义务   B. 防止网络数据泄露

C. 提高产品销售量   D. 防止数据被篡改

7. 在电子商务物流安全中，零信任网络架构的核心原则是（ ）。

A. 永不信任，始终验证   B. 信任内部，怀疑外部

C. 信任所有用户　　　　　　　　D. 动态调整权限

8.（　　　）不属于数据保护与隐私技术。

A. 数据脱敏　　　B. 匿名化　　　C. PETs　　　　D. 生物识别技术

9.（　　　）方式每次都备份所有数据，确保数据的完整性。

A. 全备份　　　B. 增量备份　　C. 差异备份　　D. 快照备份

10. 在物流配送安全中，防范配送欺诈的有效措施不包括（　　　）。

A. 智能锁　　　B. 电子签收　　C. 实时监控　　D. 增加配送员薪资

二、判断题

1. 电子商务物流安全仅涉及技术问题。（　　　）

2. 对称加密技术在密钥管理上存在挑战。（　　　）

3. 区块链技术可以防止数据篡改。（　　　）

4. 零信任网络架构要求每一个访问请求都经过严格的身份验证和授权。（　　　）

5. 数据备份可以防止因系统故障导致的数据丢失。（　　　）

6. 隐私保护技术包括数据脱敏与匿名化技术。（　　　）

7. 区块链技术由于去中心化特点，容易受到单点故障的影响。（　　　）

8. 多因素认证（MFA）至少需要两种不同的认证因素。（　　　）

三、简答题

1. 简述电子商务物流数据泄露的主要原因。

2. 解释区块链技术在电子商务物流安全中的应用。

3. 描述同态加密技术在电子商务物流中的应用。

4. 简述零信任网络架构在电子商务物流中的应用。

5. 什么是隐私增强技术（PETs），它在电子商务物流中的作用是什么？

6. 描述多层次安全防护架构在电子商务物流安全中的重要性。

四、讨论题

在当前全球化和数智化发展背景下，电子商务物流企业如何在提升运营效率的同时有效保障用户隐私和数据安全？请结合导入案例进行分析，并提出具体策略。

参考文献

[1] 毕娅，原惠群.电子商务物流[M].2版.北京：机械工业出版社，2023.

[2] 曹晓婷.数智化背景下电商物流发展对策研究[J].商展经济，2024（7）：30-33.

[3] 崔忠付.数智化转型，点燃物流与供应链高质量发展的新引擎[J].物流技术与应用，2024，29（S2）：14-15.

[4] 陈依珑，李佳竹.以数智化技术助推物流业绿色升级[J].中国物流与采购，2022，（24）：48-49.

[5] 陈伟峰.基于AI驱动下智能配送的可行性分析[J].物流科技，2024，47（04）：51-53，71.

[6] 戴鹏，蔡勇，吴争光，等.5G/5G-A技术在低空专网建设中的应用[J].中国新通信，2024，26（20）：20-22.

[7] 方磊.电子商务物流[M].3版.北京：清华大学出版社，2024.

[8] 龚谨.数智化供应链：新质生产力发展的"新引擎"[J].发展研究，2024，41（05）：52-57.

[9] 何其，欧阳钰霓.AI促进供应链的商业产业化研究——以供应链中的需求预测环节和智能化仓储管理为例[J].商场现代化，2020（24）：15-17.

[10] 洪群联.低空服务业的概念特征、发展条件与推进对策[J].经济纵横，2024（08）：45-52.

[11] 霍艳芳，齐二石.智慧物流与智慧供应链[M].北京：清华大学出版社，2020.

[12] 胡燕灵，马洪娟，王英伟.电子商务物流管理[M].2版.北京：清华大学出版社，2016.

[13] 孙辉，任宏.加强数智化建设推动电商物流发展[N].现代物流报，2019-09-09(A03).

[14] 江宏.物流无人化发展状况与趋势展望[J].物流技术与应用，2019，24（02）：90-93.

[15] 黎继子.电子商务物流[M].北京：中国纺织出版社，2015.

[16] 李少帅.新一代人工智能赋能企业数智化转型升级：驱动模式及路径分析[J].当代经济管理，2024（12）：1-8.

[17] 梁妮. 基于人工智能的电商物流配送分拣机器人控制系统设计[J]. 自动化与仪器仪表，2024（07）：279-283.

[18] 刘宝常. 电子商务物流[M]. 北京：机械工业出版社，2018.

[19] 刘呈佳. 基于5G技术的智慧物流配送系统优化分析[J]. 中国储运，2024，（10）：67-68.

[20] 刘虹玉，王双金. 大数据在仓储物流中的发展与应用——"大数据与智慧物流"连载之三[J]. 物流技术与应用，2017，22（03）：134-136.

[21] 刘佳兴，和征，杨小红. 供应链数字孪生系统构建研究[J]. 智能制造，2024，（02）：82-89.

[22] 刘明洋. 5G背景下的物联网技术在物流行业中的应用[J]. 物流技术与应用，2021，26（03）：140-142.

[23] 刘苏逸. 基于物联网的智慧仓储系统设计与优化[J]. 铁路采购与物流，2024，19（09）：53-54，66.

[24] 刘伟华，李波，彭岩. 智慧物流与供应链管理[M]. 北京：中国人民大学出版社，2022.

[25] 刘昕. 数智化物流引领"6·18"全面提速[N]. 国际商报，2019-06-24(003).

[26] 罗斌元，孙明芳. 智能存货管理模式创新研究[J]. 财会通讯，2024，（24）：106-113.

[27] 牛云红. 物流行业从"数字化"到"数智化"的转型[J]. 中国储运，2022，（09）：159-160.

[28] 祁娟. 京东：无人科技为路空一体交通提供核心技术支撑[J]. 交通建设与管理，2020，（03）：110-113.

[29] 全国物流标准化技术委员会. 物流术语：GB/T 1835—2021[S]. 北京：中国标准出版社，2021.

[30] 任芳. 从数字化到"数智化"物流行业加速变革[J]. 物流技术与应用，2019，24（07）：74-75.

[31] 任璇. 数智化视域下企业供应链转型的路径及价值分析[J]. 全国流通经济，2024，（09）：78-81.

[32] 沈意吉，傅家乐，张一帆. 5G时代计量技术机构的智能场景应用前景[J]. 上海计量测试，2020，47（04）：59-61.

[33] 施先亮. 智慧物流与现代供应链管理[M]. 北京：机械工业出版社，2021.

[34] 孙滔，周铖，段晓东，等. 数字孪生网络（DTN）：概念、架构及关键技术. 自动化

学报，2021，47（03）：569-582.

[35]孙木子. 我国全力推动物流数智化发展[N]. 中国水运报，2024-12-11(007).

[36]孙溥茜. 京东物流：智能物流体系中的配送机器人与无人机技术[J]. 机器人产业，2022（05）：56-58.

[37]陶飞，马昕，戚庆林，等. 数字孪生连接交互理论与关键技术[J]. 计算机集成制造系统，2023，29（01）1-10.

[38] V. Kumar. Intelligent Marketing[M]. Sage Publications Pvt. Ltd; 1st edition January 15, 2021.

[39]王继祥. 机器智能推动智慧物流变革[J]. 物流技术与应用，2019，24（09）：70-74.

[40]王继祥. 智慧物流发展路径：从数字化到智能化[J]. 中国远洋海运，2018（06）：36-39.

[41]王继祥. 中国智慧物流五大新发展理念[J]. 中国工业和信息化，2023（Z1）：15-21.

[42]王继祥. 中国数智化物流发展路径[EB/OL]. 物流技术与应用（官微），2021-12-22. https://www.163.com/dy/article/GRRQ3PUK0530UFIR.html.

[43]王淇，刘天琪，陈琨，等. 数字孪生下的供应链[J]. 中国储运，2024（08）：75-76.

[44]王猛 魏学将 张庆英. 智慧物流装备与应用[M]. 北京：机械工业出版社，2023.

[45]王喜富. 物联网与智能物流[M]. 北京：清华大学出版社，北京交通大学出版社，2014.

[46]王雅婧. 数智化让快递加速跑[N]. 中国纪检监察报，2023-04-17(005).

[47]王维. 数字经济下网络货运平台的发展路径研究[J]. 物流科技，2024，47（18）：91-93，100.

[48]王维祺，叶春明. 区块链技术在车货匹配平台上的应用[J]. 计算机系统应用，2019，28（11）：72-78.

[49]汪洋，陈运军，卢正才，等. "双碳"目标背景下数智化技术赋能菜鸟全链路绿色物流应用研究[J]. 物流科技，2022，45（14）：52-55.

[50]物流信息互通共享技术及应用国家工程实验室. 5G网络技术在新一代物流行业中的应用报告[J/OL].2019-12-2.

[51]魏学将，王猛，张庆英. 智慧物流概论[M]. 北京：机械工业出版社，2020.

[52]武林. 百世数智化供应链战略与实践[J]. 中国物流与采购，2022（03）：40.

[53]吴玉荣. 冷链物流云服务架构与动态配送研究[D]. 合肥：合肥工业大学，2016.

[54] 谢代国. "互联网+"的车货匹配平台发展现状与思考[J]. 现代企业，2017（11）：44-45.

[55] 许舟平，朱冰. 京东云以数智供应链能力助推产业实现高质量增长[J]. 数字经济，2022（6）：58-63.

[56] 许美贤，郑琰. 大数据技术在物流企业中的应用—以京东企业为例[J]. 电子商务，2019（05）：55-56.

[57] 许智超. 电子商务订单实时处理的智能系统研究[D]. 大连：大连理工大学，2006.

[58] 杨抒燕. 数智化供应链赋能传统农业[N]. 云南日报，2023-04-25(008).

[59] 杨文秀，贾婷立，代燕. 基于"互联网+"时代下的车货匹配平台企业现状与发展研究[J]. 中国储运，2019（06）：109-113.

[60] 用友网络科技股份有限公司. 数智化商业创新：企业数字化的核心逻辑与实践指南[M].北京：人民邮电出版社，2021.

[61] 余沫. 无人机物流配送路径识别及控制研究[J]. 中国物流与采购，2024（21）：107-108.

[62] 赵皎云. 贴近应用场景满足多样化的物流数字化升级需求——访菜鸟集团物流科技资深解决方案总监张强[J]. 物流技术与应用，2024，29（04）：87-90.

[63] 赵芮. 数智供应链视角下零售企业营运资金管理研究——以京东为例[J]. 国际商务财会，2024（09）：78-81，97.

[64] 张颖杰. 阿里巴巴数智化升级与智慧物流业务实践[J]. 中国物流与采购，2019（24）：65.

[65] 仲勇，黄峰. 基于5G通信技术的数字化仓储管理平台[J]. 软件，2024，45（09）：157-159.

[66] 中研普华研究院. 2024—2029年中国电子商务物流行业市场深度调研及发展投资预测研究报告[R]. 中研普华研究院，2024-12-16.